中国科普图书史丛书

主 编:王 挺

天人之际

中国天文科普图书史

王燕平 李红林 / 主编

王洪鹏 余 恒 / 副主编

科学出版社

北 京

内 容 简 介

　　本书系统地介绍了我国天文科普图书的发展历程，通过整理文献资料、统计不同时代背景下天文科普图书的发展规律、回顾近现代历史上比较有代表性的天文科普创作者的作品与创作理念，呈现我国天文科普图书及天文科普出版工作的发展脉络与特点。本书主要对天文科普图书的发展历史进行客观梳理，希望也能为未来天文科普与教育工作带来有益的思考和启迪。

　　本书适合天文学史、文献史相关研究人员参阅，也适合广大天文研究工作者、天文爱好者阅读，还可供对天文科普创作、科技图书出版以及对近现代科技史感兴趣的读者阅读参考。

图书在版编目（CIP）数据

天人之际：中国天文科普图书史 / 王燕平，李红林主编；王洪鹏，余恒副主编. —北京：科学出版社，2023.7
　（中国科普图书史丛书）
　ISBN 978-7-03-075970-2

　Ⅰ. ①天⋯　Ⅱ. ①王⋯　②李⋯　③王⋯　④余⋯　Ⅲ.①天文学-科学普及-图书出版-文化史-研究-中国-近现代　Ⅳ.①G239.295

　中国国家版本馆 CIP 数据核字（2023）第 119292 号

责任编辑：张　莉　陈晶晶 / 责任校对：韩　杨
责任印制：师艳茹 / 封面设计：有道文化

科 学 出 版 社 出版
北京东黄城根北街 16 号
邮政编码：100717
http://www.sciencep.com

天津市新科印刷有限公司 印刷
科学出版社发行　各地新华书店经销
*
2023 年 7 月第 一 版　开本：720×1000　1/16
2024 年 1 月第二次印刷　印张：17 3/4
字数：300 000

定价：98.00 元
（如有印装质量问题，我社负责调换）

本书编委会

主　　编：王燕平　李红林

副 主 编：王洪鹏　余　恒

成　　员（按姓氏拼音排序）：

　　　　　李　鉴　李　辕　齐　琪　肖　军

　　　　　张　鑫　赵　洋　赵文君

审　　稿：李　良

丛 书 序

习近平总书记深刻指出，"科技创新、科学普及是实现创新发展的两翼，要把科学普及放在与科技创新同等重要的位置"①。作为一种典型的科普作品形式和科普媒介形式，科普图书对引导公众理解科学、提升科学素质，在全社会形成讲科学、爱科学、学科学、用科学的良好氛围，推动亿万人民创新智慧的释放、创新力量的涌流，发挥着不可或缺的重要作用。即使在纸质化深度阅读不断势弱，数字化、"碎片化"阅读日益显著的新媒体时代，科普图书仍然呈现逆势而上的勃勃生机。

作为一种典型的科普作品形式，科普图书的创作根植于科学研究的厚土之中，各学科领域的探究和发展为科普创作提供了不竭的源泉。很多享誉国际、影响一代代人的科普著作都是科学家基于自身研究创作而成的，如《寂静的春天》《宇宙》《时间简史》等。近年来，我国国家科学技术进步奖的获奖科普图书大多也是科学家结合自身科研领域的科普原创，如《"天"生与"人"生：生殖与克隆》《基因的故事——解读生命的密码》《湿地北京》等。科普图书畅销榜上，我国本土原创科普图书也从早期的踪迹难寻转向头角崭露，且多为科技工作者创作，如《上帝掷骰子吗？量子物理史话》《海错图笔记》《给孩子讲量子力学》等。

作为一种典型的科普媒介形式，科普图书的发展亦处于广阔的历史长

---

① 习近平. 为建设世界科技强国而奋斗——在全国科技创新大会、两院院士大会、中国科协第九次全国代表大会上的讲话[M]. 北京：人民出版社，2016.

河之中，历史的进程（包括时代环境、社会需求等）深刻影响着科普图书乃至科普事业的发展变化。已有研究表明，在政治稳定、经济繁荣的时期，各类科普作品都呈现蓬勃发展之势，公众在生活富足后对科学的追求从知识层面不断上升至文化层面，这些都在启示我们：在物质繁荣、经济发展、社会稳定的当下，科普创作及科普事业发展需要更多地关注需求、提升质量、营造氛围。

以史为鉴，察往知来。我国科普事业发展已进入全新的时代，为充分挖掘科研领域的科普创作潜力，推动当下科普图书的创作与出版，深化科普的文化与价值引导，中国科普研究所科普创作研究室团队联合国内知名专家和团队开展分学科的科普图书历史研究，并将系列成果结集成册，期待能为热心科普创作的科技工作者提供有益借鉴，为科普工作者、出版工作者、科学史研究者提供资料参考，同时，也为大众读者了解中国科技和社会发展历史提供新的视角。这是一次实践探索，希望为我国科普事业发展特别是科普创作繁荣做出贡献。

2023 年 1 月

前　　言

在我国，天文观测的传统已有数千年之久，而天文科普图书的历史从 19 世纪 40 年代才开始，至今还不足两百年时间。回顾这段历史，有助于我们梳理出近现代天文学知识在我国的传播脉络，分析不同时期天文科普图书的特点，让前人的辛苦付出不至于被湮没。希望这项对历史资料的整合与回顾工作，能够厘清近现代我国天文科普出版工作的发展脉络，并为今后的天文科普和教育提供参考。

要想客观准确地介绍这一百多年来天文科普图书的发展历程并非易事，我们尽可能全面地查阅历史文献和出版物，统计公开出版发行的天文科普图书数据，调研它们的出版背景和内容深度，进而追溯这些作译者的生平和志愿，衡量他们所著天文图书所产生的影响。具体工作的分工如下：数据的收集和整理工作主要由齐琪开展，统计分析工作由余恒完成。第一章导言和第四章中国天文科普图书史小结与启示主要由王燕平、余恒、王洪鹏撰写。1840—1949 年的历史回顾与总结（第二章前两节）主要由余恒和齐琪撰写，中华人民共和国成立后至 2000 年的历史回顾与总结（第三章前两节）主要由王洪鹏和赵洋撰写。

无论对历史本身还是对天文科普图书来说，总有一些关键人物在历史发展过程中起到至关重要的作用。本书第二章第三节和第三章第三节，分别选取了中国近现代历史上比较有代表性的共八位天文学家和天文科普作家，并以相对多的篇幅，尽量客观地介绍了他们的天文科普图书，以及他们在各自所处历史时期创作天文科普作品的理念。这八位前辈中有六位已离世，按出生年份为序分别是：李珩、陈遵妫、张钰哲、戴文赛、李元和卞德培；在世的两位，一位是曾在北京天文馆工作数十年的科普作家李良，另一位是科普作品获奖无数的天文学家卞毓麟。

"李珩与《大众天文学》"部分由余恒撰写；"陈遵妫的天文科普图书与科普工作"部分由赵文君撰写；"张钰哲的天文科普图书与科普工作""戴文赛的天文科普作品""一生'追星'——卞毓麟的天文科普图书"三部分由王燕平撰写；"李元的天文科普图书与科普理念"部分由李辕和王燕平撰写；"科海领航的'浪花与小兵'——卞德培和他的科普创作"部分由李鉴撰写；"李良的天文科普图书和科普工作"部分由肖军和张鑫撰写。此外，翻译引进的外版图书也对国内科普图书的发展产生了不小的影响，余恒选取了 20 世纪上半叶盛极一时的英国天文学家詹姆斯·金斯（James Jeans）为代表，在第二章第三节中，以一定的篇幅介绍了詹姆斯·金斯天文科普作品的民国译介情况。

为了更好地认识这些图书作译者的时代环境和精神面貌，我们还通过各种渠道搜集了他们的照片。卞毓麟先生和李良先生为我们提供了一些珍贵的旧照，李珩先生的女儿李晓玉、卞德培先生的女儿卞佳令、李元先生的女儿李星玉等，也为我们提供了珍贵的影像和历史细节。我们将这些照片用作本书的插图。值得注意的是，尽管这些作译者活跃的年代不尽相同，工作生活的地点也不在一处，但从历史合影中可以看出，他们之间有着长期的合作与联系。这些珍贵的时代写真，也无疑反映出我国天文科普图书事业的凝聚力与生命力。

在收集历史资料的过程中，我们还有意外的收获。2021 年 9 月，曾在北京天文馆工作的陈丹老师为我们寄来一份材料，那是他和同事在 1984年受北京天文馆副馆长崔振华委托，协助北京师范大学冯克嘉教授等共同整理并记录的 1949—1984 年出版的 418 本中国天文图书的信息和 4 份天文学期刊的信息并全部译为英文。冯教授基于这份材料的统计信息，以及后续 1984—1987 年天文图书出版情况的统计信息，撰写了两篇英文论文，向国际天文学界介绍了当时中国的天文教育现状。这两篇论文分别发表在 1984 年国际天文学联合会第三次亚太地区天文会议的会议文集和 1990 年国际天文学联合会天文教育座谈会的会议文集中（这份材料从未在国内发表）。之后，李元先生将 1949—1984 年的材料打印出来，亲自制作封面，手写中文标题，送给挚友陈丹，并对他说："你们协助冯教授做了一件还没有人做的工作，很有意义，此目录已在有关学术会议上发表了，你好好保存吧！"得知我们编写本书的消息，陈丹老师当即前往邮局将这份珍贵的材料邮寄过来。我们承接的中国科普研究所的"学科科普作品和作家作品研究"项目（项目编号：2017LYE020502），不期然间勾起了一桩少有人知的往事，延续了一项中断已久的工作。不得不说，这是一份奇妙的缘分。

与其他学科相比，从事天文学工作的人数并不算多。我国现代天文学的奠基者们在孜孜研究不断攻坚克难的同时，还一直致力于撰写和翻译天文科普图书，普及天文学知识。这充分展现了他们对这份事业的热爱。天文科普工作不只是天文界的任务或责任，更是全社会的普遍需要。为天文科普图书事业做出贡献的人，除天文界的工作者之外，还有很多愿意在黑夜中追寻星光的同路人，他们在作者、译者、编辑、出版人等各个岗位上为我国的天文科普事业贡献了不可或缺的热情和力量。正是由于所有相关人员的薪火相传，我国的天文科普乃至现代天文事业得以欣欣向荣。

我国著名天文学家王绶琯院士曾说"历史研究是长期的，而实物或文字的、自制的或偶成的实录，则是构成历史的细胞"。本书力求涵盖尽可能多的历史细胞，但我们也深知，纵然历史细胞足够多，但不同的组合与呈现方式也会影响作品面貌。书稿几经改进，仍算不得非常完善，但本书能在 2023 年与大家见面，既是过往工作的一份小结，也是未来工作的新的序章。2023 年是世界上第一架天象仪诞生 100 周年，中国天文学会也在刚刚过去的 2022 年完成了第一段百年征程，开始谱写第二个百年宏伟篇章。本书涉及的人物大都是中国天文学会的会员，我国天文科普图书的发展历程也从一个侧面反映了中国天文学会的发展与影响。

一百多年时间，一千多种天文科普图书，承载的是数千年的天文学发展历程。本书只是一份小小的记录和缩影，希望它能够为未来的天文科普工作带来有益的思考和启迪。

作　者

2023 年 6 月

目　　录

丛书序 /i

前言 /iii

第一章　导言 /1

第一节　中国天文学的发展历程 /1

第二节　中国天文科普图书进入启蒙阶段前的历史背景 /4

第三节　中国天文科普图书史的研究方法 /5

第二章　近代中国天文科普图书的发展 /12

第一节　中国天文科普图书的启蒙阶段 /12

第二节　辛亥革命后中国天文科普图书进入探索阶段 /15

第三节　近代中国天文科普图书史上的代表人物与作品 /20

第三章　现代中国天文科普图书的发展 /56

第一节　中华人民共和国成立后天文科普图书的摸索与艰难前行阶段 /56

第二节　改革开放后中国天文科普图书迎来春天 /66

第三节　现代中国天文科普图书史上的代表人物与作品 /75

第四章　中国天文科普图书史小结与启示 /149

第一节　中国天文科普图书史小结 /149

第二节　未来天文科普图书的发展方向探讨 /151

参考文献 /154

附录 /160

附录一　近现代中国天文科普图书概要 /160

附录二　近现代中国天文科普书目列表 /217

第一章

导　　言

第一节　中国天文学的发展历程

天文之学，无分乎古今中外，而其间有一定之律也[1]。月亮有时如镜有时如钩，太阳有时极南有时极北，五星游荡于恒星背景之上……上古时期，人类通过仰观天空，获知方向，感知时节变化。在这个过程中渐渐形成了天文学，其发展与农业生产紧密结合，最主要的特征便是以观测为基础。

根据观测方式划分，天文学的历史可以粗略地概括为三个阶段：第一阶段，即肉眼天文学时期，人类观测天象全靠一双眼睛，并配合古代天文仪器来获知天体的视运动信息；第二阶段，即望远镜天文学时期，自17世纪初伽利略·伽利雷（Galileo Galilei）用望远镜观天开始，有许多天文学新发现，至19世纪达到全盛；第三阶段，即分光天文学时期，1814年，德国物理学家夫琅禾费（Joseph von Fraunhofer）制成了第一台分光镜，再加上分光术、测光术、照相术的诞生，天文学的发展再一次获得飞跃，人类得以获知天体的物理性质、化学成分及运动信息，天体物理学诞生并得到发展。到了20世纪四五十年代，探测天体的波段从光学段拓展到全波段，在随后的几十年间，功能强大的地基望远镜相继落成，空间探测器发射成功，引力波、中微子、宇宙射线等其他信使的出现，使人类探索宇宙的手段进一步增多，视野进一步开阔，天文学的发展迎来了新的机遇和曙光。

中国古代天文学的萌芽和诞生，大约可以追溯到西周末。在相传为夏代历法的《夏小正》中，人们已经能够根据天象和物候等定出季节与月份，并且还注意到了初昏时斗柄方向和时令的关系。到周初时期，人们已经知道观测日影，并通过观察昏中星以正季节，通过观测月相以定历法。《尧典》中说："日中星鸟，以殷仲春；日永星火，以正仲夏；宵中星虚，以殷仲秋；日短星昴，以正仲冬。"其中记载的文字，大概反映的就是周代春秋以前的天文学成就，春夏秋冬四季的概念大概就是这时形成的。到了春秋战国时期，人们对于太阳、月亮和金木水火土五星的研究已相当深入，中国古代天文学初步确立了独立的体系[2]。

汉代，人们对天文观测仪器的制造和使用出现了质的飞跃。通过改进漏刻，人们对周天的划分更为精准，并且注意到了如今我们所知的岁差现象。此时，人们对五星的测量更加精密，对恒星的观测日渐完备，《汉书·五行志》中还出现了世界上最早的关于太阳黑子的记录。汉代对于实际观测的重视，大大推动了天文学的发展，因此在这一时期形成了许多天文资料。

魏晋南北朝时期，特别是南北朝时期，人们修正了以往历法中的不少问题，为后来的历法改革打下了较好的基础。其中值得一提的是南北朝时人们主张使用定朔法，根据定朔法，日食一定发生在朔日，月食一定发生在望日。另外值得一提的是岁差的采用，祖冲之的儿子祖暅精通天文学，他通过实测证实了岁差现象的存在。

隋唐时期，天文知识已经变得相当普及，人们通过《步天歌》把恒星在天空中的位置编排成歌谣，帮助大家通过吟诵学会认星。唐代，随着生产发展的需要，天文学的发展出现了一个高潮。僧人一行在实测中发现，恒星的"去极度"古今有所不同，这种现象不只是由岁差造成的，还与如今我们所知的恒星自行有关。

北宋时期，由于王安石变法，仪象制造和恒星观测都取得了很大的进展。北宋制造的天文仪器的数量与质量都大大超过了历史上的任何时代。仪器的精密以及人们对观测的重视，使得这一时期留下了丰富的观测资料，其中包括《文献通考》中的全天星表、如今大家熟知的苏州石刻天文图、苏颂的《新仪象法要》中的星图等。此外，宋代对于 1006 年和 1054 年超新星爆发的记录，为后人留下了非常珍贵的历史资料。

元代，天文历法取得了较大的成就，我国和中亚国家、西亚的阿拉伯国家来往频繁，《乌鲁伯星表》《伊儿汉表》中都载有中国的天文历法就是明证[2]。为了改历的需要，我国元代天文学家郭守敬设计制造了大量新仪器。

明代，我国学者开始介绍欧洲的古典天文学，《崇祯历书》的编纂使得我国的天文学体系发生了根本的变化。但《崇祯历书》中只介绍了第谷·布拉赫（Tycho Brahe）的宇宙体系，尼古拉·哥白尼（Nicolaus Copernicus）的体系以及约翰尼斯·开普勒（Johannes Kepler）创立的行星运动三定律等内容，则由于来华耶稣会士的有所保留而未纳入其中。

到了清代，人们一方面学习欧洲的天文学，另一方面投入了大量的精力整理我国古代的天文学资料，编纂了许多体系庞大的丛书。乾隆嘉庆年代之后，中国古代天文资料的整理达到了一个新高潮。除了最有成就的历法整理工作外，人们还整理了历代天文学家和科学成就等资料。

中国近代天文学的开端，依赖于天文观测与研究方法的引进，以及新型天文工作者队伍的建立。1873 年，法国在上海建立了佘山观象台；1897 年，日本在台湾建立了测候所；1898 年，德国在青岛设立了气象天测所。1880 年，济南教会大学齐鲁大学创建了天文算学系，开创了中国近代天文教育[3]。

辛亥革命前后，赴国外留学回国的学者中，有高鲁、朱文鑫、余青松等若干天文学家。1898 年，德国在青岛设立气象组织，定名为青岛气象天测所。1922 年，中国天文学会在北京成立；青岛气象所几经更名后由北洋政府正式收回，1924 年改称胶澳商埠观象台，开始由中国人担任台长；1926 年，广州中山大学数学系扩充成为数学天文系；1928 年，中央研究院天文研究所在南京成立；1934 年，我国第一个现代天文台——紫金山天文台在南京建成。

中华人民共和国成立后，我国陆续兴建了北京天文台、陕西天文台、云南天文台等天文台站，并在南京大学、北京师范大学等院校设置天文系专业，硬件设施与人才队伍建设共同推进，我国在天文学研究领域取得了许多重要进展。

在 1993 年的一次国际会议上，中国、澳大利亚、加拿大、法国、印度、荷兰、俄罗斯、英国、美国的天文学家共商 21 世纪初射电天文学的发展蓝图，提出研制下一代大射电望远镜（Large Telescope，LT）的倡议[4]。1995 年，以南仁东为委员会主任的 LT 中国推进委员会成立。要建造 LT，需要射电环境足够好，中国天文学家提出在贵州平塘借助喀斯特地貌建造巨大的射电望远镜阵列。1997 年，该委员会初步设想，中国要独立研制一个世界上最大口径的单天线射电望远镜——500 米口径球面射电望远镜（Five-hundred-meter Aperture Spherical radio Telescope，FAST）。2006 年，FAST 台址选定，2016 年，FAST 正式落成启用，被称为"中国天眼"。

同在 1993 年，以王绶琯院士和苏定强院士等为首的科学团队，提议建设我国重大观测设备——大天区面积多目标光纤光谱天文望远镜（Large Sky Area Multi-

Object Fiber Spectroscopy Telescope，LAMOST）。2009 年，LAMOST 落成启用，2010 年定名为"郭守敬望远镜"，这是当时世界上口径最大的大视场望远镜，也是世界上光谱获得率最高的望远镜。

2015 年，暗物质粒子探测卫星"悟空"发射升空，原定工作年限为 3 年。这是世界上观测能量范围最宽、能量分辨率最优的暗物质粒子探测卫星。2017 年，"悟空"的首批科学成果发布，其能谱特征中出现了可能是暗物质存在的新证据。由于它的载荷运行正常，科研团队宣布将其原定工作期限延长。

2017 年，硬 X 射线调制望远镜卫星"慧眼"发射升空，使我国在高能天体物理探测领域占有重要一席，填补了我国 X 射线探测器的空白。"慧眼"卫星多次参加国际空间与地面联测，并验证了航天器利用脉冲星自主导航的可能性[4]。

2021 年，通过历时 3 年的连续监测，中国科学院国家天文台研究团队选址于青海冷湖赛什腾山区，那里海拔 4200 米标高点的光学观测条件，在视宁度、红外观测及晴夜数量、晴夜背景亮度、气象等方面综合衡量，达到了比肩国际一流大型天文台的水平，为我国光学天文的发展带来全新的重大机遇。

第二节　中国天文科普图书进入启蒙阶段前的
历史背景

中国天文学历史悠久，有着世界上最早、最系统的天象记录。因为观象授时和农业生产密切相关，中国天文很早就与政治结合在一起，成为统治工具。无论是秦朝太史令，西汉太史公、太史令，东汉太史令，还是隋代太史曹，唐代太史局等、浑天监等，宋元司天监等，明清钦天监等，都不是纯粹的天文观测研究机构。这些机构除了记录星象、修订历法之外，还要为王权的合法性和权威性提供理论支撑与舆论支持。因此，历代严禁民间私习天文，更没有宣传普及的需求，甚至由于禁令过严一度造成天文人才无以为继的局面①。

到了明朝晚期，正值西方地理大发现时期，传教士乘商船前往全球各地传

---

① 国初学天文有历禁，习历者遣戍，造历者殊死。至孝宗（明弘治十一年，即 1498 年）弛其禁，且命征山林隐逸能通历学者以备其选，而卒无应者。——明·沈德符《万历野获编》

教。但他们很快就发现，在推崇儒家思想的中国社会中，人们对宗教兴趣不大，反而是西方先进的科学技术能够有效地引起中国知识分子和统治阶层的注意。于是，他们开始借助科技知识来获取社会地位和官方信任，以方便传教，客观上扮演了向中国传播近代科学的角色，就此开启了一段"西学东渐"的历史进程。

但这个进程在康熙五十九年（1720 年）意外中断了。天主教因为反对中国信徒参与祭天祀祖等传统仪式而被康熙皇帝全面取缔。此后，传教士被逐出中国，天主堂被罚没拆毁，印刷出版活动也被明令禁止。即使是在广州的外国商人也有不得雇佣中国仆人、不准学习中文、不准乘轿、不准进城等诸多限制[5]。这些禁令直到鸦片战争之后在《南京条约》中才被解除。

不过，伦敦会传教士英国人罗伯特·马礼逊（Robert Morrison）还是设法于1807 年来到了广州，以洋行翻译的身份学习中文，并在东印度公司的赞助下于1815 年在澳门开始出版中国历史上第一部英汉–汉英字典《华英字典》，这套 6 卷本的巨著历时 8 年才全部完成。因为内容全面、解释详尽而成为来华传教士学习中文、了解中国文化的重要工具书。他甚至还专门请东印度公司派驻广东的博物学家约翰·里夫斯（John Reeves）考证翻译了中国的星座名和亮星名，并在《华英字典》第四卷中加以介绍。东西方天文学交流在暂停了 100 年之后终于又出现了连通的迹象。

第三节　中国天文科普图书史的研究方法

科普，是指利用各种传媒，以通俗易懂的方式，向广大公众普及科学知识、推广科学技术的应用、倡导科学方法、弘扬科学精神的活动。简略地说，科普就是以"科"为基础，以"普"为目的的行为或活动，其表现形式之一是科普作品[6]。

为梳理近现代天文学知识在中国的传播脉络，本书编写组系统整理了1840—2000 年公开出版发行的中文天文科普图书，不包括教材、教辅、教具、历书等专用图书，共统计天文科普图书 1282 种，其中，译著 350 种，原创及汇编作品共932 种。本书第二章与第三章，将基于数据统计分析的结果，详细介绍不同历史时期天文科普图书的特点。通过对出版时间、出版社、译著的国别分布及不同年份的作品数量、译著与原创作品比例等情况进行统计，可以看出各种因素在时代背景下对天文科普图书的影响。

根据天文科普图书按出版年代的分布直方图（图 1-1）可以看出，自 1840 年鸦片战争以来，随着现代出版行业的逐渐兴起，天文科普图书也在慢慢进入公众的视野。1900 年前后，维新思潮推动了最早的天文图书的出版。随后在 1930年、1950 年及 1980 年后，存在三个明显的出版高峰。这一特征与当时相对稳定的政治经济环境相一致。随着国内天文科普人才的积累，引进图书的比例，从最初的 75% 左右到后来逐渐稳定在 25% 左右。

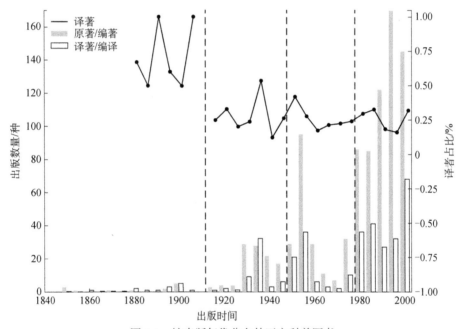

图 1-1　按出版年代分布的天文科普图书

注：左起第一条虚线对应年份为 1911 年，第二条虚线对应年份为 1949 年，第三条虚线对应年份为 1978 年

对 1840—2000 年引进天文图书的国别进行统计（图 1-2）发现，其特点也非常明显，在翻译引进的 350 种图书中，美国的作品最多，共 119 种，苏联的作品位居其次，共 75 种，英国的作品共 67 种，日本的作品共 27 种，法国的作品共 18 种，德国的作品共 10 种，其他国家的作品均未超过 10 种。

当然，这些作品的引进时期并不相同。

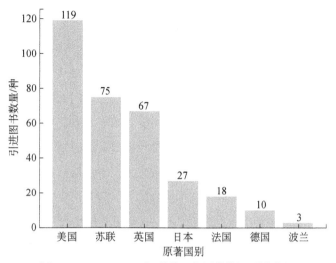

图 1-2　1840—2000 年引进天文图书的国别分布图

　　将引进并已出版的图书总数位居前四的国家，按作品出版时间绘制折线图（图 1-3），可以看出，1950 年以前，从英国引进的作品最多，这和第二次世界大战之前英国的国际学术地位是相称的。1900 年以后，由于赴日留学风潮的影响，从日本引进的作品也占据了相当大的比例。1949—1970 年，受政治因素影响，从苏联引进的作品居主导地位。改革开放之后，从美国引进的作品成为引进版天文科普图书的主流，得益于其良好的学术传统，从英国引进的作品也有回升的趋势。

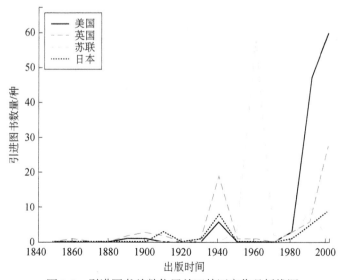

图 1-3　引进图书总数位居前四的国家作品折线图

此外，出版社（编辑）的背景和倾向对天文科普图书的出版也有着至关重要的影响。在本书统计的所有天文科普图书中，科学出版社出版的图书最多，共100种；商务印书馆居第二位，共出版67种；科学普及出版社共出版54种。

从出版社图书数量趋势图与图书品种趋势图（图1-4和图1-5）可以看出，这些出版社在天文科普领域的活跃时期并不同步。20世纪初，中华书局出版的几种天文科普图书在早期图书市场占有相当大的比例。民国时期，商务印书馆成为天文科普图书出版的主力。中华人民共和国成立后，各出版社在中央领导下调整了经营方向。其中，隶属于中国科学技术协会的科学普及出版社承担了许多天文科普图书的出版工作，科学出版社在随后的30年里坚持出版了大量的天文科普图书。1990年以后，出版市场逐渐开放，天文科普图书的总数不断增加，此前出版天文科普图书占比较高的出版社在这一阶段推出的天文科普图书品种数所占比例有所下降。

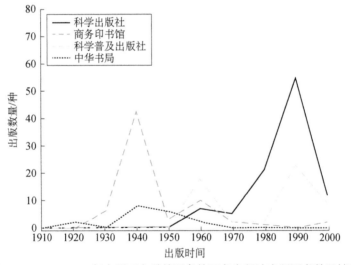

图1-4　1910—2000年出版天文科普图书的四家出版社出版图书数量情况

对1840—2000年天文科普作品的国内创作者进行统计（图1-6）可以发现，专业天文工作者和北京天文馆的员工在其中占有相当大的比例。在作品最多的前20位作译者中，卞德培、陈遵妫、李芝萍、崔振华为北京天文馆的领导和工作人员，卞毓麟、李元、戴文赛、张钰哲、李竞、李启斌、李珩、唐汉良、张明昌都是专业天文工作者，且这个科普创作群体的规模还在不断扩大。

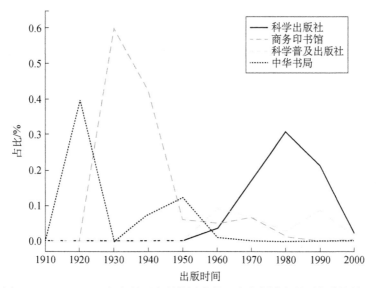

图 1-5 1910—2000 年出版天文科普图书的四家出版社出版图书占比情况

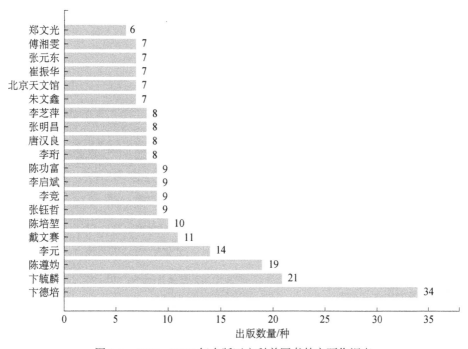

图 1-6 1840—2000 年出版天文科普图书的主要作译者

　　在科普创作群体中，曾有人专门统计过中国的天文科普图书出版情况，并将
统计结果形成论文，在国际天文学联合会的学术会议上进行宣读并最终发表，让

国际天文学界了解中国的天文科普图书情况，他就是北京师范大学的冯克嘉教授。1982—1988 年，冯教授担任国际天文学联合会第 46 委员会（天文教育委员会，IAU Commission 46）的中国代表。早在 1967 年，国际天文学联合会第 46 委员会就曾提出要征集世界各国的天文教育材料，第一份材料发表于 1970 年，随后每三年更新一次。

1984 年，受北京天文馆副馆长崔振华委托，北京天文馆的陈丹与潘令珊协助冯教授等人共同整理并记录了 1949—1984 年的中文天文学书刊。整整一个夏天，他们数次前往北京图书馆和中国科学院图书馆，记录天文书目卡片，最终写成中文底稿，并对所列书目进行分析与探讨。数年之后，我国著名天文学家李元为这份材料的打印稿亲自制作了封面，并装订好，将其交给陈丹。封面上写着《中文天文学书刊》（1949—1984，英文目录）"。李元告诉陈丹，这份目录已在有关学术会议上发表了，打印稿就交由陈丹保存，整理这份目录的工作之前还没有人做过，所以很有意义。图 1-7 为这份目录的内页展示。

TABLE I

Category	Title (Remarks)	Author	Publisher	Year	No of pages	Publ. Transl.
A	Putong Tianwenxue Jiaochen (A Course in General Astronomy)	Dai Wen-sai et al.	Shangwu Yinshu Guan(The Commercial Press)	1953	370	T
A	Tianwenxue Jiaocheng (1),(2) (A Course in Astronomy) (1),(2)	Dai Wen-sai et al.	Shanghai Kexue Jishu Chubanshe	1961	(1)634 (2)402	P
A	Tianwenxue Jianshi (Discovery of the Universe)	Li Xiao-fang	Shanghai Kexue Jishu Chubanshe	1959	253	T
A	Zhongguo Tianwenxueshi Wenji (Collected Works on the History of Astronomy in China)		Kexue Chubanshe	1978	250	P
A	Tiayang Shedianfushe Lilun (Radio Emission of the Sun)	Wang Shou-guan	Kexue Chubanshe	1973	352	T
A	Zhonggou Tianwenxue Jianshe (The Synopsis of the History of Astronomy in China)		Tianjing Kexue Chubanshe	1979	209	
A	Zhonggou Tianwenxue Yuanliu (The Origin and Development of the History of Astronomy in China)	Zheng Wen-guang	Kexue Chubanshe	1979	288	P
A	Xin Tianwen Changshu (New Astronomical Constants)	Wu Shou-xian	Kexue Chubanshe	1979	82	T
A	Shiyong Tianwenxue (The Practical Astronomy)		Cehui Xueyuan	1950		P
A	Shiyong Tianwenxue (The Practical Astronomy)	Xia Jian-bai et al.	Shangwu Yinshu Guan	1953	264	P

图 1-7 《中文天文学书刊》（1949—1984，英文目录）内页

这份材料叫作 Astronomy Educational Material（1949—1984），Material in Chinese Language。其中一共列出了 418 种天文图书的信息，包括：图书的汉语拼音名和英文名、作者、出版社、出版年份、总页数，最后一列标明了每本书是著作还是译作。材料最后一页还列出了 4 份天文学期刊（《天文学报》《天体物理学报》《天文学进展》《天文爱好者》）的信息。

一代代专业天文学家、天文科普工作者创作了很多优秀的天文图书，也留下了很多珍贵的资料和记录。中国天文科普图书的历史，就是由他们共同书写而成的。因此，本书后续章节的主要内容，除了基于 1840—2000 年的统计工作研究不同时期天文科普图书的特点外，还选取了一些比较有代表性的天文工作者，对他们的科普图书与科普工作进行介绍。

这些科普图书，既是相应时代背景下天文学知识普及的重要载体，也是天文学学科本身、天文学家以及时代共同作用形成的产物；这些优秀的天文科普工作者的科普工作经历和科普理念，则为他们创作出相应的科普图书奠定了格调与基础。在这些科普图书中，我们可以看到天文学、天文科普工作一百多年来的发展变化，并从这些历史演进之中，学习经验，获得启发。本书选取的比较有代表性的天文科普图书创作者都非常勤奋，作品丰硕，其中有些科普工作者在 2000 年之后还有多部优秀图书推出，后文也会介绍到。

第二章

近代中国天文科普图书的发展

第一节　中国天文科普图书的启蒙阶段

　　清末，随着通商口岸的陆续开放，传教士的活动从东南沿海逐渐北上并深入内陆。他们积极开设书馆等译介讲习机构，翻译图书，印行报刊。一方面，以科技新知聚集人气，扩大影响；另一方面，借机宣传教义，发展信徒。这些机构在不经意间成为清末天文科普的源头。

　　1843 年底，上海按照《南京条约》相关条款正式对外开放。英国传教士沃尔特·亨利·麦都思（Walter Henry Medhurst）等第一时间来到上海创办了墨海书馆。1845 年，美国长老会传教士理查德·柯理（Richard Cole）夫妇将澳门的印刷所华花圣经书房迁到宁波，1860 年又将其迁到上海，并改名为"美华书馆"。这两个教会出版机构在 19 世纪下半叶翻译出版了大量科技著作。来华传教士在编译图书时因语言水平所限，往往同儒生合作，采用口述笔译的方式进行。在此过程中，我国出现了最早的一批西学人才，如王韬、李善兰等。这些转型的口岸知识分子[①]对清末的天文知识传播做出了重要贡献。

　　1849 年，宁波华花圣经书房出版的由美国传教士哈巴安德（Andrew Patton Happer）编著的手册《天文问答》（图 2-1）以问答的形式介绍了关于天文地理的基础知识。同年，墨海书馆出版的英国传教士合信（Benjamin Hobson）的《天文略论》，则是近代第一部系统性介绍西方近代天文学知识的著作。1855 年，《天文

---

　　① "口岸知识分子"是美国学者柯文（Paul A. Cohen）首创的概念，是指生活在最早开埠的通商口岸、近距离密切接触西方文化且对中外文化关系有所思考的中国士人。

图 2-1　哈巴安德编著的《天文问答》扉页

略论》增加物理集和鸟兽略论，并以《博物新编》为名重新出版。《博物新编》作为综合类科学知识普及图书，对中国近代知识分子产生了很大影响，王韬评价此书"词简意尽，明白晓畅，讲格致之学者，必当由此入门，奉为圭臬"[7]339-340。后来，安庆内军械所的徐寿、华蘅芳便是根据此书中的插图造出了我国第一艘蒸汽机轮船"黄鹄"号。

在清末天文科普作品中，以 1859 年墨海书馆发行的《谈天》一书的影响力最为广泛。该书由李善兰和英国传教士伟烈亚力（Alexander Wylie）合作译自英国著名天文学家约翰·赫歇耳（John Herschel）于 1851 年所著的《天文学纲要》（*Outlines of Astronomy*）。《谈天》一书全面反映了当时欧洲最新的天文成果，其深度和广度远高于清末的其他天文类图书，对中国的知识界产生了深远影响。"文人谈天，皆以不知此书为耻。"[8]403 该书后来多次增订再版，还被译介到日本，是清末天文科普图书中发行最广、再版次数最多的一本。

随着国门逐渐开放，清朝官员也终于意识到中国同世界的差距，开始以洋务运动自救。1862 年，北京设立京师同文馆，旨在培养翻译和外交人才，后来又增设天文算学馆。1865 年，曾国藩会同李鸿章在上海创办江南机器制造总局（以下简称江南制造局）。1866 年，沈葆桢在福建设立福州船政学堂。这些洋务机构在学习和引进西方先进工程技术的同时也培养了中国近代最早的一批科技翻译人才，如华蘅芳、严复、陈寿彭等。他们所翻译的教材和资料如《天文浅说》《天文启蒙》等，都成为当时不可多得的天文科普读物。

在这一时期，来华传教士是中西文化交流的主要力量，他们兴办的学校、书院等教育机构对国民都很有吸引力。他们在实践中很快发现，各书中混乱的名词术语翻译和各校学制不统一的情况给教学带来了极大的不便，因此，1877 年，在上海举行的来华传教士第一次大会上，在华传教士决定组建一个统一机构来负责教科书的编写和名词术语的翻译，对外称为"益智书会"。其中的代表人物包括京师同文馆的总教习丁韪良（William Alexander Parsons Martin），江南制造局的傅兰雅（John Fryer）、林乐知（Young John Allen），山东登州文会馆（齐鲁大学前身）的狄考文（Calvin Wilson Mateer），创办同文书会（后更名为广学会）的韦廉臣（Alexander Williamson）等。他们在教材编写和统一译名方面的努力，为日后天文学知识的传播与普及打下了基础。当时的教会学校一般都开设有天文课程，而其中上海的圣约翰书院和济南的齐鲁大学还专门设置了天文科或天算系。

1898 年戊戌变法失败后，知识分子自上而下改良体制的梦想破灭，他们转而投身社会启蒙运动，寄希望于民众的觉醒，民间出版机构开始大量涌现。1901年，广智书局成立，由梁启超负责；由原美华书馆的工人创办的商务印书馆在1902 年聘请维新人士张元济主持；1902 年，文明书局成立；1903 年，会文学社成立……这些民间出版机构翻译引进了大量的国外图书。在保国保种的社会大背景下，出版的图书以政法社科等思想启蒙类为主。值得一提的是，会文学社的负责人、留日学生范迪吉在 1903 年根据日本的《帝国百科全书》翻译出版了中国近代第一套以"百科全书"命名的成套图书。这套大型丛书包括对 100 个学科的简要介绍，其中就有与天文学相关的《星学》和《时学及时刻学》。

但是，在当时内外交困的政治背景下，这些普及科学知识的努力并没有达到预期的效果。1910 年，哈雷彗星回归，维新派趁机散播谶语，朝野人心动摇[9]。此时的清政府已无力挽回局面，在不到两年之后就土崩瓦解，享国 268 年。

第二节　辛亥革命后中国天文科普图书
进入探索阶段

1911 年辛亥革命胜利之后，百废待兴，而中国此时并没有自己的天文专业人才，境内的天文台都由外国人在租界内建造使用，如法国建造的徐家汇天文台、德国建造的青岛观象台、英国建造的香港天文台。恰好时任孙中山秘书的比利时工科博士高鲁对天文抱有浓厚兴趣，他直接促成了民国政府的历法改革[10]。

1912 年元旦，孙中山在南京中华民国临时大总统的就职仪式上宣布废除旧历（即农历）改用阳历（即公历），并以民国纪年。不久后，清帝退位，国民政府迁往北京，由教育部接管钦天监，建立中央观象台。高鲁便被教育部部长蔡元培聘为台长，负责气象预报和民用历书的编纂工作。1913 年，高鲁创办杂志《气象月刊》，普及气象学和天文学知识，1915 年又将《气象月刊》扩充为《观象丛报》，一直出版到 1921 年（因经费枯竭而停刊）。他在杂志上连载的《图解天文学》于 1915 年发行单行本，并经教育部在全国推行，这是民国时期第一本天文学引进版著作，也是当时资料最丰富的天文观测指南。书中有非常详细的星图和天体照片，使读者开始从谈天走向观天。

由于传统观念的根深蒂固，加上民众科学知识的匮乏，公历的推广工作并不顺利。1923 年，公历对除了发放工资之外的其他方面毫无影响[11]，以至于国民党中央宣传部在 1930 年还专门印行了手册《国历之认识》对公历加以宣传。

这个时期的天文科普图书也很少，中华书局于 1915 年和 1916 年先后出版了两本由江苏省立第八师范教员丁锡华所编译的天文读本《谈天》及其缩编本《天空现象谈》。但当时许多国人并不相信西方的科学发现。例如，1917 年奉天关东印书馆印发的《天地新学说》仍在质疑日心说甚至万有引力；1919 年京城印书局出版的《天地辨》一书在参考了《天文揭要》《天文图说》等多本近代作品之后，仍不相信太阳为恒星之一且地球绕日转动。民国时期的科学教育活动就在这样艰难的环境下展开了。

民国建立之后，政治革命已告一段落，文化革命成为新时代的迫切需要。留学海外的爱国青年决心用自己所学改变国人落后的科学观念。1914 年，美国康奈尔大学的中国"庚子赔款"留学生胡明复、赵元任、周仁、秉志、章元善、过探先、金邦正、任鸿隽、杨铨（杏佛）9 人发起成立中国科学社，以"提倡科学、鼓吹实业、审定名词、传播知识"为宗旨。任鸿隽当选为第一届董事会会长（中国科学社社长）[12]。

中国科学社最初是以发行《科学》杂志为主要目标的股份有限公司，后来改组成为学术团体，并设立了独立于期刊编辑部的图书部和译著部。中国科学社在国内发行了一大批科学图书，天文学也是他们非常关注的领域。语言学家赵元任就曾在《科学》杂志 1917 年的第 3 卷第 3 期发表过《中西星名图考》一文，系统地比较了中西星座星名，后来又发行了单行本。

1919 年五四运动之后，出版社注意到公众对西方科技的浓厚兴趣，开始系统地出版科技类图书，仅商务印书馆一家就发行有"自然科学小丛书""少年自然科学丛书""大学丛书"等多套丛书。中国科学社在 1923 年与商务印书馆编译所新任所长王云五合作，集合社内骨干（共 22 人）合力翻译了 Outline of Science 第一册（图 2-2）。

图 2-2 《科学大纲 第一册》封面

该书是英国著名生物学家、博物学家兼科普作家约翰·阿瑟·汤姆生爵士（Sir John Arthur Thomson）主编的一套高级科普著作，一经出版便引起轰动，第一卷上市两个月便加印 8 次。商务印书馆在第一时间引进此书，1923 年各卷便陆续问世。其中中文第一册（原版第一章）即为介绍天文学的"谈天"，由中国第一位现代数学博士胡明复翻译。书中的科学观念非常之新，甚至包括当时尚未定论的银河系为旋涡星系的观点（"吾人所居之大宇一旋涡星云也"）。这套书后来作为"汉译世界名著丛书"之一于 1930 年编入"万有文库"，影响更加广泛。我国著名天文科普作家李元就是在此书的影响下走上科学之路的[13]。

在此书大获成功之后，商务印书馆数理部编辑郑贞文、胡嘉诏参考日本吉田弘等所著的"自然界之话丛书"于 1925 年推出了一部面向青少年的"少年自然科学丛书"，内容涵盖自然科学的各个方面，且文字浅显易懂，也广受好评。其中第一编即为介绍天文知识的《太阳·月·星》（图 2-3）[14]。

图 2-3　"少年自然科学丛书"第一编《太阳·月·星》封面

在国际方面，第一次世界大战结束后，协约国天文学家为推动国际协作，于 1919 年成立了国际天文学联合会，但此时的中国并没有足够的力量参与其中。1922 年，中国天文学会才在中央观象台台长高鲁的倡议下于北京成立，在 47 位响应倡议参加成立仪式的各界人士当中，专业的天文工作者屈指可数[15]。也正因如此，天文学的普及教育工作成了中国天文学会早期工作的重点。中国天文学会以"求天文学进步及普及天文学"为宗旨，在天文知识的普及方面做了许多工作。1924 年，中国天文学会开始出版年刊《中国天文学会会报》，共出 9 期，主要刊载会员论文和重要译著。

1928 年，南京国民政府成立国立中央研究院，由蔡元培任院长，下设天文研究所，由高鲁担任成立之初的代行所长，并开始筹建紫金山天文台。有了政府的大力支持，天文专业留学生也陆续回国报效祖国，国内的现代天文事业终于起步。1929 年，法国里昂大学天文学博士张云建成中山大学天文台；美国芝加哥大学博士张钰哲回国任国立中央大学物理系教授；美国加利福尼亚大学天文学博士余青松成为天文研究所第二任所长，主持修建紫金山天文台。虽然这一年高鲁被任命为驻法国公使，前往欧洲任职，但是中国天文学会的力量已然壮大。1930 年，中国天文学会成立了编辑委员会，复刊《观象丛报》并改名为《宇宙》月刊，由毕业于日本东京高等师范学校（现筑波大学）的陈遵妫任总编辑。中国天文学会还组织了译名委员会，以规范天文学名词的翻译。1934 年出版的英、德、法、日、中五国语言对照的《天文学名词》为天文作品的翻译创造了便利条件。

在接下来的几年里，大量的国外科普图书被这些具有国际视野的留学生引进中国，其中不乏亚瑟·斯坦利·爱丁顿（Arthur Stanley Eddington）、詹姆斯·金斯、哈罗·沙普利（Harlow Shapley）等国外著名天文学家的作品。引进的图书中也包括许多日本著作，其中，日本京都大学花山天文台台长山本一清的《宇宙壮观》（陈遵妫编译，图 2-4）内容丰富，体系完备，甚至包括对中国最新天文台的介绍，成为当时最具代表性的天文科普图书。金克木认为它"在质和量两方面都可以遥接七十六年前李善兰译的《谈天》"[16]428。这本书其实早就由沈璿翻译完成，但在 1932 年上海"一·二八"事变中，日军炸毁商务印书馆总馆并烧毁了东方藏书馆，数十万珍本古籍书稿化为灰烬，这本书的译稿不幸也在其中，直到 3 年后才由陈遵妫重新译出[17]。

这些高质量的科普作品不仅丰富了国内天文科普图书的类别，更直接推动了国内的天文科普创作。陈遵妫的《星体图说》、赵辇怀的《秋之星》都是这一时期出版的原创科普图书的代表。其中《星体图说》一书因图文并茂、通俗易懂还荣获中国天文学会用以鼓励天文普及活动的"隐名奖金"。

除了对西方天文研究成果的普及之外，应用现代科学方法对我国历史天象的记录进行整理也有利于科学精神的传播。从美国留学回来的朱文鑫将自己所受的科研训练应用于中国天文学史的研究当中，出版了《史记天官书恒星图考》《天文

图 2-4　陈遵妫译作《宇宙壮观》

考古录》《历代日食考》《历法通志》等许多中国古代天文学研究著作，既推动了天文学史的研究，也在客观上宣传了现代天文学的方法和价值。

　　此外，在天文科普图书的译者群体中出现了一些响亮的名字，如时任北京师范大学校长的物理学家张贻惠、翻译家周煦良、文学家金克木、心理学家许烺光等。这说明当时的文化教育界对天文知识普及和传播的必要性是有共识的。

　　1937 年"七七事变"爆发，日本发动全面侵华战争，许多文化活动被迫中断，外文图书的引进日渐困难。这一时期的天文科普作品，以国内作者和出版社编辑所编著的普及型小册子为主，印量也不大，这种情况一直持续到抗日战争胜利之后。在此期间主要的天文科普图书作者除了高产的张钰哲、陈遵妫、郑贞文等之外，还有刚从英国剑桥大学毕业回国的戴文赛。

　　日本投降之后，中国共产党领导的左翼力量在文化出版界十分活跃。受中苏文化协会支持的天下图书公司于 1947 年率先引进苏联的天文科普图书《宇宙的构造》和《地球在宇宙间》。欧美国家、日本的天文科普作品一方面因为受第二次世界大战的影响而在我国市场上出现空缺，另一方面在政治上也为风潮所排斥，不再是市场追捧的对象。1949 年中华人民共和国成立，天文科普的面貌也为之一新。

第三节　近代中国天文科普图书史上的
代表人物与作品

一、陈遵妫的天文科普图书与科普工作

　　陈遵妫（1901—1991）（图2-5），字志元，1901年9月16日生于福建福州，1914年投奔在北京工作的父亲，先后在当时著名的私立畿辅中学和国立北京高等师范学校附属中学校（现北京师范大学附属中学）就读。1919年，陈遵妫高中毕业，次年东渡日本留学，就读于东京高等师范学校（现筑波大学）数学系。1926年3月，大学毕业回国。

图2-5　陈遵妫

　　中华人民共和国成立前，陈遵妫先后在中央观象台历数科、国立中央研究院天文研究所、紫金山天文台、凤凰山天文台工作。在此期间，他还担任过中国天文学会总秘书长、评议员、理事和理事长，天文学会编辑委员会委员、天文学名词编译委员会委员等，并且是当时我国仅有的几位国际天文联合会会员之一。自1930年起，他一直担任中国天文学会唯一的普及期刊《宇宙》月刊的总编辑。

中华人民共和国成立后，陈遵妫担任中国科学院紫金山天文台研究员。1951年 6 月 19 日到上海负责徐家汇观象台并主管授时工作，还主持承担了 1951—1955 年天文年历的编算工作。1955 年，陈遵妫到北京主持筹建天文馆，并任第一任馆长，在李元和卞德培的协同下创办了《天文爱好者》杂志；1957 年，调来李鉴澄任天文馆科学顾问及《天文爱好者》杂志主编。1962 年后，陈遵妫作为北京天文馆的科学顾问，补充和修正了已出版的《中国古代天文学简史》。1980 年，在北京天文馆崔振华和湛穗丰的协助下，前后历时 9 年，在《中国古代天文学简史》的基础上完成了 170 多万字的《中国天文学史》。

（一）《宇宙》期刊与陈遵妫的科普文章

20 世纪 20 年代，中国天文学会先后出版了《观象丛报》《观象汇刊》《中国天文学会会报》等期刊。《宇宙》期刊自 1930 年创刊至 1949 年停刊，共刊行 19 卷。《宇宙》作为民国时期唯一的天文学专业科学普及期刊，诞生于科技期刊迅速发展的时期，历经艰苦的战争年代，是近代中国早期科技期刊历时较长的期刊之一[18]。抗日战争期间，《宇宙》期刊的印刷地点从南京迁到昆明，又迁到贵阳、永安、成都，但出版工作一直在持续，是抗日战争期间唯一没有中断过的天文工作。

陈遵妫把《宇宙》期刊作为从事天文科普的主要阵地，在期刊上发表了众多科普文章，并从 1930 年开始担任总编辑。《宇宙》期刊共刊载文章 550 余篇，陈遵妫在其上发表了包括天文学通论、天体、观测、传记、天文史、仪器历法和书刊介绍等内容的文章 124 篇。其中有论著 49 篇，连载有《一等星谈》（12 篇）、《变星研究漫谈》（4 篇）和《武仙座新星》（2 篇）。此外还有答客问和宇宙消息等内容，其中，宇宙消息主要是翻译介绍国外的天文研究新进展。

在天文学通论方面，陈遵妫发表的代表性文章有《天文学之使命》《天文学概论》《天文学之实用》《别的星球也有生物吗？》《论中国天文界之前途》等。其中，《天文学概论》是 1934 年 6 月 17 日他在国民革命军遗族学校的通俗常识演讲，《天文学之实用》是同年 9 月 6 日他在中央广播电台的演讲，《别的星球也有生物吗？》是 1938 年 3 月 12 日他在广西的演讲稿。

在天体方面，陈遵妫发表的科普文章涉及恒星、太阳系、流星、彗星、新星、双星、星团和星系等各方面内容，如《未知行星之发现》《流星》《爱神星》

《因格彗》《狮子座流星群》《球状星团》《闲谈火星》《日冕形状》等。最具有代表性的是《一等星谈》，该文章从中西名称、星等、与地球距离、光带、色和出没时间等方面，为读者介绍了 21 颗恒星，这篇文章后来被收入 1934 年出版的《星体图说》一书中。

在传记方面，陈遵妫在《宇宙》期刊发表的传记文章，多是纪念逝去的天文工作者，如《缅念高公曙青》《余所知之常伯琦先生》《朱贡三先生传略》《缅忆朱贡三先生》等。此外，他还翻译了《布朗传略》和《女天文学家略传》。

在天文史方面，陈遵妫比较突出的文章是《中国天文学史初论》，这篇文章是他迈入天文学史研究领域的标志，也是他后来在 1955 年出版的《中国古代天文学简史》和晚年撰写的《中国天文学史》这两部书的提纲。

在仪器历法方面，陈遵妫有《等高仪》《国际历法》等文章。其中，《等高仪》一文介绍了等高仪的组成、原理和使用方法，并评价了其优缺点；《国际历法》一文则反映了国际历法运动对我国历法改革的影响。

陈遵妫在《东方杂志》《学艺》《科学》等几个重要的科普期刊上也都发表过文章。在《东方杂志》上发表的文章有《十二月星座神话》连载、《孔子诞辰日期问题》、《抗战期间更为需要之天文工作——希政府设立编历局》、《天文台之工作》，其中《十二月星座神话》最引人注意，该文章通过叙述星座背后的神话故事，为星座科普增加了趣味性。

我国著名天文学家李元回忆说，他喜欢天文、迷恋星空，在一定程度上就是因为当年受到陈遵妫的《十二月星座神话》的影响。如果在大成老旧刊全文数据库中搜索"星座"，会看到查询结果中涉及古希腊神话的只有陈遵妫的文章。

陈遵妫在《科学》期刊上发表的文章有《民国三十六年一至三月天象》《四月天象》《五月六月天象》《本年秋季天象》《三十年来之中国天文工作》《本年冬季天象》《五九日蚀观测纪实》《对于将来"科学"的希望》，还有和余青松同写的《北海道观测日食经过》，与李珩合写的《民国三十七年五月九日日环食》，以及与陈彪、贺天健、罗定江、李元合写的《1950 年 9 月 12 日日全食》。在《学艺》期刊上发表的文章有《十五年来中国之天文学界》《视差与蒙气差》。在《科学世界》期刊上发表的文章有《我国天文界对于日食之观测》等。

（二）陈遵妫在北京天文馆的天文科普工作

1923 年，世界上第一台天象仪在德国耶拿蔡司厂诞生。1925 年，第一个拥有天象仪的天象厅落成，标志着天文馆的诞生。中国近代天文学的先驱高鲁，将天象仪的知识翻译成中文，并将 planetarium 一词翻译成"假天"，写成《假天——假天就是一架天象仪》一文发表在《观象丛报》上，后在《宇宙》期刊第 2 卷第 8 号（1932 年 2 月）上再次刊载。

20 世纪 30 年代，《科学》《科学画报》《宇宙》等期刊也都曾介绍过天文馆。1934 年，张钰哲出版的《天文学论丛》一书中收录了《假天（最新式之天象仪）》一文（原文刊载于《宇宙》），并配有假天和假天馆的照片 10 多幅。1935 年，陈遵妫在《宇宙壮观》一书中介绍了假天和假天馆。1940 年，李珩在《科学》第 4 期上发表文章，介绍了当时世界上天文馆的活动概况[19]。那时，建造天文馆是中国人多年的梦想。

1955 年春，陈遵妫收到中国科学院竺可桢、吴有训两位副院长的联名信，邀请他到北京担任馆长，负责筹建一个新的天文机构——北京天文馆。陈遵妫决定建立一个全新的天文普及机构，向公众宣传以天文学为主的自然科学知识，提高公众的科学素养。

陈遵妫认为，这个机构的名称特别重要，仅用天象仪的单一方式普及天文知识是不够的，还应举办展览、科学讲座，组织各种天文小组观测活动，做些简单的研究课题，多种普及方式并行，故称"天文馆"更为合适。

陈遵妫还为未来的天文馆规划了发展方向：向天文专科学校发展，在青少年中培养更多的天文爱好者，进而培养出更多的中级天文人才。同时，要出版天文学普及刊物、编写资料性天文图书。此外，在我国仅建立一座天文馆是无法满足需求的，将来还要在其他大中型城市建一些天文馆，形成普及天文知识的网络。

在天文馆的选址问题上，陈遵妫也当仁不让，提出自己的独特见解。大家把交通便利、环境优美并有发展余地作为选址的首要考虑因素。当时的北京西直门外还是郊区，狭窄的道路两旁是低矮破旧的平房。动物园门口往南，是一片茂盛的庄稼地，旁边有一个只有两条公交线路的公共汽车总站，一条通向市内，一条通向颐和园。

借鉴苏联的莫斯科天文馆模式，陈遵妫认为，西直门外适合建馆。这里周边环境开阔，面向动物园，游人多，尤其是青少年多；全天星座中很多星座的名称都是用动物命名的，可以利用这一关联向公众普及天文学知识。此外，北京天文馆和北京动物园、北京展览馆还可以构成一个文化、游览中心。北京天文馆和北京展览馆，一个是尖塔，一个是圆顶，在整体布局上遥相呼应，再加上西直门外环境开阔、交通便利、搬迁任务轻，经综合商议后，大家一致同意把天文馆的地址定在这里。

当时规划的天文馆整体布局如下：天文馆及其附属建筑，包括天文台、气象台、办公楼、宿舍及车库等，共占地约 20 000 平方米。总平面布置划分为游览区和服务区两个区域。基地东部集中了建筑服务区，基地西部是天象厅、展览厅、演讲厅、天文台、气象台等。对于天文馆主体天象厅的具体规划，陈遵妫也提出了自己的设想。他认为，天象厅正对大门的墙面位置非常重要，他大胆选取了馆内普通美工画的太空美术作品太阳日珥图。此画放大后，被命名为"太阳的火焰"。后来，这幅壁画在 2007 年北京天文馆新馆改造中参考太阳和日球层探测器（Solar and Heliospheric Observatory，SOHO）拍摄的太阳素材，被翻新为立体画——《太阳日珥》。

1957 年，北京天文馆正式对外开放。建馆初期，虽然已经有了现代化的传播途径，但陈遵妫依旧注重传统的科普方式。1958 年，在陈遵妫和李元、卞德培的协商下，《天文爱好者》杂志诞生，这是中华人民共和国成立初期最早向国内外公开发行的天文科普期刊，截至 2021 年已累计发行逾 1300 万册，读者达数百万人，在天文科普领域有着极高的声誉和举足轻重的地位，受到社会各界的广泛喜爱。

陈遵妫任馆长期间，北京天文馆历年举办的大型展览有"天文知识""黄道十二宫壁画"等，中小型展览有"我国古代天文仪器陈列""我国天文成就""我国历法""天象仪和天文馆""我国近代天文工作""气象""星际航行幻想画展""苏联天文学成就""人造地球卫星"等。从展览内容看，20 世纪 60 年代的天文科普工作还处于历史转折时期，一方面，继承中国古代天文学相关知识；另一方面，具备一定的开放性，初步开始和世界接轨。1962 年和 1963 年，陈遵妫作为科学顾问，分别编写了"我国古代天象观测"和"漫谈节气"的展览内容[20]。

陈遵妫的建馆方针和天文科普思路高瞻远瞩。北京天文馆作为大型天文普及教育机构，为中国天文科普事业做出了显著贡献。陈遵妫倡导在全国建立中小型天文馆，形成普及天文知识的网络[21]，到 2009 年，我国已经建立了 200 多个天文馆（天象厅）[22]。

（三）陈遵妫编算天文年历的工作

1929 年，余青松送给陈遵妫一本加拿大出版的天文年历，建议他参照其中的内容编写一本年历，于是就有了后来的《天文年历　中华民国十九年》这本书，这是我国出版的第一本比较系统的天文年历。

天文年历是按照年度出版的、载有天体运行规律的历表。主要内容通常包括：太阳、月亮、各大行星，以及恒星在一年中不同时刻、相对于不同参考系的精确位置；日月食、行星动态、晨昏蒙影等的预报；岁差、章动、蒙气差等用于天体在各种坐标间换算时的必要数据等。天文年历不仅是进行天体测量和天文观测的重要资料，而且是航海、航空等应用领域的重要工具书。

在编写第一本天文年历的过程中，陈遵妫清楚地认识到了历算工作在天文学中的重要性。后来，他又参照欧美的航海历书，在新的天文年历中增加了小行星、彗星、卫星、变星等的星表内容。1932 年出版的《天文年历　中华民国二十一年》的页数已经足足是两年前天文年历的两倍多。这本天文年历深受测量界工作者的喜爱，但页数的增加也使印刷费用相应提升了不少，后续年历的出版工作因此受限。

在那个年代，推算天文年历主要靠笔算，借助的工具包括算盘、对数表和比较先进的计算尺。陈遵妫所使用的计算尺，是当年日本的计算尺公司赠送给每个去日本留学的学生的。他就是借助那把尺子和其他工具，反复推算研究天文年历中的各项数据，并与海外的数据进行仔细比对，从而积累了丰富的自行推算经验。

20 世纪 50 年代初，中国人民解放军海军司令部准备编写航海天文历《天文航海》，中国科学院当即推荐了陈遵妫，因为这么多年来，只有陈遵妫坚持不懈地一直在做年历推算的工作。陈遵妫为海军司令部的同志们举办了小型培训班，教会他们掌握推算方法。1954 年出版的航海天文历，成为当时舰艇部队学习天文航海的基准教材。

1966 年，我国终于拥有了独立推算的第一本天文年历——中国科学院紫金山天文台编写的《一九七〇年中国天文年历》。陈遵妫感到非常高兴，自己一人编历的时代终于一去不复返了。新时代的到来，离不开这位元老所做的前期奠基性工作。1982 年出版的《中国天文学在前进：中国天文学会成立六十周年纪念文集

（1922—1982）》中写道："……到了六十年代，便从以前依靠国外年历转变为自己编算……在这转变过程中，人们不会忘怀几十年来陈遵妫先生在主持编辑历书工作中所做出的贡献。"[23]238

（四）陈遵妫撰写的天文科普著作

步入天文界之初，陈遵妫就一直把编著图书放在科普工作的主要位置上。他曾拟定编纂数十部天文科普图书，多部书稿已完成，可惜在抗日战争期间因印刷困难未能付梓问世。陈遵妫撰写的天文科普著作，最终出版的共有 20 多部，按主要内容可分为两类：一类关于星座，另一类关于天文学通论和天文学史。这些科普著作大都力求全面、系统地呈现天文学知识。

1.《星体图说》

在陈遵妫的天文科普著作中，《星体图说》一书（图 2-6）于 1934 年 10 月由国立编译馆出版、商务印书馆印行，是供初学者和观星者阅读的入门级科普图书，原名《ABC 天文学》，在民国二十一年（1932 年），这本书被授予第二届中国天文学会"隐名奖金"。

图 2-6 陈遵妫著作《星体图说》封面

《星体图说》全书共由三部分组成：第一部分为天体图片，第二部分为观星指南，第三部分为天文词条。天体图片分布在 55 页中，其中 32 张图片主要展示星云、星团、彗星、日食、日冕等，以及太阳系的行星。这些天体图片出自欧美通俗天文杂志，并采用当时先进的铜版纸印刷，非常精致。观星指南部分内容丰富，涵盖了太阳系的所有行星，以及有彗星、流星、双星和变星的内容介绍；一年中每个月份南北天的星图；88 个星座和 21 颗一等星的简介。天文词条部分主要对 456 个天文学名词进行简单解说，其天文学名词依照民国二十二年（1933年）教育部公布的《天文学名词》最新标准校订。国立编译馆也曾出版《天文学名词》一书，但是没有释文。

我国著名特级语文教师沈蘅仲在《语文教学散论》一书中，收录了一篇文章《从联合国"外空探索"作文比赛说起——谈教材中的社会常识和自然常识》，文中说社会知识和自然知识对提高人们的读写能力作用很大，并回忆自己在中学时期对天文学感兴趣，看了陈遵妫的《星体图说》一书后，自己临画"恒星图"，还常和一位同学去"夜观天象"。"当时只是从兴趣出发，不过一知半解，但后来读古籍遇到有关天文知识时，联系青年时期那一点感性知识，倒也很有帮助。"[24]48 我国著名天文学家李元也曾回忆，该书对他影响很大，书中精美的天文图片给了他很大的想象空间，他也曾自己临画星图，并因为爱好天文走上了天文科普工作的道路。

2. 《恒星图表》

《恒星图表》一书（图 2-7）也出自上海商务印书馆，于 1937 年 3 月出版。全书分六个部分：第一部分为中国星图，第二部分为星图，第三部分为星图索引，第四部分为星表，第五部分为星名对照表，第六部分为星座简说。中国星图有我国宋代的天文图及四象图，天文图采用苏州文庙中黄裳（1146—1195，字文叔，南宋著名天文学家）所作的天文图，可称为世界上现存最早的星数最多的石刻天文图，三垣二十八宿均列图中，并附有说明。四象图则采于高鲁所作的《星象统笺》一书。星图包括北天、南天及赤道带共五幅（南北极各一幅，赤道带三幅），是国际通用星图。书中详细列出了肉眼可见的天体（六等以上的恒星、著名的星团和星云、银河等）共 4550 个，位置和绘图均力求精确。此外，作为参考，该书还附有两幅按照国际天文学会新划分的星座图。星图索引有中文和英文两种。星

图 2-7　陈遵妫著作《恒星图表》封面

表记录了星图上各恒星的位置，该表包括最主要的恒星 812 颗，并附有它们的英文名、中文名、星等、光谱、赤经、赤纬、光谱等信息，查考极为便利。星座简说将国际通用的 88 个星座依次排列并加以介绍。

《恒星图表》将中国星图列为第一部分，以显示我国古代天文学的重要。陈遵妫在该书序言中说："研究地理者，必有地图以佐之。研究天文者，其能无星图乎？是以世界各国均有星图出版，我国独无；以致学习天文者均仰给于外国之星图。然我国岂真无星图哉？苏州圣庙所立之宋黄裳天文图碑，其非我国之星图乎？不独如斯，是图之制，距今八百余年，或可称为世界最古之星图也。惜是图过于简陋，不适今用。近年来以'中国有星图乎？'询于余者，不胜其数；有感于斯，故作是书。"[25] i

如作者所述，该书丰富了中国当时的星图内容，在出版后近半个世纪中一直是中国出版的唯一详尽的星图和星表，对近代天文学的发展具有重大历史意义，到现在仍有参考价值。

3.《天文学纲要》

陈遵妫著作《天文学纲要》（图 2-8）由上海中华书局出版，1939 年 8 月初版，1947 年 9 月再版，是"中华百科丛书"之一。"中华百科丛书"于 1934 年至 1936 年出版，由出版家舒新城（1893—1960）主编，共包括 100 种图书。每种一般为一册，个别有两册或三册，每册约 5 万字。全丛书分总类、哲理科学、教育科学、社会科学、自然科学、应用科学、艺术、语言学、文学、史地 10 类，每类 8 至 24 册不等，可分类选购。这套丛书主要作为中等学校学生的课外读物，将日常见习的社会自然现象作为学理的说明，以启发思考。具有中等文化程度的读者、中等学校教师、大学生和图书馆为销售对象。每册书后附有名词索引和重要参考书目，以调动读者进一步研究的兴趣。这套丛书的作者多为各领域的专家，《天文学纲要》便是其中较有代表性的著作之一。

图 2-8　陈遵妫著作《天文学纲要》封面

4. 《天文学概论》

陈遵妫著作《天文学概论》由商务印书馆于 1939 年 2 月出版。该书属于"万有文库"中的"自然科学小丛书"，作者在该书序中写道："本书编著的主旨，是以供中等学生课外阅读及失学青年自修研究之用……系统的叙述天文学上的一般常识而已。"[26]序言一陈遵妫为该书的读者和内容选定了明确的定位，就是面向青少年的普通天文学读物，这也从一个侧面反映出他对青年一代教育的关心和重视。

该书分为绪论、太阳系和恒星宇宙三个部分。绪论中介绍了天文学建立的基础，包括天文学的意义及分类、发展历史、坐标和天文仪器。太阳系的部分，分别对太阳、地球、月亮进行了详细的描述，从物理性质到其天文现象、日食月食，使我们对这三个熟悉的天体从感性认识上升到了理性认识，这部分内容从实用的角度介绍了与这三个天体相关的时间历法，另外还介绍了行星、彗星和流星。第三部分介绍恒星与宇宙，图表丰富，是初学者的优秀读物。

中国科学院院士苏定强从天文爱好者成长为一代天文学家，他曾说："其中对我影响最大的启蒙书是陈遵妫先生的《天文学概论》。"[27]106

5. 《天文学》等其他著作

《天文学》由贵阳的文通书局于 1943 年 10 月出版，属于文通书局的"大学丛书"，原列为"中国天文学会丛书"。这是抗日战争时期在后方出版的唯一的大学天文教科书，陈遵妫"据摭天学各门类之纲领，编成本书，藉供初学者综览"[28]自序。

该书的印刷和纸质很粗糙，这从另一个侧面反映出抗日战争时期天文工作的艰难，也反映出陈遵妫对天文事业的执着，他努力创造一切条件普及天文知识。《天文学》全书内容分为 19 章，包括：绪论、天文学发达概论、天球、坐标、坐标订正、天文仪器、天文学之实用、行星运动论、太阳、太阴、地球、行星、彗星与流星、恒星、变星、双星、星图与星云、恒星演化、宇宙构造。另外，还有 66 幅插图及 16 幅锌版照相图。抗日战争时期，文通书局是全国七大书局之一，1941 年成立文通书局编辑所，组建了水平很高的编委会，陈遵妫是 112 位编委之一。

陈遵妫的《日食简说》由重庆正中书局于 1941 年 7 月初版，1946 年沪一版。书前有图《日食原理》《民国三十年九月二十一日全食时天空现象》《民国三十年九月二十一日中国全食带》，是中国境内临洮日全食的宣传图书。《天文》一书于 1945 年初版，1946 年再版，由北平（北京）的中国文化服务社出版，36 开，属于"国民文库"丛书。《民国二十五年六月十九日日全食》由中国日食观测委员会于 1935 年 10 月出版发行，该书中有图，并配有图解，很好地预测了日食的发生时间和路径。《民国三十七年五月九日日环食》由陈遵妫与李珩合著，由国立中央研究院天文研究所于 1947 年 5 月出版。该书记述了日环食概况，并配以图表进行说明，全书共 13 页。

6. 《中国古代天文学简史》

陈遵妫从 20 世纪 30 年代末就开始收集整理中国古籍中的天文学史资料，于 1955 年出版的《中国古代天文学简史》在当时产生了非常深远的影响。该书较为系统地介绍了中国古代在天文学上取得的成就，因其通俗易懂、资料丰富而受到国内外读者的重视，在很长一段时期内成为了解中国古代天文学成就的重要读物。书中的史料和论述为中国天文界、史学界在研究、教学和编著中广泛应用，并先后被译成俄文、日文（图 2-9）在苏、日两国出版。[29]867

图 2-9　陈遵妫著作《中国古代天文学简史》日文版封面

天文学家李元认为，《中国古代天文学简史》是一本科学史的普及作品。天文学史学家陈美东（1942—2008）在一次访谈中说，他就是在学校图书馆里看到一本陈遵妫先生的《中国古代天文学简史》，读了以后觉得很有意思，所以后来报考了天文学史专业的研究生，并最终成长为一代著名的天文学史学家。

（五）陈遵妫翻译的天文科普图书

1. 《宇宙壮观》

《宇宙壮观》是天文科普史上一部重要的科普图书，该书编译自 19 世纪 30 年代日本著名天文科普作家山本一清的《天体和宇宙》一书。先后有三个版本：

①五册版，商务印书馆 1935 年 3 月初版，"万有文库"第二集；②五册版，商务印书馆 1935 年 7 月初版，属于"自然科学小丛书"；③一册版，商务印书馆 1935 年 7 月初版，属于"自然科学小丛书"。

全书分为五篇，原著于 1927 年在日本出版。我国著名天文学家李元对《宇宙壮观》的评价很高，他在高中时通过《宇宙壮观》认识了星空，在闲暇时给同学和亲友指点星座，进行讲解，从此与天文科普工作结下了不解之缘。同时，《宇宙壮观》中关于天象仪和天文馆的相关知识，点燃了他心中的一个梦——在中国建立一个天文馆。

与李元同时代的天文学家卞德培，在《浪花与小兵（代自传）》一文中用很生动的语言描述了这部书对他的影响："《宇宙壮观》描述出了宇宙的壮观景象，令人赞叹，启迪心灵……我萌生了这样的思绪：探索伟大而神秘的宇宙，发人深思，陶冶情操，其乐无穷。"

《宇宙壮观》刚刚出版的时候，著名学者金克木写了一篇书评《评〈宇宙壮观〉》，他说："在质和量两方面都可以遥接七十六年前李善兰译的《谈天》。"[16]428

2. 《天文家名人传》

《天文家名人传》于 1936 年出版，由陈遵妫翻译自英国鲍尔（Roberts S. Ball）的 *Great Astronomers*，分为上下两册，属于商务印书馆的"自然科学小丛书"。该书介绍了哥白尼、第谷、开普勒、埃德蒙·哈雷（Edmond Halley）、约翰·柯西·亚当斯（John Couch Adams）等 18 位不同时期的世界著名天文学家。内容涉及每位天文学家的性格、人生际遇和成名的重要发现等。同时，书中配有 67 幅插图，包括人物肖像、天文台等。该书反映了这些天文学家的人生轨迹。

陈遵妫在该书译序中交代了译书原因，以鼓励来者、推行天文。

近世科学迈进，百度维新；说者辄引以自豪，以为迥非昔人所得企望其项背。然后人之成功未有不建于前人基础之上，专矜己长，抹杀前功，是饮水而不思源，数典而忘其祖。是以今日世界之天文研究之进步，吾人不当徒炫于二百英寸远镜之鸿图与夫以宇宙星辰为理化实验室之伟业。要知推步授时之精确，观测仪器之改良，非一蹴而几，皆历代天文学者呕心殚思之结晶。兹译是篇，既所以揄扬先进，激励来兹，而天文上之学说推算仪器观测递嬗蜕变之迹，于是亦可窥其一斑。

在民国时期，这本书是为数不多的可从中了解国外天文学家的传记。

3. 《夫罗斯特传》

《夫罗斯特传》一书由商务印书馆于 1937 年出版，属于"万有文库"的第二集。该书介绍了美国著名的天文学家爱德文·布朗特·夫罗斯特（Edwin Brant Frost，现今一般译为爱德温·布兰特·弗罗斯特）的一生，在序言中，陈遵妫对他的褒扬之情溢于言表："美国天文学家爱德文·布朗特·夫罗斯特之于天文学界者，不独躬亲观测，努力专门之研究以求专门天文学之进步；更为大学生员研究之指导，通俗天文之演讲，天文刊物之编辑，力谋天文学之普及。诚堪为我国天文家之圭臬，用特为传。"

我国著名科普作家高士其说，科学普及是科学工作者的重要任务之一，只有把科学研究和科学普及相互结合的科学工作者，才是一个完整的科学工作者。回顾陈遵妫的一生，他就是一位把科学研究和科学普及相互结合起来的完整科学工作者的典范。

二、张钰哲的天文科普图书与科普工作

张钰哲（1902—1986）（图 2-10）是我国著名天文学家，也是我国现代天文学事业的重要奠基人。他一生勤于天文观测，所领导的天文学观测和研究都达到了

图 2-10　张钰哲

注：图由中国科学院紫金山天文台提供

国际先进水平。我国天文学事业的发展，不论是在科学研究还是在科学普及方面，都有张钰哲的重要功绩。每逢彗星、日食等特殊天象出现时，张钰哲都积极组织观测并进行科普演讲，破除迷信，普及天文学知识。

在天文科普图书方面，张钰哲有《地球之天体观》《天文学论丛》《小行星漫谈》《哈雷彗星今昔》《宇宙丛谈》等著作，他还曾翻译俄文图书《行星物理》、英文图书《新太阳系》等，中国天文学会的《宇宙》创刊后，他为《宇宙》写过很多科普文章。

我国著名天文学家李元曾在自己的著作《拥抱壮美宇宙：李元科普作品自选集》一书中这样介绍张钰哲：

> 在中国老一辈的天文学家中，张钰哲是最勤于观测的人，他在天文望远镜和计算机旁度过了无数个日日夜夜，对祖国的天文事业倾注了无限心血。经过近 40 年的观测研究，张钰哲开创的对小行星、彗星的探索取得了丰硕成果。他和他领导的行星研究室共拍摄到小行星、彗星底片 8600 多片（每拍摄一片都要付出相当的辛劳），获得有价值的精确位置数据 9300 多个，观测到 1000 多颗在小行星星历表上没有记载的小行星，并计算了它们的轨道。其中有 100 多颗小行星获得了国际永久编号和命名权。[30]113

我国著名天文学家陈遵妫在《悼念七十载五同老友张钰哲》一文中，总结了"五同"来怀念老友：

> 我生于 1901 年 9 月 16 日，比张钰哲整整大 5 个月。我们都是福建省闽侯县人，一同也；1916 年同在北京宣武门外大街直隶会馆畿辅中学读书（他比我高一年，翌年同转师大附中，同年不同班），二同也；抗日战争前，我们共事中国天文学会出版的《宇宙》杂志，三同也；1941 年他任国立中央研究院天文研究所所长后，我亦在此供职，四同也；在昆明凤凰山天文台时，我们朝夕相处，可谓五同也。[31]

（一）张钰哲其人

1902 年 2 月 16 日，张钰哲出生于福建省闽侯县。张钰哲儿时的生活环境非常艰苦，但他勤奋好学，加上天资聪慧，所以学习成绩一直非常好。1919 年，张钰哲以优异的成绩考上了清华学堂，1923 年被选送去美国深造。

早在 12 岁的时候，张钰哲偶然读到一本书，名为《上下古今谈》，这本书以两人出游和对话的方式，讲述了天文地理等方面的知识，少年张钰哲的心里自此埋下了一颗对天文感兴趣的种子。21 岁到美国深造之后，又一次偶然的机会，他读到了一本天文科普书，少年时埋下的种子开始疯狂地萌发。1925 年，张钰哲毅然转学到芝加哥大学天文系，立志投身于天文学。

张钰哲说："要想成才，必先立志。如果青年时期树立了远大理想，不管做什么，都可以对社会作出贡献。志向一定，便要坚持，切不可朝秦暮楚，今天想干这个，明天又想干那个。如果这样，一辈子也难在某一方面做出成就。"[32]118

在美国顺利完成学业后，1927 年，张钰哲在美国叶凯士天文台获得硕士学位，1929 年，他通过了博士学位论文答辩。那时，中国的天文学与国外相比还有相当大的差距。以小行星的观测和研究为例，各国天文学家相继在天空中发现了不少新的小行星。到 1928 年，小行星的编号已经排到 1124 号了，但其中没有一颗的发现者是中国人。

此时的张钰哲正在美国叶凯士天文台实习。1928 年 11 月 22 日夜里，张钰哲在进行天文观测时，忽然发现底片上有一颗没有出现过的新星，随后他又连续观测了 15 个晚上，获得了同样的观测结果。张钰哲根据轨道推算证实，这是一颗新发现的小行星。这一发现让张钰哲在天文界崭露头角，也对他未来的发展道路产生了巨大影响。

按照惯例，小行星的发现者拥有小行星命名权。当时，天空中已经被命名的小行星，名字多种多样，有人名，有地名，有国名。张钰哲在为自己的这一发现感到激动与惊喜的同时也在思考：给它起个什么名字呢？面对这样的选择，他完全有机会让自己的名字闪耀在夜空中，但他并没有这样做。这位青年学者的心中，是对祖国满满的深情。他给这颗小行星起了一个特别响亮的名字：中华！但不久之后，这颗小行星失去了踪迹，张钰哲一直想把它找回来。1957 年，张钰哲与其助手一起发现了我国本土第一颗获永久编号的小行星（1125 号小行星），其轨道与"中华星"非常相似，国际天文学联合会破例以"中华星"为这颗小行星命名。

（二）张钰哲的科普著作《小行星漫谈》

自"中华"星之后，张钰哲就与小行星结下了不解之缘。中华人民共和国成立后，他在三十多年的时间里，不间断地观测和研究小行星，与天文台的同事们一起，发现了几百颗新的小行星。国际天文学界为赞誉张钰哲的贡献，于 1978 年 8 月 1 日的《国际小行星通报》第 4420 期宣布，将 2051 号小行星定名为"Chang"（张），通报中写道：

> 哈佛大学天文台 1976 年 10 月 23 日发现的这颗小行星的命名，是为了表示对张钰哲的敬意。
>
> 他长时间积极从事小行星、彗星的观测和轨道计算。他还测定了小行星的自转周期，进行过分光双星的观测和研究工作……[32]45

1977 年，科学出版社出版了张钰哲撰写的《小行星漫谈》（图 2-11）。在这本小书中，张钰哲介绍了小行星的发现、小行星的观测、小行星的运动和轨道、小行星的分布和总质量、不平常的小行星、小行星的物理性质、小行星的用途以及小行星的诞生和演化等内容。

图 2-11   张钰哲著作《小行星漫谈》封面

此前出版的中文版天文科普图书中，关于小行星的图书仅有一本译著，即 1957 年科学普及出版社出版的《小行星》，作者是苏联的克里诺夫，译者是桑志治。这本小书仅有 28 页，简要介绍了小行星的发现、怎样观测小行星、小行星的物理性质、小行星的起源等内容。与之相比，张钰哲的《小行星漫谈》一书内容更加丰富，且将与小行星相关的天体力学内容包含在内。

19 世纪之前，人们对小行星还一无所知，只是为了找到火星轨道和木星轨道之间有什么假想的行星，最终在 19 世纪的第一天发现了第一颗小行星。后来，新发现的小行星越来越多，人们才知道，火星轨道和木星轨道之间存在一个小行星带。

一开始，人们并不重视对小行星的研究，因为这些天体可能会对其他天文观测产生妨碍。直到 1931 年，爱神星大冲，人们通过它测量了比较精确的天文单位（日地平均距离），小行星的地位才得以提升。在张钰哲撰写《小行星漫谈》时，我国的小行星研究工作刚起步不久，但天文台已经装备了现代化的设备和仪器。所以在该书结尾，张钰哲十分有信心地总结道："小行星的故事还再次证实了辩证唯物主义的一个真理：'在生产斗争和科学实验范围内，人类总是不断发展的，自然界也总是不断发展的，永远不会停止在一个水平上。'"[33]47

《小行星漫谈》的篇幅不大，只有 48 页，但全书图文并茂，既有实拍照片，又有轨道位置示意图；既有小行星视运动、光变曲线等科学绘图，又有小行星尺度比较等简单制图。专业工作者可以通过这本书了解小行星相关的研究进展，对小行星感兴趣的公众则可以从这本书的介绍中全方位认识小行星。

（三）张钰哲的科普著作《哈雷彗星今昔》

比起小行星，彗星与张钰哲的缘分开始得更早，并伴随他直到生命的最后一天。1910 年 5 月，明亮的哈雷彗星拖着长长的尾巴出现在天空中，年仅 8 岁的张钰哲看到这一奇异天象十分惊讶，脑海中留下深刻印象之余也产生了许多疑问[34]。

1929 年，张钰哲从美国学成归来的时候，我们的祖国正满目疮痍。他在国立中央大学物理系任教，讲授天文学、天体力学和物理学等课程，同时被聘为国立中央研究院天文研究所特约研究员[34]。1934 年，紫金山天文台在南京建成，这是我国第一个现代化的天文台。然而，天文台刚建成不久，抗日战争就爆发了，重要图书与仪器设备等不得不随工作人员一起迁到昆明。

中华人民共和国成立后，紫金山天文台获得新生。张钰哲被任命为紫金山天文台台长，他率领同志们修复了抗日战争中被破坏的天文仪器，并陆续增添了许多新仪器新设备，自制了大小各类望远镜，研究人员的队伍不断扩充，各项工作顺利展开。可以说，直到这时，张钰哲在美国留学时所学到的天文学观测和研究方面的知识与技术才真正得以充分发挥。1965 年 1 月 1 日和 11 日，紫金山天文台在短短 11 天的时间段内，在这两天找到了两颗彗星，这在天文史上是很少有的。

晚年时期，张钰哲通过对中国历史上早期的哈雷彗星记录进行分析和考证，提出了这样一个思路：对于哈雷彗星的计算研究，可以解决一个历史悬案——武王伐纣究竟发生在哪一年。张钰哲根据研究推测，这个年份很可能是公元前1057—前1056 年。1978 年，张钰哲在《天文学报》上发表了一篇著名的论文，题为"哈雷彗星的轨道演变的趋势和它的古代历史"，引起国外学术界的重视，有些外媒还特意对此进行了报道。

1982 年，张钰哲的著作《哈雷彗星今昔》（图 2-12）由知识出版社出版。全书用 8 个章节介绍了哈雷彗星的相关内容，分别是：1985—1986 年回归的哈雷彗星、我国古代文献记载的彗星、关于彗星的迷信和传说、哈雷彗星的弟兄们、秦代前后的哈雷彗星观测记录、认识周期彗星的过程、哈雷彗星 1910 年回归的经过和1986 年回归的预报、研究哈雷彗星的意义。

图 2-12　张钰哲著作《哈雷彗星今昔》封面

这是国内第一本专门介绍哈雷彗星的天文科普书，随后几年，卞德培、王德昌、万籁等分别推出了《哈雷彗星——天文知识趣谈》《哈雷彗星观测手册》《欢迎您！哈雷彗星》等图书。

从《哈雷彗星今昔》的目录不难看出，张钰哲在这本书中对哈雷彗星的相关知识介绍得非常全面——从古时到今日，从具体观测方法到研究意义，从哈雷彗星自身到它的"弟兄们"。此外，这本书中还包括不少对中国古籍资料的引用，从最早的《淮南子·兵略训》到《晋书·天文志》，再到后来按年份逐个列出我国古籍资料中对彗星的所有记录，体现出张钰哲深厚的文史知识积累和严谨考证的科学精神。《哈雷彗星今昔》一书正文共 70 页，正文之后又用 28 页的篇幅附上了两道例题，向读者介绍如何通过三次方位观测推算彗星轨道并预报方位。

在《哈雷彗星今昔》一书的末尾，张钰哲写道：

> 当哈雷彗星在二十世纪内第二次回归的时候，我国科学工作者可能使用我们所掌握的最先进科学技术，对这百年一遇的天文现象进行深入彻底的观测研究。用自然科学了解自然，了解自然的成果，对丰富人类知识做出贡献。通过我国科学工作者的努力，我们不但可以得到赶超世界先进水平的成绩，而且给我们准备好条件，到二十一世纪六十年代下一次哈雷彗星回归的时候，能够利用我们自己发明的新技术进行彗星的研究，探索自然的奥秘，以优异成果，对人类做出较大贡献。[35]70

（四）张钰哲的科普著作《天文学论丛》

1934 年，国立编译馆出版了张钰哲的天文科普著作《天文学论丛》（图2-13）。张钰哲是一个多才多艺之人，擅长书法、诗画、篆刻，文学修养相当高。他的这本《天文学论丛》不单单是一部天文学著作，同时也是一部颇具文学价值的文章选集。

关于这本书的主要内容与撰写目的，张钰哲在序言中这样写道：

> 年来余所作关于天文之论著，为数颇多。其通俗者则有世界大天文台中之设备及工作之记述，其专门者则有曾经发表于外国诸专刊中研究结果之摘要。其他诸篇，或饶兴味，或助理解。本书之末，殿以泰西天文史中名家传叙十一篇，足补畴人传之未备。初学天文者，以此作参考之籍，必多裨补；

图 2-13　张钰哲著作《天文学论丛》封面

是不徒供茶余酒后之消遣，作自然常识之读物也。惟是凡此诸篇，虽均为论列天文之作，而散见于十余种之刊物中，或有从未经发表者。有志天文之士，必向各方搜检，毋乃过烦。以性质相同之文字，汇集于一卷之中，以便学者参考之用，是余刊行天文学论丛之目的也。[36]序言

由序言可以看出，《天文学论丛》的内容形式相当于一本论文集，其中包括对世界各大天文台和工作的记述，以及发表于外国专业刊物上的研究摘要等内容，共 17 篇。此外，该书还包括外国天文史中的名家列传 11 篇，名家包括依巴谷（Hipparcos）、哥白尼、第谷、伽利略等著名天文学家。正文内容之前还写明了详细的插图目录，列出了全书 74 幅照片或示意图的名称，并以脚注标示"插图中约二十幅，系向天文研究所借用，特此致谢"。

书中尤其值得一提的是张钰哲对世界各大天文台及其工作的记述，国外留学的经历让他认识到，天文台的建设对于一个国家天文事业的发展来说是至关重要的。张钰哲在该书中讲述了自己在美国天文台参观的情景，介绍了天文台的设备，并将介绍天象仪的文章《假天（最新式之天象仪）》收录到书中。张钰哲从美国留学回来之前，就曾特意访问美国的著名天文台，如洛厄尔天文台、威尔逊山天文台等，就是为将来建设我国自己的天文台做准备。他还特意搜集

了很多天文教科书以及幻灯片、挂图等资料，留作将来培养我国天文人才时使用。

为加快我国天文事业的发展，张钰哲一直积极倡议并参加新的天文台站筹建工作，以一位战略家的眼光，描绘出我国天文学发展的蓝图。他还在天文台的学科设置与台站布局等方面提出了全局性的独到见解，为我国后来陆续建成的各大天文台站贡献了重要力量。

《天文学论丛》一书的最后一个小节标题为"拟天文学系之课程标准"。张钰哲说："近来国内大学教育日有进步，院系设备，渐趋完美。天文一科在欧美大学中，独立成系，盖无校不然。吾国大学之具天文系者则有广州中山大学。其他各校，以经济人才之限制，仅能暂授天文之课程，尚未有学系之设立。然将来经济人才问题解决之后，天文独立成系乃势所必然。因草是篇，以期对于天文学系之计划，或可有几微之辅助也。"[36]191 此小节列出了天文学系四个学年的课程表和课程大纲，并附上了 75 条参考书目。在张钰哲看来，天文学既偏重数学基础，又偏重物理基础，所以研究天文的人必须多修数学和物理课程。

张钰哲对于天文台站建设和天文学系课程设置的思考，过了几十年后依然很有参考价值。好的天文台址的选取、望远镜等设备和仪器的配置与建设、高端天文人才的培养与输送，对一个国家的天文学事业发展来说都是至关重要的。张钰哲还在书中建议，天文学系除了讲授普通天文学、天体力学以及天体物理等方面的内容之外，还应讲授天文史的内容，让学生了解西方天文学的发展历史，同时也介绍我国古代天文历法和后世天算名家的著述。

（五）张钰哲的科普译著与文章

张钰哲在国立中央大学物理系讲授天文学课程之余，还经常发表一些科普文章。1930 年，中国天文学会的《宇宙》月刊创刊，张钰哲为其撰写了发刊词，由于自身文学功底深厚且博通古今历史，张钰哲撰写的发刊词受到大家的一致赞赏。之后，他陆续为《宇宙》月刊撰写过很多科普文章。

除撰写科普文章外，张钰哲还编写过一些天文学工具书，翻译过英文与俄文的天文科普书，并审校过其他天文工作者翻译的图书。1934 年，陈遵妫翻译的《星体图说》一书由国立编译馆出版，张钰哲为该书做内容审校。

1934 年，由张钰哲与朱文鑫、高鲁、竺可桢、陈遵妫等共同编写的《天文学名词》[于中华民国二十二年（1933 年）四月由教育部公布] 正式出版，这本书包括天文学名词、星座录、西文索引、中文索引四部分内容。天文学名词部分分别列出了天文学名词的英文名、德文名、法文名、日文名、决定名（即中文译名），星座译名部分则参照了常福元所著的《中西对照恒星录》。

1943 年，陈遵妫编写的"中国天文学会丛书"之二《天文学》出版，张钰哲与李晓舫（李珩）为该书做内容审阅，之后这本书被用作大学天文学教材。

1945 年，正中书局出版了张钰哲编著的科普文集《宇宙丛谈》，这本书共分为 3 篇，分别论述了天文学、太阳系、恒星和宇宙等方面共计 10 个小节的内容。附录部分介绍了西比利亚日食观测纪行和临洮观食记。

1974 年，为进一步推动中国科学院紫金山天文台行星物理方面的研究工作，张钰哲带头翻译了一本俄文书，名为《行星物理》（沙罗诺夫著）。

1984 年，江苏科学技术出版社出版了张钰哲主编的《天问》一书，该书属于"中国天文史研究"丛书。论著部分包括席泽宗等人的 9 篇文章，译著部分介绍了日本和美国的文章各一篇，天文初阶部分介绍了《步天歌》等内容 3 篇，天文学家部分介绍了张钰哲和朱文鑫二人。此外，该书还包括天文台站、天文文物（浑仪）、海外见闻、文献资料等内容，知识覆盖面非常广。

1987 年，张钰哲与王绶琯等共同翻译了美国科普作家卡尔·萨根（Carl Sagan）的《新太阳系》。该书从太阳系空间探测的黄金时代开始讲起，介绍了太阳、太阳系的大行星、小行星以及其他小天体等内容。

1993 年，由王德昌、李元选编的《张钰哲论文选》出版，其中收录了张钰哲1928—1985 年在国内外学术刊物上发表的有关天文研究的论文 47 篇，内容涉及小行星、彗星、双星、日食、变星等。

（六）张钰哲的科学精神

一直以来，张钰哲在科学研究领域倾注了大量心血。1958 年，紫金山天文台行星研究室开始开展小行星光电测光。由于小行星的亮度变化是由其形状不规则引起的，小行星自转时面对地球的部分不同，因而在地球上观测到它反射的太阳光也有所不同。通过观测得到小行星的亮度变化曲线，就能推知小行星的自转周期，以及小行星的自转轴在空间中的指向。张钰哲领导的这些观测研究，在轨道计算和实际观测方面的精度都达到了国际先进水平。

　　除了进行小行星和彗星观测之外，紫金山天文台还在天体物理学、天文仪器研究等诸多领域开展了相关工作，后来成为我国主要的综合性天文台之一。对于中国科学院上海天文台、中国科学院北京天文台、中国科学院南京天文仪器厂以及中国科学院长春人造卫星观测站等人造卫星观测站的建设，张钰哲也都给予了充分的关心和支持。在中国科学院和中华全国科学技术普及协会筹备建立中国第一座现代天文馆——北京天文馆的过程中，张钰哲更是给予了大力支持。

　　1980 年，78 岁的张钰哲与几位老专家一起，奔赴青海高原，登上了海拔约 4800 米的昆仑山口，为后来在德令哈建立第一台毫米波射电望远镜观测台选址。张钰哲说："传统光学已不适应天文科学发展的新趋势，守在紫金山头不行了。要开拓空间天文和无线电天文的新领域。"[33]48

　　张钰哲深知，在新的时代背景下，开展天文学研究和天文学普及工作的条件，与过去相比已大不相同。从 1980 年回望，时间倒回到 40 年前，我国作为天文学发源极早且在古代拥有最丰富天象记录的国家，到 20 世纪三四十年代竟然还没有使用现代天文学方法观测过日食。当时，张钰哲迫切地想为祖国填补这一空白。

> 久矣风沙不关心，滇池秦塞事长征。
> 情怀病骥思归卧，世事鞭驱未愍矜。
> 赖有耆年垂矩范，孰云星历侪俳伶。
> 更新异象呈空日，云雾寇氛俱扫清。

　　这是张钰哲在抗日战争时期历经千辛万苦终于抵达日食观测地时写的一首诗，其中既有复杂心情的写照，又不乏坚定的信念。中华人民共和国成立前，天文对很多人来说就像是个摆设，加上科学知识十分匮乏，民间长期流传着各种天象迷信，如关于日食、月食、彗星、流星等的迷信传说。每逢特殊天象发生时，张钰哲都要进行破除迷信的工作，并因此开创出许多个"第一"。

　　1941 年，日全食在中国大地上可见，张钰哲在非常艰苦的情况下带队到甘肃进行我国境内第一次日全食科学观测，之后还多次举办日食图片展览和科普演讲。1953 年，日偏食发生时，张钰哲带头进行全国广播演讲，这是新中国第一次的全国性科普活动。1980 年 2 月 16 日，日全食（云南、贵州可见）发生时，新中国开展了第一次大规模日食观测与科普活动，当时张钰哲已是 78 岁高龄，但他仍然积极参加。

1941年的那次日食观测，张钰哲特意挑选了一支非常精干的观测队，队员包括当时在位于成都的华西协合大学的李珩、国立中央大学的高叔咢、军事部门的李国鼎、天文研究所的陈遵妫和龚树模等。陈遵妫在《悼念七十载五同老友张钰哲》一文中回忆起那次日全食时这样写道：

> 这次日食观测点选在甘肃省临洮，我的任务和1936年在日本北海道观测日食时一样，每隔10分钟按一下开关，把从初亏到复圆的一连串日象变化摄在一张底片上。日食过后，大家正在愉快地谈论观测感受时，张钰哲从暗房出来，气汹汹地责问我："你为什么少按一次？"我回答说："我都按时按的。"他说："第三次没有按。"我觉得很奇怪。半小时后，他再次从暗房出来，和颜悦色地对我说："你是按时按的，第三次按时恰好有片云遮住了日面。"这虽然是件小事，但也可见张钰哲工作态度和为人之一斑。[31]

1990年10月10日，我国发行了张钰哲纪念邮票（图2-14）。邮票上，张钰哲身后有拖着长尾巴的彗星，有以他的名字命名的小行星，有天文台。彗星是张钰哲走上天文之路的"种子"，也是他科学精神的见证，正如他本人所说：

图2-14　张钰哲纪念邮票极限片

注：图来自天文美术家徐刚个人收藏的邮票极限片

1682 年英国天文学家哈雷发现一颗彗星，经过他计算，这颗彗星经过七十六年左右就会回到地球附近一次，他断言这颗彗星 1758 年底或 1759 年初将会回归，不过，为此他需要活到一百零二岁才能亲眼看到自己的预言被证实，享受这个荣誉，这显然不可能。但他并没有撒手不干，他依然研究下去。1759 年 3 月这颗彗星果然回归，他的预言被证实，这是惊人的成就。虽然哈雷早在 1742 年已离开人世，这颗彗星仍被命名为哈雷彗星。我们做科学研究就是如此，你试了各种方法，都不能获得所要求的结果，但你的失败可以告诉人家另寻道路。人生好比接力赛跑，我尽力跑完我这一段，好让别人跑得更快更远，成功的一棒不一定在我，荣誉更不一定在我。[32]49

三、众译佳作：金斯科普作品的民国译介

天文学作为最古老的自然学科之一，一直是科普图书的重要主题。民国时期，我国的天文学工作者数量十分有限。市面上大部分天文科普作品都是从国外引进的，尤以英国天体物理学家詹姆斯·金斯（图 2-15）的作品最多，达到了 8 本、4 种。其中，*The Mysterious Universe* 有两个译本，*The Stars in Their Courses* 甚至出现了 4 个不同书名的独立译本。这一方面是因为当时英国国力强盛，科技发达，是我国引进科普作品时的首选；另一方面也因为金斯的作品文笔流畅，通俗易懂，广受欢迎。

图 2-15　詹姆斯·金斯

注：图片来自美国亨廷顿图书馆，为公版图片

金斯是 20 世纪英国著名的科学家，在应用数学、物理学和天文学等多个领域都有建树。他毕业于剑桥大学三一学院数学系，曾任教于剑桥大学和普林斯顿大学应用数学系。起初，金斯的兴趣在粒子物理领域，他曾修正英国物理学家瑞利（Rayleigh，原名 John Strutt）提出的黑体辐射公式中的错误，改进后的公式也因此被称为瑞利-金斯公式。1914 年后，金斯的研究兴趣转向了天文学领域，工作涉及旋涡星系、恒星能量来源、太阳系起源、巨星、矮星和双星等诸多领域。

金斯和爱丁顿同被誉为英国宇宙学的创始人。金斯所提出的分子云坍缩的临界质量（金斯质量）和临界尺度（金斯长度），至今仍是重要的天文学概念。因工作出色，金斯在 1925 年至 1927 年当选英国皇家天文学会主席，1928 年受封爵士。尽管如此，金斯所坚持的恒稳态宇宙理论并没有获得学界认可。1929 年后，他的注意力逐渐转向公众讲座和科普。金斯撰写了多本科普图书，以平易通俗的写作风格赢得了大量读者和赞誉[37]。其中最著名、最畅销的一本当属 1930 年出版的 *The Mysterious Universe*。

（一）*The Mysterious Universe*

The Mysterious Universe 来自金斯的一场高级讲座。1930 年 11 月，剑桥大学副校长艾伦·比维尔·拉姆齐（Allen Beville Ramsay）邀请金斯在剑桥大学最高层次的"里德讲坛"（Rede Lecture）上进行年度讲演，题目便是 *The Mysterious Universe*。金斯在报告中以通俗的语言和形象的类比深入浅出地介绍了当时最新的科学理论以及它们所引起的哲学思考。1930 年 11 月 5 日，也就是演讲的第二天，讲座内容的扩充版以 *The Mysterious Universe* 为名出版。

该书在一开头引用了古希腊哲学家柏拉图（Plato）《理想国》中著名的洞穴寓言，暗示人类在认识世界、探求真理过程中的艰辛与局限。该书第一章"消逝着的太阳"（The Dying Sun），介绍了太阳系的起源和生命的诞生；第二章"近代物理学下的新世界"（The New World of Modern Physics），讲述了近代物理学加深了人类对各类自然现象的认识和理解；第三章"物质与放射"（Matter and Radiation），讨论了当时尚不清楚的质量与能量的相互转换（中子在 1932 年才被发现，而太阳核反应的细节到 20 世纪 30 年代末才被揭开）；第四章"相对论与以太"（Relativity and the Ether），介绍了"相对论"和"以太"两个理论在解释时空本性时的差别与优劣；最后一章"知识的深渊"（Into the Deep Waters），从哲学层面检视人类对宇宙的认识与其真实面貌之间可能存在的偏差，就像洞穴人会把事物的投影当成实体去观察一样。

The Mysterious Universe 一经问世就引起了强烈的社会反响，短短几个月内就在英国卖出了 7 万册。该书在 1931 年仍保持很高的销量，前后重印了 8 次，又推出了修订版[38]。它不仅是畅销书，更是常销书，直到 1948 年还在重印。这对于一本科普书来说可谓罕见，只有半个世纪后霍金的《时间简史》差可比拟。该书还曾受到美国物理学家、1979 年诺贝尔物理学奖得主史蒂文·温伯格（Steven Weinberg）的推崇，他在 2015 年将这本书与伏尔泰（Voltaire）的《哲学书简》和达尔文（Darwin）的《物种起源》等书一并列为"13 本最适合普通读者的科学书籍"[39]。

The Mysterious Universe 出版后，中国也有学者第一时间注意到了这本现象级的科普作品。1932 年北平震亚书局出版了金斯的 *The Stars in Their Courses* 一书的中译本，名为《宇宙及其进化》，书中"最近出版广告"部分还向读者预告：该系列第二册将推出《神秘的宇宙》。这本书的策划和译者是北京高等师范学校（现北京师范大学）校长张贻惠（1886—1946）（图 2-16）。

图 2-16　张贻惠

注：图由北京师范大学校史馆提供

张贻惠是民国时期著名的物理学家和教育家。他出身于书香门第，父亲是进士，自己也在 1898 年考中秀才，科举制度废除后，考取安徽省第一批公费留日学生。1914 年，张贻惠毕业于京都帝国大学物理系，随后回国任教，先后担任北京高等师范学校校长、国立中央大学高等教育处处长、北平大学工学院院长等职，曾作为首都高校代表出面营救李大钊。他还创建了北京高等师范学校物理系，积极推动全国度量衡统一工作[40]。在紧张的工作间隙，他仍不忘科学普及事业，策划编译科学丛书。张贻惠在《宇宙及其进化》一书的"科学小丛书编纂缘起"中写下了自己对科普工作的看法：

> 一个科学家主要的工作，自然是在实验室里，或著作室里，仔仔仡仡的，作那实验或理论的研究。但在科学落后的国家，像我们中国，把科学的思想，普及到社会，似乎也是很要紧的一件工作……当然科学书本不易销行，在科学和经济都落后的中国，更不易出版和畅销。也是阻碍这些书，大批出现的原因。不过科学书，出现越少，正是表明他出现越重要，越需我们努力。[41]

第一本书翻译完出版后，张贻惠受委任成为北平大学工学院院长，终日忙于教育行政管理工作，无暇顾及译著。后来，"七七事变"爆发，北平大学与北京师范大学、天津北洋工学院在西安组建西北临时大学，后改称西北联合大学，张贻惠随校西迁，时局变化导致译书之事就此搁置。日本投降后，终于有机会重整河山，年近花甲的张贻惠前往华北视察接收情况，却因飞机失事不幸逝世[42]。

于是，*The Mysterious Universe* 直到 1934 年才有了第一个中译本，由开明出版社出版，译者是后来成为翻译大家的周煦良（1905—1984）。周煦良毕业于光华大学化学系。1928 年，周煦良赴英国爱丁堡大学留学学习文科，获得硕士学位后回国。1933 年任职于福建省政府，在参加"福建事变"失败后，周煦良辗转回到上海家中闭门读书。为了了解近代物理学对哲学的影响，周煦良找来 *The Mysterious Universe* 边读边译，完成后由上海开明出版社的编辑顾均正列入"开明青年丛书"出版《神秘的宇宙》（图 2-17）[43]。

周煦良在上海开展翻译工作的同时，还有一位译者也在从事相同的工作。他叫邰光谟，在位于天津的北洋工学院工作。这位译者的生平不详，只知道他在 1916 年毕业于陈仙樵担任校长的天津市武清县杨村小学[44]。1929 年，邰光谟于清

图 2-17　周煦良译作《神秘的宇宙》封面

华大学获土木工程学位，第二年在交通大学唐山工程学院任文牍员[45]，后来又进入北洋工学院。当时许多高校院系都有自己的出版组，负责编译教材，以供教学参考之用。邰光谟在 1933 年 12 月完成 *The Mysterious Universe* 一书的翻译，1935 年 9 月由商务印书馆出版，因入选"万有文库"而广泛流传。

　　《神秘的宇宙》是周煦良翻译的第一本书，他态度极其认真，出版社请他写序，他便"天天跑北京图书馆，连海森堡①的书都借来看了。时间花了三个月，写了一篇八千字的序文"[43]，占到了全书篇幅的 1/10。即便如此，周煦良的父亲拿到样书后还是写信批评他说"有些句子简直像外国话"[43]。不过，与后来出版的邰光谟的译本相比，周煦良的版本还是更胜一筹。例如，该书第四章的标题是"Relativity and the Ether"，周煦良译为"相对论与以太"，这和今天的表述完全相同；邰光谟译为"相对理论与能媒"，虽然在当时的语境下并不算错，但这两个术语在后来的使用中没有被广泛接受。第五章的标题"Into the Deep Waters"是个形象的说法，金斯在文中将人们对世界的认知比作沿着"知识的河流"去探索"真相的海洋"，周煦良把这个标题译为"知识的深渊"，如实地传递了原意；邰光谟则将其译为"神秘的宇宙概观"。

---

① 即海森伯。

对正文的翻译能够更好地体现两位译者的水平。金斯在全书最后这样总结人类对自然的认知：

We have tried to discuss whether present-day science has anything to say on certain difficult questions，which are perhaps set for ever beyond the reach of human understanding. We cannot claim to have discerned more than a very faint glimmer of light at the best；perhaps it was wholly illusory，for certainly we had to strain our eyes very hard to see anything at all.[46]138

周煦良是这样翻译的："我们不过试行讨论，今日科学对一些困难问题能回答些什么，这些问题也许永远非人类智力所能及。我们只能说，我们至多只能辨别一点黯淡的光，这也许完全是幻象，因为连要看见这点黯淡的光我们都得费去极大的目力。"[47]

邵光谟的译文是："我们曾经打算讨论科学对于某种困难问题，有什么主张可以发表，而这些问题也许原来就放在人类的知识范围以外。我们所辨识的，充其量也不能再多于一些极黯淡的光明，或许竟完全属于幻觉，因为我们必须努力使用我们的两眼，才能看见了什么。"[48]

就这段文字而言，虽然是形而上的哲学思考，但也被金斯处理得简单明了。从译文可以看出，周煦良和邵光谟两位译者的翻译各有千秋，前者似乎更加浅近传神。

（二） *The Stars in Their Courses*

如果说 *The Mysterious Universe* 一书出现两个译本是个巧合，那么 *The Stars in Their Courses* 一书出现四个独立译本就充分说明了金斯作品的魅力，以及民国学人对天文知识的浓厚兴趣。

金斯在"里德讲坛"的讲演大获成功后，受英国广播公司（BBC）邀请制作了为期 6 周的系列讲座 "The Stars in Their Courses"，向完全没有科学背景的普通听众介绍现代天文学概貌[38]。他在讲座的基础上扩充整理而来的同名科普书 *The Stars in Their Courses* 也很快出版。金斯从人们熟悉的日月星座开始讲起，由近及远地介绍了各类天体——日月行星、恒星、银河系、河外星系，以及宇宙的特征和演化。该书不仅文字通俗，描写生动，还采用了大量真实的天文照片作为插图，对不了解天文学的读者十分有吸引力。因此，张贻惠选择这本书作为"科学丛书"系列的第一本，他在译本《宇宙及其进化》的序言中这样写道：

> （本书）用极平凡的名词，富有趣味的文句，叙述深奥的科学原理，使读者忘倦。本书……可以说是「我们周围的宇宙」的节本，扼要删繁，似乎更适合于偕俗的阅览。无论甚么人，阅读一过，就可以得到近代天文学的一个大概观念……本丛书第一部，得采取这个兴趣广泛，关于天文学的本书，作为发轫，是编者所感到最荣幸的一件事。[41]

1931 年，*The Stars in Their Courses* 由英国剑桥大学出版社出版。张贻惠在拿到该书后便决定优先译出。其译本《宇宙及其进化》于 1932 年 9 月即告面世，可谓相当高效。不过可惜的是，这个译本并没有流传开来。出版该书的北平震亚书局销售渠道很窄，只有国立北平师范大学、国立中央大学、国立武汉大学、武昌省立职业学校几处。该书局在 1933 年后就销声匿迹，停止了出版活动。书上出版广告中提到的七本"不日出版"的图书最终都没有问世。

1935 年，开明书店又出版了清华大学学生侯硕之的新译本，名为《宇宙之大》。侯硕之是我国著名历史地理学家侯仁之的胞弟，1914 年出生于河北省枣强县肖张镇，1930 年考入天津著名的教会学校新学书院读高中。由于成绩优异，学校以英文原版图书作为奖励，其中一本便是金斯的 *The Stars in Their Courses*。侯硕之非常喜欢这本书，利用业余时间和假期把这本书翻译了出来。该译本又在侯仁之的导师顾颉刚的介绍下，由开明书店出版。由于侯硕之的英文成绩十分突出（他国文以外所有科目均以英文作答），新学书院的英国校长愿意保送他到英国深造。然而侯硕之一心想改善国人的生活，希望投身中国的水电建设，于是选择了自己并不擅长的理工科，虽然在入学考试中数学交了白卷（补考也只得了 2 分），仍以加修数学一年的条件被清华大学电机工程系录取[49-51]。

崭露头角的新诗诗人金克木（1912—2000）那时正在北京大学图书馆任职。他当时恰好也对天文很感兴趣，在仔细阅读了《宇宙之大》之后，发现了其中的一些错误并写信向译者指出。侯硕之非常感激，经由朋友介绍约金克木在清华大学见面。两个素昧平生的年轻人一见如故，观星长谈直至深夜[50]。

1937 年"七七事变"之后，侯硕之随清华大学辗转南迁至昆明，由于时局纷乱，他修筑水电站的抱负无从谈起。1942 年，侯硕之来到临时迁至陕西省宝鸡市蔡家坡镇的扶轮中学担任高中理化课教师[52]。那年冬季，他徒步前往凤翔县为侯仁之考察唐朝古迹。经学校领导介绍来到凤翔师范学校投宿，被安排睡在校长室。结果凤翔师范学校的师生半夜闹学潮，他被拖出打死，年仅 28 岁[52, 53]。

其实，金克木在读到侯硕之的译作时，自己也在翻译这本书。同周煦良翻译的《神秘的宇宙》一样，这也是金克木翻译的第一本书。虽然他很早就完成了译稿，但因为不够自信，迟迟没有联系出版社，只是托人审读。后来，书稿被中华书局买下，他也因此得到了不少稿费（虽然这本书直到 1941 年才付梓面世）。由此，金克木产生了以译书为生的念头，于是他辞掉北京大学图书馆的工作，翻译了第二本书——美国天文学家西蒙·纽康（Simon Newcomb）的 *Popular Astronomy*（中文书名为《通俗天文学》），并于 1938 年由商务印书馆顺利出版。就在他的科普翻译事业刚看到希望的时候，"七七事变"爆发，金克木的人生走向也从此改变。他翻译的第三本天文书《时空旅行》交稿后未及问世便在战乱中遗失。为了谋生，他告别了天文，转而研习梵文、佛学。在他 1997 年的回顾文章中，85 岁高龄的金克木这样感慨："从 1937 年起，做不成译匠，望不见星空，算来已有整整 60 年了。"[54]

1936 年 10 月，商务印书馆以《闲话星空》（图 2-18）为名，出版了紫金山天文台李光荫的译本，作为"自然科学小丛书"中的一册。李光荫（1903—1978）

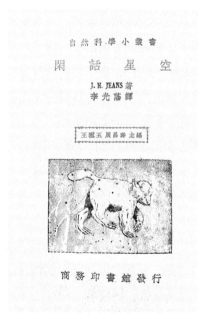

图 2-18　李光荫译作《闲话星空》封面

生于河北省怀安县。1925 年进入南开大学矿科学习，岂料才上了两年学，矿科就因缺乏经费停办，于是他只能转学至厦门大学数学系[55, 56]，因而遇到了刚从美国回到厦门大学任教的天文学家余青松。后来余青松出任中央研究院天文研究所所长，李光荫便追随他来到南京从事天文研究工作[57]。李光荫在该书译序中提到，翻译金斯的这本书是为了给中学提供天文学科的补充读物。不久，抗日战争爆发，位于南京的中央研究院天文研究所内迁，李光荫前往北平协和医学院公共卫生科进修统计学，从此离开了天文界。不过，天文观测数据的处理经验让他认识到统计方法的重要性。李光荫在中华人民共和国成立后转而从事卫生统计的教育和研究，成为我国卫生统计学的奠基人[58]。

于是，自 *The Stars in Their Courses* 一书 1931 年问世以来，国内一共出现了四个译本，分别是张贻惠译的《宇宙及其进化》（1932 年）、侯硕之译的《宇宙之大》（1935 年）、李光荫译的《闲话星空》（1936 年），以及金克木译的《流转的星辰》（1941 年）。在这四位译者中，张贻惠最年长，是晚清秀才，后来留学日本；李光荫其次，金克木和侯硕之年纪相仿，都是弱冠之年。几位译者的教育背景和语言功底本身就有很大差别，因此译文的风格也迥乎不同。

先说书名 *The Stars in Their Courses*，直译过来是"群星在它们的道路上"。course 一词语义双关，不仅指群星在空间中的轨迹，也包含了它们在时间上的演化历程。张贻惠的书名《宇宙及其进化》用"宇宙"代表群星组成的空间，用"进化"表示它们在时间中的演变，虽然他把握了整体的含义，但译名显得过于专业，无法令人联想到书中描绘日月星辰的具体章节。又因北平震亚书局影响有限，译作销量不佳，相关读者甚至都没有注意到这个译本[59]。

侯硕之觉得金斯这本书内容广博，便以"大"字概括了宇宙在时间和空间上的尺度，暗合王羲之《兰亭集序》中的名句："仰观宇宙之大，俯察品类之盛。"李光荫或许是考虑到原作语言浅易，仿佛作者对读者叙说一般，所以选了"闲话星空"这个非常符合畅销书模式的书名。金克木的《流转的星辰》堪称"信、达、雅"的典范。"星辰"二字对应单词 stars，泛指宇宙中的各类天体，比笼统的"宇宙"更加写实；"流转"二字不仅刻画了众天体在天穹上转动的景象，而且可以形容天体的演化历史，甚至还能让人品味出"逝者如斯夫"的感慨。这个书名完美传达了英文的意蕴，同时又富有中文的美感，充分体现出诗人金克木对语言文字的驾驭力和创造力。

从正文中我们可以更明显地看出几位译者的风格差异。例如，在解释地球自转引起星辰东升西落时，金斯用简单的语言形象而贴切地勾勒出地球自转的生动画面。原文是这样的：

The motion of the stars over our heads is as much an illusion as that of the cows, trees and churches that flash past the windows of our train… We are like children on a 'merry-go-round' in a village fair. The whole fair seems to be going round them，but actually it is they who are going round inside the fair.[60]2-4

张贻惠的翻译是："在我们上面星体的运动，不过像从火车里面，看见外面的田地树木，向我们后面运动的幻想一样……我们好像小孩，骑在乡村游戏场里的，旋转木马上面一样，整个游戏场，好像在绕小孩旋转，但实在是小孩，在游戏场内环绕游行。" [41]3-4

侯硕之的翻译是："我们头上的众星的运行实在是我们的错觉，如同我们在火车内所得车窗外飞逝过去的牛、树、教堂的错觉一样……我们就像村市中玩旋转平台把戏（merry-go-round）的小儿一样。由他们看，整个市集都在绕它们转动，实则是它们自己在市集中转动哩。"[61]3-4

李光荫的翻译是："天体之运动恰如吾人由火车窗口所见地上之牛，树，建筑物等似运动同……吾人正如田庄中大转盘上之一伙儿童。儿童打转盘时所在田庄中物无一不围绕伊等转动。实乃伊等自身在田庄中转动也。" [62]2-4

金克木的翻译是："我们头顶上的星辰的运行跟火车窗外的牛群、树林、教堂的飞驰而过同样是一种错觉……我们都好像小孩们在市集中的'旋转玩具'上面，看起来全市集都绕着他们转，其实是他们自己在市集中间转罢了。"[63]2-4

可以看到，除李光荫采用了通俗的文言之外，其余三位译者都采用了白话文。张贻惠译文的语句简短，对大意的把握准确，只是标点不太自然，这可能和他所受的传统国文训练有关，毕竟他在翻译这本书时已经 45 岁了。李光荫虽年纪稍轻，其译文风格反倒更加古旧，没有顺应五四运动后兴起的白话文运动潮流。侯硕之和金克木的行文措辞已经很接近现代汉语的习惯了。只不过侯硕之所用句式较为简短，偏向口语化，金克木的译文更加凝练优美。

金斯作品中也有许多富有哲学意味的隽永警句。这些相对抽象的表述对译者的翻译能力提出了更大的挑战。例如，他在该书的最后这样总结道：

In some way the material universe appears to be passing away like a tale that is told， dissolving into nothingness like a vision. The human race，whose intelligence dates back only a single tick of the astronomical clock，could hardly hope to understand so soon what it all means. Some day perhaps we shall know：at present we can only wonder.[60]153

张贻惠的翻译是："物质宇宙可以说有些像讲说故事，过耳即逝，梦中幻象，转眼即空。人类文化的开始，只有天文学钟摆，一摆动之久，当然不能希冀，立刻了解这些事实的真意，将来有时我们或许能了解，现在却只能在观叹。"[41]148

侯硕之的翻译是："在某种意味上，物质宇宙的消逝就像一个故事，终要化为乌有如一场大梦。人类灵性的起源在天文学的时计上才只是一声滴答以前的事，人类怎能希望很快地就可理解了这一切所包含的意义呢？最后或者终有一天我们能够晓得的，然而现在我们只能惊奇而已。"[61]186

李光陔的翻译是："物质之宇宙似说故事一般底逝去矣，一如看风景一般底化为无有矣。人类之智慧之由来仅天文钟一的答声间之久，实难了解其中之一切意义。将来或有以知之，惟目前吾人只有纳闷而已。"[62]136

金克木的翻译是："不论怎么样，物质的宇宙看来总要飘逝过去像一个曾经传说的古老的故事，而且要化入乌有像一个幻象的。人类的智慧在过去所占的时间仅仅是天文学上时钟的一声滴答，更难希望能这样快的了解所有其中的意义了，也许有一天我们能明白的：现在我们却只能惊诧而已。"[63]151

客观地说，金斯的这段文字需要一定的人生阅历来产生共鸣。年长的张贻惠将 wonder 一词译为"观叹"，刻画出人们在看到宇宙奇观之后感慨赞叹的情态，比其他译者更准确地把握了金斯的情感。不过其他年轻的译者无疑也在翻译的过程中得到了成长和锻炼。

这些不同的译本，既让我们看到了金斯的科普作品在中国产生的广泛影响，也让我们看到了国人为了解世界和追求新知所做出的努力。在那个局势动荡、山河破碎的年代，我国学人出于各种因缘际会，将最新最好的科普作品译成中文，为国人同胞带来新鲜知识，以给养心灵，激发热情。虽然他们自己由于各种原因未能继续仰望星空，然而薪尽火传，他们的努力没有白费。1935 年的北平崇德学堂，一名中学生在图书馆拿起了一本《神秘的宇宙》，他被书中奇妙的宇宙和新奇的发现深深吸引，回家后便对父母说："将来有一天我要拿诺贝尔奖！"22 年后，他如愿以偿。这个学生名叫杨振宁。那一年，他 12 岁[64]。

第三章

现代中国天文科普图书的发展

第一节　中华人民共和国成立后天文科普图书的
摸索与艰难前行阶段

　　据统计，1949 年我国 80%的人口是文盲，学龄儿童入学率大约只有 20%。中华人民共和国成立之前，自然科学、技术类图书的出版也非常落后。北京、上海、重庆是民国时期的三大出版中心，北京图书馆编辑的《民国时期总书目》统计数字显示：北京图书馆、上海图书馆、重庆图书馆所藏 1911 年到 1949 年 9 月出版的各类中文自然科学、技术类图书仅有 13 659 种。[65]

　　在战乱频仍的时代，许多天文学家经多年研究所写的图书要出版十分艰难。例如，坚白创作的《天空的秘密》一书，早在 1943 年就已经写成，但当时忙于作战、反"扫荡"，这本书没有出版的机会。在 1946 年冀鲁豫出版社出版的《天空的秘密》前言中有这样一段话："地方和军队的干部、中学生、高小学生、工人职员如能在这本小册子里得到一点天空的常识，起些破坏迷信的作用，作者就认为可以自慰了。"[66]这也是作者对天文科普图书作用的认识。再如，陈遵妫花了两年多时间收集中国古代天文史料，编写出《中国天文发达史》，准备交商务印书馆出版，但不幸由于战乱，书稿遗失。

　　中华人民共和国成立后至改革开放前，我国天文科普图书出版还是一个相对边缘的领域。但"研究那些经常被当作次要物和衍生物而遭抛弃的文体，如回忆录……教科书、普及读物和译作，对于理解知识和科学如何一代代、一处处传下去是至关重要的"[67]5。特别是中华人民共和国成立后至改革开放前，我国老百姓接触天文知识的途径不够丰富、不够多元，天文科普图书对提高全民科学素质具有重要作用。天文科普图书作为面向公众普及天文科学知识的重要载体，其出版情况，从某种意义上可以说是我国天文科普教育的重要组成部分。因此，本书试图通过对中华人民共和国成立后至改革开放前天文科普图书的研究，从新的视角折射出我国天文科普教育的历程。

一、时代背景

中华人民共和国的成立结束了一盘散沙的局面，为我国科技和科普事业的发展营造了良好的环境，我国的科普事业也在新形势下有了新的目标和方向。1949 年 11 月 1 日，文化部设立科学普及局，领导和管理全国的科普工作。新中国此时百废待兴，科普的宗旨主要是破除封建迷信，对人民群众进行辩证唯物主义的科学世界观教育。由于当时民众的教育基础较差，科普工作主要采取讲座、展览、幻灯片放映等现场交流的方式开展。出版的天文科普图书也多为浅显的常识性小册子，如《地球靠什么维系着》《为啥劝咱用阳历》《太阳和太阳系》等。1949 年 10 月，中国天文学会还专门成立了大众天文社，开展天文普及活动。

1950 年 8 月，中华全国第一次自然科学工作者代表会议在北京召开，成立了中华全国自然科学专门学会联合会和中华全国科学技术普及协会，由李四光担任中华全国自然科学专门学会联合会主席、梁希担任中华全国科学技术普及协会主席。1951 年 10 月，文化部科学普及局被撤销，科普职能转由中华全国科学技术普及协会全权负责。从此，中华全国科学技术普及协会（1950 年 8 月至 1958 年 9 月）成为科普工作的推动者和组织管理者，这个时期的许多天文科普图书都由其出版发行。原有的社会科普力量（如中国科学社）也逐渐并入这个系统当中。

在巨大的历史变革时期，民国时期活跃的天文学家做出了不同的选择。中华人民共和国成立后，许多天文学家怀着建设祖国的一腔热血，继续推动新中国天文事业不断向前发展，如张钰哲、李珩、戴文赛（图 3-1）等。1952 年 8 月，为

图 3-1　1956 年戴文赛、张钰哲、李珩和龚树模（从左至右）在北京古观象台

注：图由李元之女李星玉提供

了集中力量更好地培养天文人才，中山大学原天文系与齐鲁大学天文专业合并，迁往南京大学成立天文系，培养了大批天文专业的研究人员和科普人才。

1953 年 4 月，党中央发出《关于加强对科学技术普及协会工作领导的指示》，这是新中国的第一个科普文件。1956 年，党中央发出了"向科学进军"的号召，制定了《一九五六——一九六七年科学技术发展远景规划纲要》，形成"以任务带学科"为主的科技发展模式。新中国出现了第一次科普高潮，天文科普图书的出版种类也达到历史新高。

1957 年 9 月，北京天文馆正式开放，这是我国第一座天文馆。北京天文馆的创始人陈遵妫、李元（图 3-2）、卞德培都是重要的天文科普图书的作者。北京天文馆主持发行的《天文爱好者》期刊（主编系李鉴澄）在相当长的一段时间里都是我国唯一的天文科普杂志，为天文知识的普及传播做出了巨大贡献。

图 3-2　1958 年李元（左一）、戴文赛（左二）、陈遵妫（左三）等人在北京古观象台

注：图由李元之女李星玉提供

1958 年 9 月，经党中央批准，中华全国科学技术普及协会和中华全国自然科学专门学会联合会合并，成立了中国科学技术协会。从此以后，中国科学技术协会成为我国科普工作的领导力量，进而奠定了以政府主导、以中国科学技术协会为主体的科普工作模式。

20 世纪 50 年代末之后，我国在社会主义建设中更加强调人民群众的创造性与主体性。受"左"的思想的影响，我国科普工作的定位也产生了偏差。工人和农民在科普工作中的主导作用日益增强，科普等同于群众的生产经验、技术革新的推广普及。科技工作者作为科普主体的地位受到质疑，出现了贬低和轻视科学家的倾向。科普的内容由以往科技知识的普及与实用技术的推广并重转变为以群众性技术革新、技术推广为主。

1960 年 2 月，由于政治原因，张钰哲（图 3-3）代表中国天文学会声明退出国际天文学联合会。在随后的 20 年间，我国几乎完全中断了与西方天文学界的联系。1961 年，党中央提出了"调整、巩固、充实、提高"的八字方针。1962 年，周恩来总理强调在社会主义建设中要发挥科学和科学家的作用，明确中国科学技术协会的任务是一手抓学术活动，一手抓科学普及。

图 3-3 1981 年张钰哲（前排正中）访北京天文学会（前排左一为李元，
前排右二为陈遵妫）

注：图由李元之女李星玉提供

随着"文化大革命"的爆发，各行各业都受到了影响。"文化大革命"期间，中国科学技术协会被解散，各级科学技术协会也被取消，严重动摇了科普工作的基础，造成了科普界"人散、线断、网破"的局面。

周恩来总理在极其艰难的处境中为恢复出版工作呕心沥血。1971 年 3 月，在北京举行了全国出版工作座谈会，周恩来总理在接见会议领导小组成员时，批判了否定一切、打倒一切的极左思潮，并对出版青少年需要的文学艺术作品和科普读物、工具书作了详细指示。

二、中华人民共和国成立后至改革开放前天文科普图书统计情况

（一）1949—1966 年天文科普图书统计情况

新中国天文科普图书的出版工作，是在非常薄弱的基础上蹒跚起步的。从出版情况来看，我国 1949—1966 年共出版天文科普图书 272 种。其中，引进苏联科普图书的种数几乎占了 1/3，为 76 种。1958 年以后，以我国创作的本版图书为

主。尤其是 1961 年中苏关系彻底破裂以后，我国对苏联科普图书的引进数量急剧减少。对法国、英国、德国、日本等国科普图书的引进数量也很少，种数分别为2 种、1 种、1 种、1 种。

从苏联引进的天文科普图书主要包括几套丛书，这些丛书影响了我国整整一代人。一是"苏联通俗自然科学丛书"，比如作家书屋于 1951 年出版的《天体上有生命吗？》《太阳》《世界有无起源与末日》等；二是"苏联青年科学丛书"，如中国青年出版社出版的《地球和行星》《稀奇的天空现象》《宇宙的构造》等；三是"苏联大众科学丛书"，如商务印书馆出版的《宇宙是什么构成的》《宇宙间的小物体》《宇宙到底有没有开端》等；四是"苏联大百科全书选译"丛书，如人民出版社出版的《宇宙》《地球》《天文学·天体照相学》等。

引进出版的苏联天文科普图书具有明显的时代特征，主要体现了苏联的科技成就，鼓励读者树立征服宇宙的信心。比如，《太阳》一书的封面上是鲜红的太阳照耀着地球上的生物，万物生长茂盛。该书重点介绍了关于太阳的几种现代看法，并对太阳研究的前景充满希望，认为我们现在已经进入原子能时代，我们的后代一定能够解决星际交通问题。《宇宙的构造》介绍了月球、日食和月食、火星、流星、太阳、恒星等天体知识，回答了我们如何才能知道地球在宇宙中的位置的问题，从而鼓励读者树立信心，努力揭开奥妙星空的秘密。《天文学·天体照相学》介绍了天文学的分类和天文学的发展史、苏联的天文学成就，以及天体照相学的知识，书中一些插图就是苏联天文台拍摄的天文照片。

（二）"文化大革命"爆发后至改革开放前天文科普图书统计情况

"文化大革命"爆发后，我国的科普事业遭受严重挫折，科普组织遭到破坏，科普人员被下放、批判，丧失了从事科普的权利，科普事业发展的大好形势戛然而止，教训是惨痛的。"文化大革命"期间，许多出版机构被合并或撤销，一些天文科普图书被作为"封、资、修"的"毒草"停售甚至销毁。从天文科普图书的出版情况来看，我国"文化大革命"爆发后至改革开放之前共出版天文科普图书36 种。其中，引进科普图书 7 种（苏联、英国、美国、德国、日本、波兰、意大利各 1 种）。在极左思潮的影响下，天文科普图书的前言、后记中搞所谓的"突出政治""配合现实斗争"，导致天文科普图书的科学性与趣味性大大降低。

"文化大革命"期间，中国天文科技工作者在艰难的环境中开展了一些天文科普活动。比如，1972 年 9 月，李四光根据毛泽东主席的要求，收集了有关地质科学的资料，出版了《天文、地质、古生物资料摘要（初稿）》。在这本书中，李四光引用了大量的天文、地质、古生物等方面的资料，阐述了地质科学发展过程中的一些问题，提出了自己的独特见解。

三、中华人民共和国成立后至改革开放前天文科普图书的特点

中华人民共和国成立后至改革开放前，我国出版社选题的主要依据是党的方针政策，而不是市场需求，这难免造成在一定时期出版社之间的选题在内容上的重复。除此之外，通过以上统计分析可以看出，这一时期天文科普图书在出版方面具有如下几个方面的特点。

1. 天文科普图书的出版注重引导舆论

一说起舆论引导，很多人认为这是报纸、期刊、广播电台、电视台的事，对图书出版的舆论引导作用认识不够。其实，图书出版舆论引导的效果更加持久。天文科普图书也有引导舆论的作用。比如，哥白尼的《天体运行论》摧毁了中世纪的神学"地心说"，被称为"哥白尼革命"。

中华人民共和国成立后至"文化大革命"前，天文科普图书对于广大人民群众天文知识的提高和唯物主义世界观的培养起到了积极作用。毋庸讳言，这也从一个侧面反映了当时我国天文科普工作还基本处于初级阶段，主要是为扫除封建迷信服务，具有很强的"扫盲"意味。

"文化大革命"爆发后，受政治斗争需要的影响，这一时期出版的天文科普图书，虽然有一些资料和文献作基础，但在方法上存在一定的局限性。比如，《十万个为什么》被认定为鼓吹"知识万能"的"毒草"而遭到猛烈批判，介绍太阳黑子的文章也被曲解。1970 年，强调"政治正确"的"文革"版《十万个为什么》由上海人民出版社出版，每册均印有"毛主席语录"，包含天体史分册。《十万个为什么》天体史分册还批了一些宇宙假说，但严厉的批判仍然抵挡不过读者的狂热需求。"文革"版的《十万个为什么》虽然突出了"文化大革命"以来我国在科技方面的新成就，强调科普读物为无产阶级政治服务，但是仍然创造了政治浪潮中天文科普图书出版的传奇。"文化大革命"后，《十万个为什么》虽然不再一

枝独秀，但是品牌仍具有强大的号召力。

2. 天文科普图书注重唯物主义世界观和爱国主义的培养

"文化大革命"之前，我国出版的本土的天文科普图书，强调为意识形态服务，注重对唯物主义世界观和爱国主义的培养，如通俗读物出版社出版的《月亮的故事》《太阳的家庭》等、吉林人民出版社出版的《日食和月食》《宇宙》《地球》等、中国青年出版社出版的《认识宇宙》《认识地球》等。这些图书对于破除人们的迷信思想、培养唯物主义世界观有着重要意义。

中国历算历史悠久，曾经取得了辉煌的成就。但是，在现代天文学发展史上，当时的中国与西方国家差距巨大。1970 年以前，我国出版的年历主要参考苏联和欧美的历书。1966 年，中国科学院紫金山天文台编写的《一九七〇年天文年历》由科学出版社出版，其序言中写道："中国天文年历的诞生表明，依赖'洋历'的时代已经一去不复返了。"中国人民扬眉吐气的自豪之情溢于言表。

3. 天文科普图书的引进以苏联为主

1949 年 9 月，中苏两国还没有正式建立外交关系，苏联政府为表示苏中友好，赠送中国 5000 种俄文版的科技书籍，每种两册。苏联政府赠送中国的俄文版科技图书，经有关部门选择翻译出版后，对中华人民共和国成立初期发展教育科学文化事业发挥了重要作用。[68]

根据李元 1953 年 10 月发表的《新中国的天文工作》一文：中华人民共和国成立四年来，我国在天文科普的编译出版方面有很大的进展。苏联通俗天文图书译成中文出版的，已有二十多种，成为广大读者热爱的读物和普及天文的资料，对新中国天文普及工作起了很大的作用，成为我国天文普及工作者 1950 年 9 月的首都中秋天文展览和 1951 年 2 月兰州西北人民科学馆的天文展览等的最好材料。我国自己出版的通俗天文图书等也有二十多种，大多数作品的质量都较中华人民共和国成立前提高了不少。比如，科学出版社 1956 年出版的《天文爱好者手册》，由苏联的库利考夫斯基著，中国科学院紫金山天文台翻译。这本书对推进我国天文教育与科普工作起到了很大的作用，后来此书还多次重印。[69]

出于搞好小型展览和教学的需要，李元和卞德培合编了一套大型科普活页图册《天文学图集》，开创了我国太空美术的发展。这本图册于 1954 年由上海新亚书店出版，1957 年又由上海教育图片出版社出版，也曾在香港出版过，其中许多图片曾被广泛采用。[70]

辩证唯物主义和历史唯物主义像一根红线贯穿全书之中，并对唯心论进行批判，是这些翻译出版的苏联科普图书的最大特点。刘孟虎在《通俗天文书籍的现状》中这样评价翻译版的苏联天文科普图书："给我们以科学的、系统的关于宇宙的构成、运动和发展的知识，帮助我们培养辩证唯物主义的宇宙观。"比如，《宇宙》一书由阿姆巴楚米扬著、何仙槎翻译。该书介绍了关于宇宙构造的各种观点的发展历程，根据苏联天文学的研究成就，阐明关于宇宙构造的新观点，并对所谓的宇宙热寂说和膨胀说都进行了批判。该书的时代特点非常鲜明，还用米丘林生物学说论证了宇宙的生命问题。

中国还引进了一些苏联天文科幻小说，这些科幻小说大部分与宇航、"外星人"有关，这与苏联是"航天之父"齐奥尔科夫斯基的祖国以及苏联的宇航成就有关。比如，1956年和1959年我国出版了齐奥尔科夫斯基著的《在月球上》和《在地球之外》两本科幻小说。《在月球上》通过一个小朋友的梦境描写了月球上的神奇景象。《在地球之外》描写了2017年的航天旅行，一群来自不同国家的科学家在苏联科学家伊万诺夫的带领下前往太空，他们环绕地球航行，经月球飞向太阳系，一路上的见闻和争论富有趣味。这两本科幻小说还附带有两篇文章，介绍了齐奥尔科夫斯基的生平和成就，是了解齐奥尔科夫斯基事迹的珍贵文献。

4. 以哥白尼为题材的天文科普图书出版是一大热点

1953年，为纪念哥白尼诞辰480周年，竺可桢和戴文赛出版了《纪念哥白尼》一书。1953年，世界四大文化名人纪念大会出版了《哥白尼逝世四百一十周年》。1956年，生活·读书·新知三联书店出版了苏联伊捷里松等著、何仙槎翻译的《宇宙的地球中心说 宇宙的太阳中心说 哥白尼》。1963年，李珩在商务印书馆出版了《哥白尼》。

从20世纪60年代起，天文学界和科学史界就开始酝酿筹备哥白尼诞辰500周年庆典。1973年6月，中国天文学会举办了"纪念哥白尼诞辰500周年"展览，展出了中华人民共和国成立后我国出版的与纪念哥白尼有关的数十册书刊。随后，我国出版界出版了一些有关哥白尼的科普图书，掀起了一个小高潮。据吴有训介绍，北京人民出版社还出版了《哥白尼的故事》等通俗读物。1973年，科学出版社出版了李启斌翻译的《天体运行论》、上海人民出版社出版了辛可著的《哥白和日心说》、北京人民出版社出版了钟山行著的《杰出的天文学家哥白尼》。[71]1974年，上海人民出版社出版了《关于托勒密和哥白尼两大世界体系的对话》。

哥白尼诞辰 500 周年纪念活动，还直接"解放"了一些天文工作者，有力推动了我国的天文科普工作。1973 年，席泽宗、严敦杰、薄树人等合作发表了《日心地动说在中国——纪念哥白尼诞生五百周年》一文，产生了较大影响。席泽宗由此获得平反，重新开始科研工作，并逐步成长为中国科学院院士。

5. 天文科普图书为"扫盲"服务，成为识字班补充读物

1950 年，全国工农教育会议召开，提出要"推行识字教育，逐步减少文盲"。在随后的识字运动中，全国各地迅速办起了多种多样的识字班，"速成识字法"被创造并推广。据统计，1950 年全国农民上冬学的达 2500 万人以上，1951年上常年夜校的农民达 1100 万人。

天文科普图书也为扫除文盲做出了贡献。1952 年，东北人民出版社出版了赵咸著的《太阳》。该书是当时的速成识字班补充读物，文字简洁，绘图清晰，语言口语化，比如"让太阳给我们做工"，介绍了人类对太阳能的利用。这样既有利于知识的普及，也符合识字班的实际情况。1952 年，华东人民出版社出版了王定、朱海等编写的《日月星辰》，介绍了有关地球、太阳、九大行星、月球、月食和日食、天河、流星等知识。该书是速成识字班补充读物，很多部分采用自问自答的形式，配有图片，让读者在学习汉字的同时，也学习了天文知识。

6. 天文科普图书注重从少年儿童抓起

中华人民共和国成立后，党和政府高度重视少儿图书出版工作。我国出版界出版了一些介绍我国古代和现代科学家发明创造的故事以及中国古代的天文传说方面的图书，向少年儿童传播爱祖国、爱劳动、破除迷信、打破陈规、大胆创造的思想。比如，盛森著的《星星的故事》由中国少年儿童出版社出版，这是一本民间故事集，包括巴谷星等八个传说故事，反映了我国古代劳动人民对星空的美好希望和美丽幻想。这些传说既对少年儿童的道德品质有所帮助，也有利于提升读者对星空的科学认识。[72]

1970 年 4 月 24 日，新中国第一颗人造地球卫星成功发射，引发了一场学习卫星知识、探索太空奥秘的热潮。为了满足群众学习的需要，帮助群众了解人造卫星的常识，1970 年 7 月《人造地球卫星》在上海出版，这是首部记载我国航天

成就的科普读本。在那个"书荒"的年代，《人造地球卫星》的出版是"文化大革命"期间的一场科普及时雨。该书介绍了太阳系的构成、万有引力、火箭发射原理和人造卫星的科学价值等有关常识，图文并茂。毋庸讳言，《人造地球卫星》的字里行间处处都有"文化大革命"的烙印，但全书洋溢着扬眉吐气的自豪感，激发了青少年对科学尤其是天文学的兴趣。

第二节　改革开放后中国天文科普图书迎来春天

1977 年，卞毓麟在《科学实验》杂志上分 6 次连载了 2 万余字的长文《星星离我们多远》[73]。文章采用对话体，以利脉络分明；另外，还特地配上以"牛郎织女"为始的 28 幅插图，当时给人以新意盎然的感觉。这篇作品受到了来自天文学界和科普界的广泛关注与好评。后来，在祝修恒、李元等的鼓励下，卞毓麟对《星星离我们多远》的内容进行了增补，改写成书，于 1980 年由科学普及出版社出版（图 3-4）。

图 3-4　卞毓麟著作《星星离我们多远》封面

我国著名天文学家、中国科学院紫金山天文台前台长张钰哲说："这是近年来写得很好的一本书。"[6]176北京天文台前台长王绶琯院士也评价说："作者用陈述科学故事的方式把历代天文学家创造'量天尺'的过程放到科学原理的叙述中，这样既介绍了科学知识又饶有兴味地衬托出历史人物和背景。"[74]王绶琯还称赞"作品立意清新，铺叙合理，文笔流畅，是近年来天文科普中一本值得向广大读者推荐的佳作"[74]。1987年，《星星离我们多远》获得了第二届全国优秀科普作品奖[73]。

自20世纪60年代以来，国际天文学界的研究热点经历了60年代的四大天文发现、黑洞研究、宇宙学大发展等变化。在观测手段上，从光学到射电、高能，从地面到空间，发生了翻天覆地的变化。为弥补国内外天文学视野的"代差"，20世纪70年代末到80年代初，我国出版了一批介绍国际天文学进展的科普译著。包括约翰·格里宾（John Gribbin）的《正在变化的宇宙——新天文学》（科学技术文献出版社，1979年），斯蒂芬·温伯格（Steven Weinberg）的《最初三分钟——宇宙起源的现代观点》（科学出版社，1981年），卡尔·萨根等的《太阳系》（科学出版社，1981年），P.穆尔（P. Moore）和I.尼科尔森（I. Nicolson）的《宇宙中的黑洞》（科学出版社，1982年），艾萨克·阿西莫夫（Isaac Asimov）的《走向宇宙的尽头》（江苏科学技术出版社，1981年）、《塌缩中的宇宙》（科学普及出版社，1982年）、《宇宙黑洞的秘密》（知识出版社，1983年），等等。

这一时期引进的天文科普图书多为名家名作，译者的阵容也堪称"豪华"。作者当中有斯蒂芬·温伯格这样曾获得诺贝尔奖的著名科学家，也有卡尔·萨根、艾萨克·阿西莫夫、约翰·格里宾等科普名家。译者当中不乏张钰哲、卞毓麟等专业天文工作者。

由于科普创作人员匮乏，在这一时期，专业天文工作者凭借自己的专业优势和对科普工作的热忱，成为原创天文科普图书的创作主力。例如，中国科学院北京天文台的李启斌研究员创作了《天体是怎样演化的》（中国青年出版社，1979年），荣获1979年新长征优秀科普作品奖一等奖；北京天文台的李竞研究员创作了《行星新探》（北京出版社，1980年），这是一本针对太阳系中的新发现写的通俗读物；北京师范大学的何香涛教授创作了《蟹状星云》（科学普及出版社，1981年）；中国科学院院士、当时已八十岁高龄的张钰哲先生也创作了《哈雷彗星今昔》（知识出版社，1982年）一书。

20世纪80年代中后期，由于资金、市场等多方面因素的影响，科普图书的出版陷入低谷期，天文科普图书的出版数量也有所减少。1985—1994年，我国年均出版天文科普图书不到30种，最少的几年，每年只有十几种图书出版。

1986年是哈雷彗星回归之年，出版界敏锐地抓住这一时机，提前推出了一系列关于哈雷彗星的科普图书。仅在1985年这一年，就出版了5种相关图书，分别是：《哈雷彗星——天文知识趣谈》（卞德培著，新蕾出版社）；《哈雷彗星的来龙去脉》（中国天文学会编著，江苏科学技术出版社）；《天涯来客——哈雷彗星》（何桂生、铁玥、苏林编著，农村读物出版社）；《欢迎您！哈雷彗星》（万籁编著，知识出版社）；《星空奇观——哈雷彗星》（李启斌编，上海科学技术出版社）。

这一时期，影响较大的天文科普图书，多由专业天文工作者创作或翻译，如《探索宇宙的黄金时代——六十年代以来天文学的重大发现和进展》（李竞等著，知识出版社，1987年）、《新太阳系》（卡尔·萨根等著，张钰哲、王绶琯等译，上海科学技术出版社，1987年）、《天文学名著选》（宣焕灿编译，知识出版社，1989年）、《当代天文学和物理学探索》（F. 霍伊尔、J. 纳里卡著，何香涛、赵君亮译，科学出版社，1989年）、《天学真原》（江晓原著，辽宁教育出版社，1991年）、《一千亿颗太阳——恒星的诞生、演化和死亡》（鲁道夫·基彭哈恩著，赵君亮、朱圣源译，上海远东出版社，1992年）等。

这些图书的主题涵盖了天文学进展、天体物理、行星科学、历史文献、中国天文学史等领域，反映了作者和译者们高超的学术水平与高度的社会责任感。

1992年，中国正式加入《保护文学和艺术作品伯尔尼公约》和《世界版权公约》，中国图书版权贸易不断发展。引进版科普图书也在快速发展，国外的许多科普名著被陆续引进中国[75]。这一时期，最著名的引进版科普图书是《时间简史》。该书内容涵盖宇宙图像、空间和时间、膨胀的宇宙、不确定性原理、基本粒子和自然的力、黑洞不黑、时间箭头等关于宇宙本质的最前沿知识。自1988年原版首版以来，《时间简史》已成为全球科普图书的里程碑，被翻译成40多种文字。

其实，早在1990年，清华大学出版社就以"时间的简明历史——从大爆炸到黑洞"（译者：张礼）为题出版了《时间简史》的中译本，作者Stephen William Hawking被译为"斯梯芬·郝京"。1991年，上海人民出版社出版了该书的另一个译本《时间史之谜：从大爆炸到黑洞》（译者：张星岩、刘建华）。但这两个译本都未取得大的反响。直到 1992 年，湖南科学技术出版社将《时间简史——从大爆炸到黑洞》作为 "第一推动丛书" 的一种出版（图 3-5），才收到了热烈的市场反响。

图 3-5 "第一推动丛书" 之《时间简史——从大爆炸到黑洞》封面

随后，湖南科学技术出版社趁势推出了一系列霍金的著作，如《霍金讲演录——黑洞、婴儿、宇宙及其他》（1994 年）、《果壳中的宇宙》（2002 年）、《大设计》（2011 年）等。这些图书的推出与霍金访华、媒体报道形成合力，在华夏大地造就了一股至今不衰的 "霍金热"。

同期，其他出版社也抓住霍金题材的热度，出版了相关图书，如《霍金的宇宙》（海南出版社，2000 年）、《音乐移动群星：霍金传》（当代世界出版社，2002 年）等。除《时间简史》外，"第一推动丛书" 还包括其他优秀的天文科普图书，如重译的《千亿个太阳——恒星的诞生、演变和衰亡》（沈良照、黄润乾译，1996 年）、《黑洞与时间弯曲——爱因斯坦的幽灵》（基普·S. 索恩著，李泳译，2000 年）等。

1994 年以来，一系列国家层面的科普政策出台，科普事业迎来了全面繁荣的时期。1994 年 12 月，中共中央、国务院发出了《关于加强科学技术普及工作的若干意见》，要求从科学知识、科学方法和科学思想的教育普及三个方面推进科普工作。这一时期，科普图书的出版工作总体上呈上升趋势。1990—2001年，全国共出版科普图书2.55万种。其中，新版图书1.7万种，占67%，再版图书0.85万种，占33%；本版图书1.91万种，占75%，引进版图书0.64万种，占25%。2001年出版科普图书的品种总量为4377种[76]，较1990年（1269种）增长3108种。

1994年发生了"彗木大碰撞"的奇异天象。著名科普作家卞德培抓住这一科普热点，于次年出版了《万古奇观——彗木大碰撞及其留给人类的思考》（科学普及出版社，1995年）一书。专业天文工作者也笔耕不辍，随后，北京师范大学天文系的赵峥教授出版了《探求上帝的秘密——从哥白尼到爱因斯坦》（北京师范大学出版社，1997年）。

在市场经济的大潮中，图书出版领域泥沙俱下，形形色色的伪科学和中外迷信一度泛滥成灾，市场上出现了大量关于占星的图书，以及飞碟之谜、外星人曾经来过地球、八卦宇宙论、人体宇宙学等伪科学图书。早在1981年，就有瑞士作家埃利希·冯·丹尼肯（Erich von Daniken）（也有译为丰·丹尼肯）宣扬"上帝是外星人"的伪科学著作被翻译出版（《天外来客》，郭伟强译，辽宁人民出版社；《众神之车？——历史上的未解之谜》，吴胜明、周里亚、郎胜铄译，上海科学技术出版社）。

由于天文学在树立宇宙观、弘扬科学精神方面具有不可替代的价值，因此天文科普在揭批伪科学中起到主力军的作用。中国科普研究所组织翻译出版了美国著名天文学家乔治·O. 阿贝尔（George O. Abel）等著的《科学与怪异》一书。科普作家卞德培针对"1999人类大劫难"的传言，创作了《1999人类在劫难逃吗？——诺查丹玛斯大预言真相昭揭》（华龄出版社，1997年出版）一书。

1999年7月，全国开展揭批"法轮功"邪教组织歪理邪说的活动，各有关出版社在安排图书出版时，紧密结合"反对迷信，崇尚科学"的形势，加大了科普图书所占的比重，天文科普图书是其中的重要组成部分。这一年，出现了天文科普图书的出版热潮。其中既有天文学家的新作，如王绶琯的《世纪之交话天文》（上海科技教育出版社）、李竞的《天文学的明天》（广西教育出版社）、何香涛和李冰的《银河系之外》（广西教育出版社）、马星垣的《星官探秘》（气象出版社）、江晓原的《天学外史》（上海人民出版社）、王绶琯主编的《探索天空的奥秘——著名科学家谈天文学》（广西师范大学出版社）等，也有科普名著再版，如戴文赛的《天体的演化》、李启斌的《天象的启示》、卞德培的《第十大行星之谜》（以上三种均收录于湖南教育出版社出版的"中国科普佳作精选"丛书）、卞毓麟的《挑战火星》（上海科学技术出版社）、卞德培和李元的《宇宙博物馆》（天津教育出版社）等。

这一时期，影响较大的引进版科普图书，是上海科技教育出版社出版的"哲人石丛书"。这套丛书是当时北京天文台研究员卞毓麟与北京大学博士研究生潘涛在充分调研国内外科普出版情况的基础上，针对广大读者对时代感强、感染力深的科普精品的渴求，精心策划引进的大型科普品牌丛书。在 1998 年开始出版的丛书第一辑 41 种图书中，就有《展演科学的艺术家——萨根传》《星云世界的水手——哈勃传》《推销银河系的人——博克传》《霸王龙和陨星坑——天体撞击如何导致物种灭绝》《终极抉择——威胁人类的灾难》《卡尔·萨根的宇宙——从行星探索到科学教育》《暗淡蓝点——展望人类的太空家园》《大爆炸探秘——量子物理与宇宙学》《地外文明探秘——寻觅人类的太空之友》《超越时空——通过平行宇宙、时间卷曲和第十维度的科学之旅》10 种天文科普图书，占总数的近 1/4。

20 世纪 90 年代以来，社会经济蓬勃发展，人民生活水平日益提高，一周五天工作制开始推广，天文爱好者有更多的时间与精力投入天文活动中。这一时期各出版社还针对天文爱好者等重点读者推出了有针对性的指导图书，内容从观测到磨制望远镜、从天文摄影到彗星搜寻，涵盖了业余天文活动的方方面面。

从 1998 年开始，指导天文爱好者进行观测、制作的科普图书骤然增多，仅1998 年一年就出版了三种：《星空漫步》（张金方、邓先明，中国建材工业出版社）、《天文摄影与望远镜使用》（卢保罗、蓝松竹、张元东，科学出版社）、《星空观测 ABC》（陈丹、卞德培，明天出版社）。

在此前的十几年间，面向天文爱好者的图书只出版了屈指可数的几种，分别是：《天文七巧——少年天文制作》（闵乃世，上海教育出版社，1985 年）、《天文爱好者望远镜的制作》（刘家荫、罗蓉枝，科学普及出版社，1988 年）、《天文爱好者观测手册》（经历，学苑出版社，1990 年）、《天文学入门——献给广大天文爱好者》（姚林，山西高校联合出版社，1993 年）、《中国业余天文学家手册》（冯克嘉等，高等教育出版社，1993 年）、《天文爱好者手册》（洪韵芳，四川辞书出版社，1997 年）。

1999 年，安徽科学技术出版社推出了一套十册的"星星俱乐部"丛书，作者是台湾地区著名的专业天文爱好者陈培堃。这套丛书的目标读者是 10 岁以上的天文爱好者，内容浅显，语言生动，图片精美，全彩印刷，其中大多是作者亲力亲为的实录。这套丛书注重观测实践，实用性和可操作性强，是一套具有知识性、科学性，有趣、实用的天文读物，显著提高了我国天文爱好者的观测技术和水平。

2000 年，华中理工大学出版社在"人文素质教育教材系列"中推出了由南开大学苏宜教授写的《天文学新概论》。该书是面向高等学校非天文专业本科生选修天文学课程的教材，也可供具有中等以上文化水平、有兴趣了解现代天文学基本知识及前沿概况的广大读者阅读。图书刚一上市，就成为国内天文爱好者争相阅读的入门读物。截至 2019 年，该书已推出了第五版，图书的总字数也在第一版的基础上翻了一倍。

2008 年庆祝改革开放 30 周年之际，中国科普作家协会翻译委员会组织评选"改革开放 30 年 30 部优秀科普翻译图书"，入选"改革开放 30 年 30 部优秀科普翻译图书"的大多是引领时代科学、技术、文化风潮的佳作[75]。其中，天文主题的科普图书有三册，此外，含有天文内容的科普图书有四册。可以说，天文科普图书是改革开放以来科普图书领域的一个代表性缩影。

1978 年的改革开放和拨乱反正，在给经济发展带来巨大变化的同时，也让中国文化出版事业迎来了春天，"文化大革命"期间停业的多家出版社重新开始运转。我国亿万读者经过十年禁锢的思想开始解禁，迫切需要从"以阶级斗争为纲"时期的"阅读饥渴"中走出来，从而开始跨入一种充满激情阅读的时代，我国图书界的发展进入复苏和发展时期。1983 年，中央作出了《关于加强出版工作的决定》，对促进当时和此后中国图书出版业的繁荣与发展都产生了深远的影响。

改革开放以来，中国天文科普图书的出版取得了长足的进步，也经历了从"书荒"到"书海"的辉煌发展时期。通过统计分析可以看出，改革开放后中国天文科普图书在出版方面具有如下几个方面的特点。

1. 印刷技术推动出版业发展，电子产品开始兴起

王选被称为"汉字激光照排系统之父"，他主持研制成功的汉字激光照排系统、方正彩色出版系统得到大规模应用，实现了我国出版印刷行业"告别铅与

火，迈入光和电"的技术革命。截至 20 世纪 90 年代末，我国的出版业已全部实现激光照排，这种排版技术上的进步，不但大大加快了图书的出版速度，缩短了出版周期，而且提升了图书的质量[77]。

近些年来，随着天文科普图书市场化的深度发展和出版印刷水平的提高，读者更喜欢图文并茂的图书，一些出版社推出了一些具有这一特点的天文科普图书，如 1999 年安徽科学技术出版社推出的"星星俱乐部"丛书。这类天文科普图书在版式上设计新颖，整体风格时尚，十分受中小学生读者的欢迎，是当前天文科普图书的发展趋势之一。

20 世纪 90 年代后期，我国出版界已经能够独立自主地开发 CD-ROM、CD-I、CD-G、Photo-CD 等电子出版物。近年来，伴随着移动互联网的迅猛发展，人们对数字出版产业的需求也在日益增加，一些天文科普图书同步实现了数字化出版，有的图书随书配置了光盘，有的被制作成电子书，从而得到更加广泛的传播。

2. 天文科普图书为揭批"法轮功"服务

在市场经济大潮中，伪科学和中外迷信一度泛滥成灾，市场上出现了大量关于外星人曾经来过地球、人体宇宙学等伪科学图书。最为严重的是，"法轮大法"宣扬歪理邪说，严重侵蚀人们的思想。社会上出现了一些有关"法轮功"的出版物，借传授练功之名，宣扬迷信及伪科学。这些图书宣扬"末劫说"，制造"地球爆炸""世界末日"的谎言，甚至把本来是天文学上的距离单位"光年"当成了时间单位，想当然地认为火星上的温度比地球上的温度高。

1999 年全国开展揭批"法轮功"歪理邪说的活动，各出版社在安排图书出版时便加大了科普图书的比重。一直以来，天文学在树立宇宙观、发扬科学精神方面具有不可替代的作用，天文科普在揭批伪科学的行动中起到了主力军的作用，天文科普图书成为揭批"法轮功"的重要图书。这一年，天文科普图书出现了出版热潮，其中既有天文学家推出的新作，也有科普名著再版。我国出版界及时推出的一系列天文科普图书，不但取得了很好的销售业绩，也让"法轮功"的歪理邪说在科学真理的"照妖镜"下原形毕露，为激浊扬清做出了重要贡献。

3. 天文科普图书精品有限，存在低水平重复现象

改革开放之后，专业天文工作者凭借自己的专业优势和对科普工作的热忱，成为原创天文科普图书的创作主力。1980 年，卞毓麟的《星星离我们多远》由科

学普及出版社出版。王绶琯称赞此书"是近年来天文科普中一本值得向广大读者推荐的佳作"[74]。20 世纪 80 年代初，我国还出版了一批介绍国际天文学进展的科普译著，译者的阵容非常"豪华"。

在经济发展的刺激下，有关部门开始对出版业实行自主开发、自主经营、自负盈亏的政策，国家则对出版业在政策上给予指导。各出版社在市场经济体制引导下，商业和自主意识增强，出版业市场出现了竞争。20 世纪 80 年代中后期，受到资金、市场等因素的影响，科普图书的出版进入低谷期，天文科普图书的出版数量也有所减少。哈雷彗星 1986 年回归之际，出版界抓住时机和热点，提前推出了一系列关于哈雷彗星的科普图书。

然而，天文科普图书在出版品种快速增长的同时，也出现了一些不尽如人意的情况。天文科普图书市场鱼龙混杂，良莠难辨。一些天文科普图书的内容重复现象突出，甚至有些是低水平的拼凑，缺乏原创性成果。这与社会的浮躁有很大的关系，很多人不愿意板凳甘坐十年冷，同时也与天文科普图书出版缺乏必要的规划和积极的引导有一定的关联。

4. 畅销天文科普图书以从国外引进的作品居多

改革开放以来，我国新闻出版政策法规不断完善和健全。《中华人民共和国著作权法》《印刷业管理条例》《出版管理条例》《音像制品管理条例》等的出台，标志着我国出版业的法律体系已经初步形成并日趋完善。我国正式加入《保护文学和艺术作品伯尔尼公约》和《世界版权公约》后，图书版权贸易不断发展，也促成了国内的一些出版物开始走出国门。但对国内来说，直至 20 世纪末，热销的天文科普图书有很多还是从国外引进的作品，相对而言，原创作品的数量依然非常有限，优质原创作品更是少之又少。

一定程度上，造成这一现状的原因是，知名科学家大多不愿意将时间用在那些看似不会对自身研究工作有所帮助的科普图书的创作上。长此以往，造成了没有作者、没有市场、没有读者的局面。国外的一些知名科学家，包括一些诺贝尔奖得主，在从事科研工作的同时，也能以巨大的热情加入向公众宣传科学的行列中，进而创作出一批畅销世界的科普图书，产生了巨大的科学影响力。

在 2017 科普产业化上海论坛暨睿宏文化院士专家工作站揭牌仪式上，我国著名科普作家卞毓麟在受邀做报告时，曾呼唤更多的中国"元科普"，即由科研领域第一线的领军人物（或团队）来生产科普作品，这些作品既是科学家对本领域前沿的清晰阐释，对知识由来的系统梳理，又是对该领域未来发展方向的理性展望，读者在这样的作品中还能够读到科学家沉浸其中的独特感悟[6]。对广大教育工作者和科普工作者来说，这样的"元科普"资源，也能成为他们的坚实依靠，使他们在进行科普创作的过程中不再感到力不从心。

在图书出版多样化与全面繁荣的形势下，对科普图书创作者和出版社来说，重视内容的科学性和原创性、形式的生动性和创新性，积极跟踪热点事件，用严谨的治学态度和敏锐的市场眼光去策划优质图书，依然是推动天文科普图书发展、保证原创科普图书品质的重要方向。

第三节　现代中国天文科普图书史上的代表人物与作品

一、戴文赛的天文科普作品

戴文赛（1911—1979）（图 3-6），1911 年 12 月出生于福建漳州，其父为牧师，担任过小学教员。戴文赛 17 岁考取福建协和大学物理系，毕业后任助教，1937 年赴英国剑桥大学攻读天文学专业，其导师为著名天体物理学家、用日全食验证爱因斯坦广义相对论的爱丁顿教授。在天文领域以爱丁顿命名的还有"爱丁顿极限"（也称"爱丁顿光度"）等名词术语，可见爱丁顿是一位理论天体物理学家。但戴文赛在剑桥大学读书期间希望进行实测天文研究，其博士学位论文即为《特殊恒星光谱的光度分析研究》[78]。

归国后，戴文赛一开始任职于位于云南昆明的国立中央研究院天文研究所，但当时的设备有限，条件艰苦，很难开展研究工作。因此，抗日战争胜利后，戴文赛赴燕京大学教授数学，也由此开始了天文科普的工作。由于在大学中与学生接触较多，戴文赛常在活动中进行天文学的科普工作，也开始着手创作一些天文科普作品。当时我国的天文工作主要在南京开展，1953 年，戴文赛前往南京大学

图 3-6　1978 年戴文赛（左）在医院与前来探视的卜毓麟（右）谈论工作

注：图由卜毓麟提供

天文系任系主任，20 世纪 60 年代被下放，直至 1972 年才回系，恢复科研工作，组织学术研讨，完成了其最重要的系统性著作《太阳系演化学》和科普图书《天体的演化》，并担任副主编，参与了《中国大百科全书·天文学》的撰写工作。

（一）戴文赛科普作品的分类和时间段

戴文赛一生创作的科普著作与其他作品，总计超过 80 万字，内容不仅涉及天文学，还包括物理学、哲学等相关领域，即便在天文学科普领域，其作品也涉及多个门类，而且在风格上有较大的差异。

1942 年，戴文赛的第一本天文科普著作《十年来之天文学》出版，自此之后，按照不同的时间段，戴文赛的写作在各个阶段呈现出不同的特点。

1. 第一阶段：1953 年前，在燕京大学教授数学，为写作早期阶段

在这一阶段，戴文赛的科普著作主要有 1947 年由西风社出版的《星空巡礼》、1948 年由文通书局出版的《天象漫谈》、1951 年由商务印书馆出版的《太阳和太阳系》。在《星空巡礼》一书中，戴文赛把天文新成就写成了优美的散文。《天象漫谈》则是一部科普文集。

写作早期，戴文赛撰写了许多科普文章。主要包括：1946 年到 1947 年发表于《观察》的《牛郎织女》《光度常常变化的星》《原子能研究的基本知识》，1948 发表于《观察》的《观测日月食》。《观察》杂志创办于 1946 年，创办者为爱国报人储安平，该杂志为民主杂志，当时在上海有不少进步杂志都被查封，《观察》的

创办成为新的民主阵地，得到了诸多文化学者的支持。该杂志为周刊，半年为一卷，但到了1948年底，该杂志也被查封，事件牵连人数达百余人，时间长达四个月之久[79]。戴文赛为《观察》撰写的文章内容多为通识性科学知识，1948年发表的《观测日月食》是其中一篇不多见的时效性科普文章。该文章开篇就提到："今年（1948年）5月9日上午，将有日食的现象发生，我国全国各地都可看到'偏食'（太阳面被月影掩盖一部分），广东、江西、浙江和江苏的一小部分的地方可以看到'环食'（日面中部全被月影所掩，只留周围很细的一环）……"[80]67在时效性较强的周刊上发表时效性较强的科普文章，在当时并不多见。

这一阶段，戴文赛的另一部分作品发表于著名的《科学大众》杂志。《科学大众》杂志创刊于1937年，是中国最早创办的科普杂志之一。戴文赛在该杂志发表的文章主要有：1948年的《在那遥远的天方》、1950年的《新年复新年》，以及系列数学类科普文章《谈数》《谈素数》《十进制》《纵横图》《音乐的数学》。作为一位天文学家，在科普杂志上连续发表数学内容，特别是与数论相关的科普文章，这在行业内非常少见。从其成长经历我们可以看到，戴文赛对数学和物理一直有着浓厚的兴趣，强大的数学功底也使其能够在燕京大学教授数学。

此外，戴文赛还发表过《披星戴月》（1950年《旅行杂志》）等文章，内容涉及天文通识类、热点天象类、物理类、历法类，以及成系列的数学类等。

2. 第二阶段：1953—1972年，在南京大学天文系任教，为写作中期阶段

从1953年开始，戴文赛在南京大学天文系任系主任，其科普写作工作一直坚持到"文化大革命"爆发。1956年，戴文赛在《读书月刊》上发表了一篇关于天文知识的综述以及阐述学习方法的文章，即《天文知识是可以自学的》。之后，戴文赛的一些文章开始聚焦天文学知识体系中一些较小的领域，比如，《不稳定星》发表于1957的《科学画报》，《从太阳和其他天体射来的无线电波》发表于1956年的《人民日报》，《现代有关银河系的一些知识》发表于1964年的《天文爱好者》杂志。其中，《科学画报》是1933年在上海创办的老牌科普杂志，是在"民众科学化运动"背景下创办的一份通俗科学月刊，至今仍在出版，也是我国历史最为悠久的综合性科普期刊[81]。《天文爱好者》杂志是中华人民共和国成立之后创立的天文科普杂志，读者主要是天文爱好者和天文教育群体。

20世纪50年代，苏联发射了历史上第一颗人造地球卫星，标志着航天时代

的来临。虽然航天与天文并非同一学科，一个属于工程，一个属于基础研究，但航天时代的每一次进步都推动了天文在大众中的普及，美国和苏联天文爱好者队伍的爆发式增长，在一定程度上就得益于 20 世纪中期开始的航天时代。世界上第一颗人造地球卫星发射前后，戴文赛发表了两篇与之相关的文章，分别是：1957 年的《人造卫星的科学意义》，发表于《新华日报》；1958 年的《人造卫星与天文研究》，发表于《科学大众》。三年后，他又在《江海学刊》发表了更偏向哲学研究范畴的《航天飞行的哲学意义》一文。

进入 20 世纪 60 年代之后，受当时社会环境的影响，戴文赛的科普作品也发生了一些变化，在作品中的论述充满了有趣的哲学思考。比如，1964 年在《自然辩证法研究通讯》发表的《对立统一规律在天体演化中的体现》，1965 年在《红旗》发表的《天体是不断发展的》，1962 在《哲学研究》发表的《宇观的物质过程》，1965 在《自然辩证法研究通讯》发表的《试论物质系统的层次》，1961 年在《新华日报》发表的《近代自然科学发展的基本特征——辩证综合》。

这一阶段，戴文赛还出版了几本小书。

1965 年，专注于天文知识领域的科普小书《新星》由北京出版社出版，此书总共不到 2 万字，开本选择的是小巧的 32 开。受年代所限，这本书以文字为主，结合插画和图表，并不吸引人的眼球，但在当时印量却高达 3 万册，是戴文赛的经典作品。

第二本小书是戴文赛在 1953 年于文津街三号的中华全国科学技术普及协会出版的《天文知识》，当时还在采用那个年代发行的大额面值币，因而定价为 1400元。这本于中华人民共和国成立之初出版的天文科普书，是当时大众能够接触到的极为少有的天文普及知识图书，意义非凡。《天文知识》也是一本口袋书，第一次印刷印量就达到 2 万册，由新华书店总经销，之后供不应求，第二次又加印了25 000 册。

第三本小书是 1956 年由科学普及出版社出版的《星际旅行》，此书同样是小开本口袋书，字数 11 000 字，首印数达 20 000 册。这本小册子介绍了星际旅行要克服的一系列困难，包括克服地球的引力，在其他星体上的顺利降落，躲开流星，抵御紫外光以及宇宙线，粮食、空气、水的携带，通信和航线的选择，等等。读者阅读这本书，既能学到不少有用和有趣的知识，还能丰富想象力，开阔眼界。

综合来看，戴文赛这一阶段的出版物都是小而薄的作品，与如今"大部头"的天文科普图书截然不同。从印量和普及程度也可以看出，口袋书具有相当大的优势，结合当时全民文化水平普遍偏低的特点，这种小口袋书易于推广，给读者带来的阅读压力也小。不一味追求大而全而是做小而精的天文科普图书，未来依然是一个可以探讨的思路。这也是戴文赛科普作品留给后人的启示之一。

3. 第三阶段：1972 年后，在南京大学天文系任教，为写作巅峰阶段

经过 20 世纪 60 年代后期几年的低谷之后，1972 年，戴文赛回到南京大学天文系任教，虽然身体每况愈下，但其科普创作却达到了一个巅峰。1973 年他于《科学实验》发表的《纪念哥白尼诞辰五百周年》和 1979 年于《天文爱好者》杂志发表的《一门古老而仍富有生命力的基础学科——天文学》都是延续之前写作路线的通识性天文科普文章，1977 年在《物理》杂志发表的《微观、宏观、宇观》延续了其 60 年代科学哲学类作品文章的写作路线。虽然在这一阶段戴文赛的作品数量略有下降，但其质量已经达到了相当高的高度。

这一阶段，戴文赛明显已经不满足于创作通识类的科普作品，基于其专业背景，戴文赛创作了富有特色的两部作品，分别是 1979 年发表于《高能物理》的《超新星》，以及 1975 年发表于《科学实验》的《一种特殊的恒星》。特别是后一部作品，专注于 A 型特殊星这个小题目，在当时是一种探索性的尝试。

从 20 世纪 50 年代开始，戴文赛就针对天体演化方面，特别是太阳系演化方面开展研究。经过二十余年的积累，已经形成了一套独到的学说，在这段时间，戴文赛最重要的作品有以下几部，分别是：1977 年出版的《天体的演化》（科学出版社）、1978 年发表于《自然杂志》的《论太阳系的起源》、1978 年发表于《光明日报》的《天体演化研究的意义和方法》、1979 年出版的《太阳系演化学（上册）》（上海科学技术出版社）。

总的来说，从时间上看，戴文赛的科普作品经过了青年时期的"多领域、多题材通识类科普时期"，中年时期的"小题材、小型口袋书以及科学哲学思考时期"，晚年时期的"自我理论完善时期"。从题材上看，戴文赛的科普作品主要集中于通识天文、航空航天、数学、物理、科学哲学等门类，以及两个专门的题材：一个是基于其专业背景的专门领域天文科普，一个是基于其完善的理论的天文科普。

（二）戴文赛科普作品范例分析

戴文赛在晚年时期创作的重要科普著作，与他在这段时期内撰写的经典科普文章有着密不可分的关系，这些文章本身也具有充分的代表性，并为图书的撰写奠定了内容与风格基础。

1. 《一种特殊的恒星》

1975 年发表于《科学实验》的《一种特殊的恒星》一文，是戴文赛晚年具有特色的代表作之一。20 世纪 70 年代，天文科普作品还以通识类和天象类为主，像这种专门针对某一类特殊恒星撰写的科普文章非常少见，从戴文赛的求学和科研经历中，我们可以找到其写作这篇科普文章的科研基础和初衷。在英国求学和进行科学研究期间，戴文赛师从著名理论天体物理学家爱丁顿，实测天文则师从斯特莱顿（Stratton）。1881 年 10 月 16 日，斯特莱顿出生于英国伯明翰，就读于剑桥大学冈维尔与凯斯学院，1928 年，他开始长期担任剑桥大学天体物理学教授和太阳物理天文台主任，其发表的论文涉猎领域庞杂，从日全食等特殊天象到绿闪等大气现象，从一些特殊类型的恒星到地球尺寸是否缩水等问题。戴文赛在英国研究期间，主要发表了以下文章：1939 年发表的《猎犬座 α2 星光谱中的稀土元素线》（"Rare-earth lines in the spectrum of alpha2 Canum Venaticorum"）；1939 年发表的《猎犬座 α2 星光谱的变化》（"The variable spectrum of α2 Canum Venaticorum"）；1940 年发表的《1934 武仙座新星，周边壳层结构的相对尺度》（"Nova Herculis 1934，Relative dimensions of shells around"）；1940 年发表的《猎犬座 α2 星的一次电离铁谱线》（"Fe II in alpha2 Canum Venaticorum"）；1942 年发表的《对流恒星的色温度》（"Colour temperatures of convective stars"）；1942 年发表的《猎犬座 α2 星紫外光谱中金属线强度的一些问题》（"Note on the intensities of metallic lines in the ultraviolet spectrum of α2 Canum Venaticorum"）。

归国后，戴文赛于 1948 年发表了一篇文章《仙后座 ρ 星的光谱》（"The spectrum of ρ Cassiopeiae"），文章的内容是基于其 1939 年的工作而形成的。由此可以看出，戴文赛在研究过程中专注于恒星，特别是恒星光谱上的研究，而其数篇论文都提到了同一颗星——猎犬座 α2 星。那么，这颗星有何特殊之处呢？

从光谱分类来看，猎犬座 α2 星属于一颗 B 到 A 型的特殊星，按照戴文赛科普文章中的总结，A 型特殊星具有如下特征：稀土元素和更重的化学元素比一般的恒星多，磁场比一般的恒星强，自转速度比同谱型的恒星小得多，光度比同光谱型的主序星大些，表面温度高些，小部分的 A 型特殊星的光谱做周期性变化，其中一部分的光度、表面温度和磁场强度做同一周期的变化。戴文赛在文章中给出了 A 型特殊星的一些可能的模型和可能的突破领域。《一种特殊的恒星》这篇科普文章已经超出了其科普的意义，成为关于某一类天体的短篇综述，这与戴文赛的专业研究基础是密不可分的。

2. 《微观、宏观、宇观》和其他科学哲学类文章

作为有着很强的数理功底并对数学有浓厚兴趣的专业天文学家，戴文赛对宇宙的本质、物理的本质等哲学问题的思考一直都没有停止。从 20 世纪 60 年代开始，戴文赛就将自己对这些科学哲学的思考写成了科普文章，其中最具有开创性的两篇分别是 1965 年发表的《试论物质系统的层次》和 1977 年发表的《微观、宏观、宇观》。这两篇文章都是戴文赛跨多个学科，将科学研究上升至科学哲学思考的作品，属于探索性作品，其在写法和技巧上都有很多相似性。

《试论物质系统的层次》是戴文赛读了坂田昌一的文章之后有感而发写成的。坂田昌一是日本著名的物理学家，"名古屋学派"的代表人物，坂田昌一的这篇文章就是在当时引起强烈反响的《关于新基本粒子观的对话》，发表于《日本物理学会志》。本来这样一部日本物理学家的作品很难引入国内，但机缘巧合的是，刚复刊的《自然辩证法研究通讯》翻译并刊载了他的文章，毛泽东主席看到后大加赞赏，后来《红旗》杂志上再次发表了坂田昌一的文章，毛泽东主席还亲自写了一段很长的按语，引发当时科学界和哲学界的讨论[82]。

戴文赛也是当时讨论的参与者，《试论物质系统的层次》这篇文章着重写了"层次"的概念。为了将层次的概念讲清楚，此文从第二部分就脱离复杂的粒子物理语境，将层次划分为 20 种，其中最小的几个层级，比如基本粒子、原子核、原子、分子等并不能被普通大众在短时间内所理解，但中间的几个层级就与人们的生活息息相关了，比如细胞、动物、人体，以及地球水圈、山脉、云等，之后的一些层级又相对陌生了，比如行星系统和卫星系统、恒星、星系、星系集团等。这种层级划分方式在当时绝无仅有，为了将这些层级的关系说明白，戴文赛专门请人绘制了关系串珠图，用珠子标示层级，珠子之间以虚线或实线相连接，这种表达方式很像如今较为流行的科普信息图法，只是在美术设计上无法与现今条件

相比。此文的最后一部分是对 20 个层次进行归类，归结成核型、中聚型、组合型，这种分类也是戴文赛的独创。"宇观"的概念，也是戴文赛对科学哲学领域最大的贡献，他为此创造了新的英文单词"cosmoscopy"。

大约过了十年之后，戴文赛与陆埮、胡佛兴合作发表了《微观、宏观、宇观》一文，这篇文章是基于《试论物质系统的层次》完成的又一部创新之作。在第一部分中，戴文赛引入了两个表格来说明各类客体在量方面的差异，以及原子、分子、物质的吸引和排斥因素。在第二部分，戴文赛着重讲解了宏观和宇观的差别，"宇观"是戴文赛等在 20 世纪 60 年代提出的概念，为将二者的区别说清，戴文赛先是用物理语言进行描述：

> 考虑一质量为 M、半径 R、密度 ρ 的球，球的表面一分子受到两种束缚力，范德瓦尔斯力①和万有引力……一个分子要从球表面逃逸，就必须克服周围分子的范德瓦尔斯力而作功 W_v；这分子要逃离球体，就必须克服整个球体的万有引力而作功 W_g。不妨这样规定：当 $W_g < W_v$ 时，客体为宏观的，当 $W_g > W_v$ 时，客体属于宇观范围。[80]302

这样的描述在物理学上很清晰，但很多读者看完简直一头雾水，于是戴文赛用了以下这样的形象化说明："例如宏观固体形态一般不规则，结构没有或只稍有向中心聚集的现象，而宇观固体（行星/大卫星）则总呈圆球状，或因自转而略扁，具有明显的物质向中心聚集的现象。"[80]302 这样一来，读者就容易理解了。在后面几个章节，戴文赛又对宇观的层次进行了更加详细的描述，并与之前的文章一样，采用了关系串珠图的方式进行解读。这两部作品放在如今，依然对民众甚至科学工作者有很大的启发，堪称科学哲学科普写作的典范。

3. 数学科普作品

与很多天文科普作家不同，戴文赛的科普作品不仅限于天文与航天领域，还涵盖了物理、数学和科学哲学范畴。其中，其创作的数学科普作品别具一格。在燕京大学教授数学时，戴文赛在《科学大众》杂志连载过《谈数》《谈素数》《十进制》《圆周率》《纵横图》《音乐的数学》共六篇趣味数学文章，不仅从中可见戴文赛深厚的功底，还彰显了其对数学的独到见解。

---

① 现规范译名为"范德瓦耳斯力"。

该系列第一篇文章《谈数》从古时候的故事切入，进而谈到"数"这个概念的产生，之后又用各个民族对数字的观念进行对比，再引入自然界中动物对数字概念的感知，读到此，读者会被这些生动有趣的故事所吸引。接下来的数学史部分依然浅显而有趣，戴文赛讲解了数学符号的发展和传承，以及历史上算法的故事。为了使文章不枯燥，他特地列举了13世纪欧洲笨拙的乘法算法，读者读到此处定会大笑。接下来的部分开始进入核心内容，即整数部分，该文先列举了一些有趣而规律的算式、纵横，以及各种花阵，从视觉上消除了读者的疲劳感，让读者感受到数字有趣的一面，然后逐步深入完数、友数等概念，并在读者尚未失去兴趣时停笔。

第二篇关于素数的文章《谈素数》内容较难，但有了第一篇的基础之后，读者也可以顺畅读懂，为了稀释文中的数学表述，该文特地插入了费马（Fermat）与梅森（Mersenne）的故事，并以公众感兴趣的哥德巴赫猜想作为文章的结尾。

第三篇文章《十进制》讲十进制，这篇文章也是从历史故事切入，并结合生活实际，以手指的数量来解释十进制的来由，在介绍完十进制后，此文简单介绍了二进制，并很快转向介绍十二进制的历史渊源，进而对我们如今使用的历法、角度中存在的十二进制进行了解读，最后以戴文赛颇为熟悉的天文学中的干支纪年法以及利用北斗指向进行时间测定作为这篇小文的结尾。

在发表了三篇围绕数字的科普文章后，戴文赛又发表了三篇应用类的数学趣文，第一篇《圆周率》是讲解圆周率的，此篇文章的写法与之前有所不同，先从概念入手，然后结合历史故事展开。这篇文章对圆周率的历史介绍得很翔实，甚至于在文章中间部分介绍了用级数来计算圆周率的方法，以及如何用几何作图法来求圆周率。在这篇文章的后半部分开始论述圆周率在概率论中的应用。总的来说，初中甚至高中以上学历的人才能看懂这篇文章，是这组文章中难度最大的一篇。

第四篇《纵横图》讲的是较为形象化的纵横图，文章还是从数学历史讲起，之后将纵横图的解法分成六种，采用并列结构进行介绍，最后又列举了几种特殊的纵横图。整篇文章是在和读者做数学"游戏"，虽然解法花样繁多，但并不难理解。

最后一篇文章《音乐的数学》是介绍音乐与数学的，在古代，天文、数学、音律是密不可分的，通常通晓天文和数学的人，也会通晓音律。戴文赛显然是对三者皆熟知的大家，在这篇文章中，他不仅用数学的语言阐述了各种音律的产生，还融入了音乐理论史的内容，这样一篇作品即便用今天的眼光去看，也毫不落伍。

4. 代表著作《恒星天文学》

戴文赛在英国留学时以恒星天文为主要研究方向，归国后，他在这个领域先后出版了两本教材，第一本是于 20 世纪 50 年代翻译的苏联天文学家巴连拿哥的《恒星天文学教程》，第二本是于 20 世纪 60 年代撰写的《恒星天文学》（图 3-7）。当时，戴文赛在南京大学天文系四年级开设恒星天文学课程，卞毓麟曾经回忆当时高他两级的苏定强在上戴文赛课程时遇到的一事，戴文赛在课上讲解如何推导银河系恒星较差自转的奥尔特公式时，顺口提及本系二年级有个学生将推导过程进行了简化，戴文赛所说的二年级学生，正是卞毓麟。

图 3-7　戴文赛著作《恒星天文学》封面

现如今，恒星天文学已经不是大学本科专业的必学内容，取而代之的是恒星物理或恒星大气物理等课程。相比而言，恒星天文学不仅包括对物理方面的简单介绍，更主要的是还有测量、力学、动力学内容。以 20 世纪 50 年代出版的《恒星天文学教程》为例，其绪论开始就引入了银道坐标系，以及恒星的一些基础知识，接下来是恒星距离测量和恒星运动，恒星运动方面的内容正是这本书最着重介绍的部分。

《恒星天文学教程》的原作者巴连拿哥出生于 1906 年，他从小就对天文观测有着浓厚兴趣。1929 年，巴连拿哥毕业于莫斯科大学物理与数学系，从 1934 年开始，他就在莫斯科大学天文专业四年级讲授恒星天文学，这本书的第一版就是他汇集了讲义内容而形成的著作。巴连拿哥的数学功底深厚，在这本书第一版的序言中，戴文赛特别强调，一本课本如果数学语言太过简短，那学生学起来就会有困难，为了让学生们少一些时间用在公式的推演上，他特地在这本书中将公式的推导和变换都详细地写了出来。也因此，我们在这本书中所见到的大多数内容为数学，而在后半部分，特别是银河系结构的部分才有了一些图表，这对于专业工作者比较友好，但如果将其看作科普教材的话，对读者并不是那么友好。

1965 年，戴文赛根据其教学经验撰写的《恒星天文学》出版，与之前的教材相比，这本教材在篇幅上有所缩减，但在内容上难度依然不小。正如该书序言中所说的那样，对于一般读者，这本书提供了现代有关银河系和其他恒星系统的结构与运动的知识，阅读该书的读者需要具备一定的天文基础知识，如具备南京大学数学天文学系所编写的《天文学教程》全部和《天体物理学方法》前三章包括的基础知识。

这本教材与之前翻译自苏联天文学家的天文学著作相比略有变化，在最前面的内容中没有重复普通天文学中恒星的相关知识，最末尾也没有关于总星系的内容，全书的内容完全集中于恒星运动与银河系结构方面。该书的附录中还加入了很多有用的数学工具，如恒星统计积分方程的数学解、自行和视向速度长期变化公式的推导等。

5. 代表著作《天体的演化》和《太阳系演化学》

晚年时期，戴文赛关于太阳系演化的理论已经成熟，其重要的两部作品也在这个时段完成，分别是《太阳系演化学（上册）》（上海科学技术出版社）与《天体的演化》（科学出版社）。《天体的演化》一书出版于 1977 年，首印数超过 3 万册，该书由湖南教育出版社于 1999 年重新出版，是当时那个时代十分稀有的一本内容较为全面的天文科普图书。全书分为五个章节，主要介绍三部分内容，其中，最后一部分是关于星系、类星体和宇宙学的，所占比例较小，全书主要的两大部分内容正是戴文赛所研究的两大领域，即恒星天文和太阳系演化。

《天体的演化》一书对恒星天文部分给予了充分的简化，但与一般科普图书有所不同的是，该书依然保留了一些数学和物理的内容，如恒星的一些物理量的介绍、恒星在赫罗图上的演化等，而这一部分的第一节就是"恒星不恒"，这与戴文赛早年的研究背景相呼应。该书的第二大部分，即太阳系演化部分，难度明显高于恒星天文部分，不仅描述了关于太阳系起源的几种学说，还从距离分布和角动量分布等方面给出了自己的见解。

1953 年，毛泽东主席视察紫金山天文台，提出应该搞基础理论研究，1956年，周恩来总理在全国科学规划工作会议上提出应该搞自然科学基础理论与天体演化研究的要求，这使得戴文赛下决心要研究天体演化的问题。他从 20 世纪 50年代就开始剖析国际天文学界提出的各种太阳系演化学说，于 60 年代初发表了《太阳系的角动量分布》《论星协、恒星自转的起源》等文章。特别是在《太阳系的角动量分布》一文中，提出了沙兹曼机制是引起角动量转移并造成角动量分布异常的重要原因，但在太阳系演化早期，太阳抛出的绝大部分物质已经逃逸到宇宙空间，而不是进入形成行星的原始物质中，从而解决了太阳系角动量分布异常难题。1973 年，戴文赛写出了《太阳演化的研究进展》《太阳系起源问题研究现况》《天体演化研究的进展》等一系列调研报告。在 1973 年召开的全国天文规划会议上，戴文赛的报告题目就是《天体演化》，该课题被列为全国重点科研项目。

1976 年，人们对于行星的认知与如今相比有很大差异。比如，人们认为太阳系中只有土星有光环，而在当时，戴文赛在对木星、土星、天王星的卫星系统计算过程中，发现天王星周围有存在光环的可能。几个月后，天文学家就从掩星观测中发现了天王星的光环。戴文赛在《天体的演化》一书中第一次提出了自己的太阳系起源说，《太阳系演化学》是戴文赛晚年的集大成之作，从此，中国天文学家首次在世界天文学界有了独立且以中国人名字命名的理论——戴文赛学说。

《太阳系演化学》分上下两册，上册由戴文赛著，胡中为及张明昌等参加编写，下册（图 3-8）是戴文赛去世后由胡中为、阎林山、朱志祥根据戴文赛原定的大纲编著的。上册在阐述太阳系演化研究的基本观测资料和有关天体演化学的一些基本原理后，详细评价了自康德（Kant）以来的四十余种太阳系演化学说，进而对行星物质的来源及行星形成做了论述；下册继续介绍太阳系内各种天体和天体系统演化研究的进展情况以及一些代表性理论，同时具体阐述了戴文赛学说[83]。

图 3-8　戴文赛等的著作《太阳系演化学》（下册）封面

（三）戴文赛科普作品的行文特点

戴文赛的科普作品数量繁多，类型多样。与很多科普作家不同，他的作品因内容特点和受众不同，具有不同的行文特点，文风差异很大，具体可以归纳为如下几点。

1. 故事代入感强

在 1950 年发表的《披星戴月》一文中，戴文赛一开篇就使用了别具一格的故事性叙述方式：

> 1950 年 7 月底，我从汉口乘轮船到上海。那时候正是望月前后，而且天气很好，万里无云。我躺在甲板上，夜深人静时欣赏那柔和的月光和灿烂的星光，似乎看到了从未看到的美景。荡漾的江水把月亮射出的金波映成一道道光浪，左右摇摆，形成许多柔美的线条。这使我想起了杜甫的《旅夜书怀》诗……独自旅行的人，可以把星月当作朋友陪伴……[80]37

这种极具散文特点的写法在科普作品中比较罕见，从中可以看出戴文赛深厚的文字功底。

2. 旁征博引，史料清晰

戴文赛的很多作品中，都会引用诗歌等，甚至是一些并不知名的典故，同样以《披星戴月》一文作为范例，其中在谈及月亮的大小时，戴文赛引用了清代诗人赵翼的一首诗："举头见明月，大如五寸镜。谓众目皆然，圆规有一定。忽闻小如杯，儿语实骇听……细比半两钱，大至尺口磬……"这首并不知名的诗正好是月亮大小这个题目绝好的引子。戴文赛还在《日月食的道理》中引用了《尚书·考灵曜》中的句子，在《观测日月食》中引用了《诗经》和《尚书·胤征第四》中的句子，在《新星》中引用了《明史稿·神宗本纪》中的句子，在《天体是不断发展的》中引用了三国时期的《三五历纪》和西汉时期的《淮南子》中的句子。如今，文献检索变得非常简便，科普工作者可以很方便地查阅各种文献，但在当时，能够准确地引用这些历史资料，还要归功于戴文赛深厚的史学功底，以及广博的知识结构。

3. 不回避数学

相比如今的一些科普作品，戴文赛科普作品中对数学和数字是颇为重视的。在行文中会出现公式、大量数字甚至数据表，有些段落还像公式推导一样，将演算的方式写下来。比如，他在《新星》中用了至少两个段落帮助读者理解星等中的数学关系，在《现行历法应当改革》中则用了很多段落来计算置闰、数九与新历法，在《航天飞行》中计算逃逸速度和环绕速度……这些数学内容的出现，一方面，是由于戴文赛本身喜好数学，文中涉及的数学也是科普的一个元素，并不需要回避；另一方面，当时戴文赛所撰写的科普作品所面向的读者是有一定科学素养的学生，这些文章既是科普作品，也是教学小文，因而在知识密度上远大于如今的科普作品。

4. 高屋建瓴

作为天文学大家，戴文赛并非专职科普工作者，因而其科普写作经常带有一定的科研色彩，包括对特定专业领域的解读、对自己新理论的介绍、对前沿的解读、对科学哲学的思考，等等。在这些文章中，戴文赛习惯从科学哲学层面加以总结，让读者不必过多深入细节也能有高层次内容的获得。比如在《现代有关银河系的一些知识》中，戴文赛用一段几百字的文字对银河系层次进行了总结："银河系这个大系统中包含着各种各样的小系统……所有不同次系总起来又可分成三个子系：扁平子系、中介子系和球状子系。"[80]156 在戴文赛的科学哲学类作品中，也有类似的总结，比如其著名的微观、宏观、宇观理论，以及将宇宙分为 20 个层次，把宇宙层次分为 3 个类型等，这种"戴文赛式"的科学哲学思考，如今已经成为一笔财富，继续影响着从事科普和科学传播工作的后辈们。

二、李珩与《大众天文学》

李珩（1898—1989）（图 3-9），字晓舫，四川成都人，我国现代天文学家。1925 年留学法国，1933 年获博士学位。回国后，历任山东大学、四川大学和华西大学教授以及中央研究院天文研究所研究员等。中华人民共和国成立后，李珩被任命为中国科学院紫金山天文台所属的徐家汇、佘山两个观象台的负责人、台长。1962 年两台改组为中国科学院上海天文台，李珩任台长[84]。

图 3-9　李珩

注：图由李珩之女李晓玉提供

李珩为我国现代天文事业的创建做出了重要贡献，曾发表过多篇学术论著，并翻译过《普通天体物理学》《天文学简史》《大众天文学》《宇宙体系论》《科学史及其与哲学和宗教的关系》《球面天文学和天体力学引论》等重要著作；撰写过《宇宙》《近代天文学奠基人哥白尼》《天文简说》等科普著作，并发表科普文章200 多篇。在这些作品中，让李珩倾注心血最多的，是科普巨著《大众天文学》的翻译引进工作。

（一）《大众天文学》引进始末

19 世纪中叶，欧洲的第一次工业革命基本完成，给人们的生活带来了巨大的变革。人们在享受便利的同时，对相关的科技知识和科学发现也产生了浓厚的兴趣。在接下来的半个世纪里，通俗科学写作逐渐流行起来，大量科普作品应运而生。1845 年，美国科普杂志《科学美国人》（*Scientific American*）创刊；1863 年，法国大众科学杂志《国内外科学杂志》（*La Revue Scientifique de la France et de l'étranger*）创刊；1869 年，英国《自然》（*Nature*）杂志创刊……

这一时期，各国也涌现出许多经典天文科普著作。英国天文学家约翰·赫歇耳的 *Outlines of Astronomy*（1851 年）一书就是在这样的背景下诞生的。1859 年，李善兰同传教士伟烈亚力将此书译出，以《谈天》为名刊行，为中国知识分子带来了全新的近代天文学知识，产生了深远的影响。美国天文学家西蒙·纽康的 *Popular Astronomy*（1878 年）也是在这一时期撰写的。1938 年，金克木将此书译成中文，直到今天仍在修订再版。法国天文学家尼古拉斯·卡米伊·弗拉马里翁（Nicolas Camille Flammarion）所著的 *Popular Astronomy*（1880 年）则是这一时期天文科普图书中当之无愧的巅峰之作[85]。

弗拉马里翁从小就展现出对天文的浓厚兴趣。他年轻时曾做过雕刻学徒（这为他日后图书中的插图增色不少），后来在夜校学习了数学和英语，16 岁就进入海王星发现者于尔班·勒威耶（Urbain Le Verrier）执掌的巴黎天文台担任计算员。他在 20 岁时出版了第一本通俗科学作品 *The Plurality of Inhabited Worlds*，文风优美。不过他在这本书中宣扬其他行星上可能有生命存在的理念引起了台长勒威耶的不满。后者批评他说："先生，你不是一个科学家，而是一位诗人！"[86]120 换个角度看，这正是弗拉马里翁的优势所在。不过，年轻的弗拉马里翁因此离开了巴黎天文台，转到巴黎经度局从事计算员工作，同时继续他的科普演讲和通俗科学写作。

弗拉马里翁于 1883 年在巴黎南郊的奥尔日河畔瑞维西建立了自己的私人天文台，以开展双星、火星与月球地形等方面的研究，还于 1887 年创立了法国天文学会并担任第一任会长。但他的专业天文研究远不如他的通俗科学写作影响深远（原因之一是他的论文都是用法文写就，发表在法国刊物上，在英语世界的传播有许多局限和滞后）。弗拉马里翁一生共撰写了五十余部图书，内容涵盖大气、火星、超心理学甚至科幻小说等许多领域[87]。其中，最著名、最成功的莫过于他在

1880 年出版的 *Popular Astronomy*。

Popular Astronomy 是一部 800 多页的鸿篇巨制，包含 360 张精美的插图。全书分为 6 个部分，分别是：地球、月球、太阳、行星、彗星与流星及恒星宇宙，系统地介绍了 19 世纪最新的天文学知识。弗拉马里翁对文字和美术的良好品位赋予了该书极高的品质，书中许多图片都是由版画师专门设计制作的。在那个照相技术并不成熟的年代，版画能够展现出相当丰富的细节，更适合用于黑白印刷的出版物中。

Popular Astronomy 一出版就荣获了法国科学院颁发的蒙蒂翁奖（Montyon Prize），被认为是对人类做出了巨大贡献的作品。法国教育部也将其列入公共图书馆的藏书目录。在随后的 10 年里，这本书仅法语版就售出了超过 10 万册。1894 年被译为英文后，更是畅销全球。许多年轻人在这本书的影响下走上了探索宇宙奥秘的道路，甚至有一位年轻的中国学生有幸亲聆弗拉马里翁的教诲。

19 世纪末，摇摇欲坠的清政府希望通过派遣留学生学习西方先进的科技来提升国家实力。1905 年，28 岁的高鲁从福建马尾船政学堂以优异成绩毕业后，被保送至比利时布鲁塞尔自由大学读工科。在一次出游时，他与弗拉马里翁偶遇，从此对天文和气象产生了浓厚兴趣。

1911 年辛亥革命后，身为同盟会成员的高鲁回国任孙中山秘书兼内务部疆理司司长。在他的建议下，中华民国改用阳历纪年。后来高鲁又接管钦天监，成立了中央观象台，并出任台长。热烈崇拜弗拉马里翁的高鲁一直想把 *Popular Astronomy* 一书译为中文，然而原书的体量太大，他又事务缠身，这个愿望一直没能实现[88]。在那个动荡的年代，没人有能力和精力来翻译这本洋洋巨著。随着时间的推移，书中的新知渐渐成为旧识，曾经令人惊艳的插图也变得平淡无奇，世人对它的兴趣也渐渐淡漠了。

转机出现在第二次世界大战之后，在弗拉马里翁第二任妻子，即天文学家加布丽埃勒·R. 弗拉马里翁（Gabrielle Renaudot Flammarion，有意思的是，她在 1926 年成为中国天文学会的荣誉会员[89]）的组织下，法国天文学会主席、巴黎天文台台长安德烈–路易·丹戎（André-Louis Danjon）牵头对这部经典作品进行了修订更新。法国天文学家通力合作，在原书的框架内大幅更新内容和图片，删除了一些明显过时的内容，如月球的宜居性、火星上的文明程度等，还额外增加了一章"天文仪器"。

新版 *Popular Astronomy* 于 1955 年推出。这版更新仍保持了很高的水准，为这部经典作品带来了新生，使其重新回到畅销书的行列，售出了十几万册。这时，我国正好在建设第一座天文馆——北京天文馆，这为这本书的引进提供了理想的时机。不过，新版仍是以法文撰写的，对应的英文版直到 1964 年才问世。该去哪里找一个既懂天文又懂法语还愿意投入大量精力的专家来翻译该书呢？

幸运的是，我国天文学界刚好有这样一位完美符合条件的理想人选——李珩。李珩在 1925 年自费前往法国留学，于 1933 年获得巴黎大学天文学博士学位后回国从事教学科研工作，并一直热衷于翻译和科学传播工作。李珩的夫人罗玉君教授是与他一同留法的同学，有法国文学博士学位，也为这些工作提供了不少助力。在 1957 年北京天文馆落成之际，李珩决定将新版 *Popular Astronomy* 译成中文，以资祝贺[90]。

这无疑是一项艰巨的工作。在那个没有计算机的年代，所有的译稿都是在稿纸上撰写、修改、誊清的。最终的译稿足足有 3000 多页，字数近百万。李珩译好之后，交由曾参与筹建北京天文馆的李元根据英译本校订加工并补充插图。考虑到全书篇幅巨大，科学出版社计划将译本分成三个分册出版。就在快完成的时候，得知法国于 1960 年又推出了一本续编《人造天体与星际航行》，便将其列为第四分册。

第一分册（地球·月亮）、第二分册（太阳·行星世界·彗星·流星与陨星）先后于 1965 年 3 月和 10 月问世。第三分册（恒星宇宙·天文仪器）于 1966 年 6 月出版时，"文化大革命"已经开始，该书被禁售，直到 20 世纪 70 年代第三分册才被印上"只限国内发行"的印章有限出售。译者在第一分册脚注中提到的准备加在第三分册中的"弗拉马里翁传"也没有出现，计划中的第四分册（人造天体与星际航行）自然也无法完成。最后，各分册都只印刷了不到 6000 册。

"文化大革命"之后，李珩建议科学出版社再版此书。他根据天文学的发展情况，又撰写了 10 万字的补充资料。不过由于各种原因，迟迟没有出版。1985 年，法国天文学会前主席、法国国家科学研究中心主任让-克洛德·佩克（Jean-Claude Pecker）又主持出版了全新的版本，名为《弗拉马里翁天文学》（*Astronomie Flammarion*）。这一版根据现代天文学的学科门类，重新设计了全书的框架，由 27 位法国天文学家分别负责 27 个章节，从内容到图片进行了全面更新，篇幅也超过 1000 页，堪称 20 世纪 80 年代天文学的百科全书。然而，李珩此时已年近九旬，无力开展更多的工作。他最后将相关增补资料交给李元保存，希望日后有机会出版[91]。1989 年，李珩以 91 岁高龄离世，没能看到他倾注心力最多的新版中文版《大众天文学》的问世。

2001 年，广西师范大学出版社注意到这部作品，决定再版这部科普经典。他们在 20 世纪 60 年代科学出版社中译本的基础上，将李珩所做的增补资料作为附录，再由李元更新全书的插图和星图，终于在 2003 年将这本科普名著以两卷本的形式完整地呈现给中国的读者。

2013 年，北京大学出版社争取到了《大众天文学》的版权。在这版（图 3-10）中，他们对全书做了许多细致的修订和润色，并加入了我国天文学家、科普作家卞毓麟撰写的《弗拉马里翁传略》，最终实现了李珩在 1966 年第一分册中对读者的承诺。至此，历时一个世纪，几代天文人心心念念的《大众天文学》的引进出版工作终于圆满完成。

图 3-10 北京大学出版社的《大众天文学（上册）》封面

（二）李珩的其他天文科普图书

李珩深知天文普及工作的重要性，因此他又是一位贡献颇多的天文普及作家和翻译家。《大众天文学》的翻译和引进历经周折，中译版完整地呈现在读者面前时，21 世纪已经到来。但要说到李珩开始进行科普创作的时间，实际上距今已有八九十年。

早在 20 世纪二三十年代留学法国期间，李珩就不断从法国寄回科普性和报道性的稿件在中国科学社的《科学》上发表，据说"电视"这个现在家喻户晓的名词就是李珩先生最早译创的。[90]

20 世纪 40 年代之前，我国一直比较缺少详细介绍西方科学史的著述。直到 1946 年，李珩与任鸿隽等合译的英国科学史学家威廉·惠商·塞西尔·丹皮尔（William Whetham Cecil Dampier）的世界名著《科学与科学思想发展史》出版，才填补了这一空白。原著推出新版后，李珩又对图书进行了重译，相应中译版的书名为《科学史及其与哲学和宗教的关系》，1975 年由商务印书馆出版，获得学术界的广泛好评。

一直以来，我国天文界还十分需要一本介绍西方天文学发展史的图书，李珩从大量的西方天文学史图书中，精选出一册内容比较充实但分量相对适中的读物，将法文翻译成中文，这就是《天文学简史》。李珩的夫人、法国文学专家、翻译家罗玉君教授对译稿进行了校订和润色，使中译版锦上添花。1959 年，《天文学简史》第一版出版，成为我国天文工作者的重要参考读物。

20 世纪 60 年代，李珩还翻译了一本天体物理学方面的法国天文学著作《普通天体物理学》和一本球面天文学与天体力学方面的著作《球面天体和天体力学引论》，中译本分别于 1964 年和 1980 年由科学出版社出版，这两本篇幅巨大且内容完备的天文学基本参考书，为我国天文学工作者提供了重要支持。

无论是撰写著作、翻译国外图书，还是撰写天文科普文章，李珩始终都非常注重实用性，他认为，科普作品要能为我国天文学教学和研究提供更多有价值的参考，要能向广大读者播撒科学的种子。1940 年 4 月，《科学》杂志上刊登了李珩根据美国著名杂志编译的文章《业余天文学之发展》，介绍了世界各国的天文会社和天文馆事业，有人看到这篇文章后深受启发，积极推动了我国第一座天文馆的创建，这个人就是李元。

三、李元的天文科普图书与科普理念

李元（1925—2016）（图 3-11），原名李杭。1925 年生于山西太原，祖籍山西朔州，是我国著名天文科普学家。年少时因家庭环境熏陶（其父李尚仁为山西省

图 3-11 李元

注：图由李元之女李星玉提供

立工业专科学校校长），李元养成了酷爱阅读的习惯，同时，其父因个人爱好经常使用自购的望远镜带他观测天象，也培养了李元日常观测天象的习惯，这个习惯甚至在抗日战争期间依旧保持了下来。

在求学的各阶段，李元对于天文图书的阅读量不断增加，也接触到了我国著名天文学家陈遵妫编译的《宇宙壮观》等诸多经典著作。1942 年，李元开始与天文学家高鲁、时任天文研究所所长张钰哲和天文学家李珩等通信，次年成为中国天文学会永久会员。至此，李元正式踏上了天文学的道路。

在不断接触天文观测知识的过程中，李元对星图的绘制尤为关注，当时国内星图绘制较为落后，李元以《诺顿星图手册》（*Norton's Star Atlas*）为蓝本自绘了六张全天星图寄给陈遵妫，陈遵妫认为李元大有培养前途，便与中央研究院协商将李元调往天文研究所，李元的天文科普职业生涯自此正式开始。

在其职业生涯中，李元成功创立了著名的天文社团中国青年天文联谊会和大众天文社，创办了《大众天文》期刊，中华人民共和国成立后又成功创办了著名天文科普期刊《天文爱好者》，并身体力行地推动新中国天文科普场馆的建立，作为第一位提出筹建天文馆的天文科普学家，为北京天文馆的创建做出了里程碑式的贡献。北京天文馆创建前后，李元创作了一系列天文科普图书，主要有：《月亮和月食》（中华全国科学技术普及协会，1953 年）、《天球仪》（包括球面图和说明书，五一文教用品社，1955 年，与卞德培合著）、《宇宙是什么》（通俗读物出版社，1956 年）和《趣味的星空》（科学技术出版社，1959 年）等。

北京天文馆的开幕，标志着我国天文科普工作进入了一个新阶段。天象厅中第一个星空表演节目《到宇宙去旅行》一经上映便引起了巨大的轰动，并成为接下来 40 多年中屡演不衰的经典保留节目。1957 年 10 月 7 日，周恩来总理来到北京天文馆，李元陪同周总理观测夜空并观看了星空表演节目，节目得到了总理的赞赏。《到宇宙去旅行》这部时长 40 分钟的表演节目，是李元根据自己过去十多年的天文科普实践经验精心设计和编写而成的。北京天文馆研究员李鉴澄在《北京天文馆成立 30 周年纪念文集》中曾这样评论这部节目：

> 天文馆早期节目以李元同志写的《到宇宙去旅行》最受欢迎。当时天象厅讲稿不采用录音，由专业人员亲自讲解。李元同志经常登台讲解，并担任导演。他对于天象厅的创作、排练工作，作出了积极的贡献。[92]Ⅷ

李元编创的科普图书数量众多，编著的主要图书共计四十余种，编译的主要图书十余种，与其他人合作编著的文集、工具书等也多达四十余种。李元对天文学普及工作的重要贡献，受到了国际和国内同行的广泛认可。1987 年，李元成为我国"天文馆事业的先驱者"荣誉唯一获得者。1998 年，国际天文学联合会的国际小行星中心将 6471 号小行星命名为"李元星"。在李元的众多科普图书作品中，最具代表性的天文科普著作是《到宇宙去旅行》。

（一）李元的天文科普著作《到宇宙去旅行》

1957 年 9 月 29 日北京天文馆开幕之日起，天象厅便推出了《到宇宙去旅行》的星空表演节目，李元撰写的节目讲稿也成为他最具特色的作品。1958 年，节目同名著作《到宇宙去旅行》由北京出版社出版。2002 年、2014 年，辽宁少年儿童出版社（图 3-12）和湖北科学技术出版社又分别推出了新版的《到宇宙去旅行》。

1958 年版的《到宇宙去旅行》是一本仅四十多页的小册子，内容包括 11 篇通俗科学小品。全书采用趣味旅行笔记的描写方式，生动地介绍了与星空相关的基本知识。2002 年和 2014 年版的《到宇宙去旅行》，页数与 1958 年版相比翻了十余

图 3-12　辽宁少年儿童出版社出版的李元著作《到宇宙去旅行》封面

倍，内容也大大丰富。接下来，我们选取 2002 年版的《到宇宙去旅行》进行介绍。这本书的正文主要包括以下十多个部分：到宇宙去旅行、天文探奇记、迷人的星空、时间是怎样划分的、彗木相撞启示录、哈勃太空望远镜的故事、外星人你在哪里、天文台的日日夜夜、通向宇宙的窗口、神圣的科普事业、科学与美的追求、访美见闻、推动科学事业发展的人们、书刊导航、小行星命名及其他等。

　　第一部分"到宇宙去旅行"收录了李元的《奇妙的宇宙旅行》《环球旅行》《天空动物园》三篇最具代表性的星空表演节目讲稿。这些讲稿文字非常直观地体现了李元科普创作的特点。

　　在《奇妙的宇宙旅行》的讲稿中，李元写道："现在出现的天空正和我们今天夜晚在北京看到的星空完全一样。在地平线四周的是北京的万家灯火，在我们头上的是星光灿烂的天空。"[92]4 在《环球旅行》讲稿开头，李元写道："今天我邀请大家一起在我们居住的地球上做一次从南到北，由北至南，跨过赤道，穿越两极的环球旅行……我们从北京（北纬 40°）向北前进……"[93]18 在《天空动物园》讲稿中，李元将满天星座想象成一座只在夜晚开放的动物园，开篇是："小朋友们，你们好！今天大家到天文馆来，一定非常高兴。在这里，你们将听到些什么和看到些什么呢？也许你们一点也没有想到，首先和你们见面的是老虎和熊猫。"[92]27

从这三篇讲稿的开场叙述可以看出，它们都有一个明显的特点：以北京天文馆作为起点，这样的叙述方式代入感很强，瞬间拉近了与观众之间的距离。加上球幕天象厅特有的虚拟星空展示和沉浸式体验，让观众感觉仿佛头顶的球幕已经打开，自己正置身于天文馆的夜幕之下，伴随着解说欣赏星空，认识星座，进而开启一场穿梭宇宙空间的旅行。

李元在讲稿中还特别擅长引用中国古代神话故事，甚至对古代神话故事进行再创作，这也使得他的讲稿更加富有特色。李元常将各类天体搭配以人的不同身份进行分类，以生活化的语言描述原本有些晦涩难懂的概念，如在《奇妙的宇宙旅行》讲稿的第六部分"远离了太阳系"中，李元就曾将太阳系描述为"故乡"，将地球描述为"老家"，水星是"顽皮的弟弟"，金星是"文静的妹妹"，"木星"是"年长的二哥"，"土星"是"老大姐"，以人物不同的年龄和性格特点巧妙地叙述各行星的公转周期，也间接明确了太阳系各大行星间的位置关系。

对于那些广为人知的神话故事，李元也有自己的讲述方式，比如，牛郎织女的故事早已家喻户晓，但说到这部分内容，李元并未照搬讲法千篇一律的故事，而是将天文知识与时下生活场景相结合，把故事重新解构、再创作，写出了这样的句子：

> 根据科学家的测量计算，织女星和牛郎星相隔 16 光年，就是说光和电也要走上 16 年的时间。假如牛郎给织女发一个无线电报说："亲爱的织女，我们两个今天晚上 8 点半钟在北海公园相会好吗？"织女接到电报后一刻不停地马上回电表示完全同意，但是这个电报一来一往就要 32 年。[92]15

这样的表述，一方面，传达了光年的科学定义，让大家认识到光年是长度单位而非时间单位；另一方面，又体现了牛郎星、织女星之间距离的遥远，映射宇宙时空的广阔。最巧妙的是，对话中二人的约会地点设定在了观众非常熟悉的北海公园，让看过节目的观众日后再参观北海公园时也会忍不住想起牛郎与织女。

李元的讲稿中虽然使用了大量的神话故事和艺术性描述，但严谨的数字性描述也占据了相当大的篇幅，可见李元在介绍天文知识时，在趣味性和科学性之间找到了平衡点。这样既能照顾初学者，也能满足有一定基础的天文爱好者的需求。比如在介绍月亮时，李元这样描述：

月亮比地球小，它的直径大约是 3500 千米，如果把月亮放到地上来，和我们中国的大小差不多……因为没有空气和水的调节，月亮上的白天被太阳晒得热到 100℃以上。但是在没有太阳光的夜晚，温度就会很快地降低到 −150℃以下……太阳的体积比地球大 130 万倍，就是说太阳的肚皮里能装得下 130 万个地球。但是为什么我们看到的太阳只有月亮那么小呢？那是因为太阳离我们地球 1.5 亿千米，比月亮要远得多了。[92]6-8

在介绍我国古代的天象记录时，李元这样写道：

在世界日食的记录当中，我国有最早和最完整的日食记录，远在 3000 多年以前的殷代，我国就已经有日食的记载了……[92]8-9

在我国悠久的历史中，有着丰富的彗星出现的记录。《春秋》一书就有公元前 613 年哈雷彗星出现的记载，这是世界上第一次关于哈雷彗星的确切记录。[92]13

观众在跟随星空表演节目了解日食等特殊天象以及彗星等天体时，也会对我国古代的天象记录形成初步认知。

在李元的众多讲稿中，有一篇深受青少年的喜爱，这就是《天空动物园》。全稿以四季为界，语言诙谐幽默，充满想象，将每一季中最著名且易于观测的星座用故事串联起来：

在春天晚上可以看到有这几颗亮星，连起来像一把镰刀，这里的三颗星又像三角形。聪明的古人就把这些星连接起来，想象成一头大狮子，这是头部，这是尾部，它就是狮子星座。在它的面前还有一只巨大的螃蟹，叫巨蟹座。这头狮子张开大嘴好像正要把螃蟹吃掉！

夏天，在没有月光的晚上，我们可以在天空中看到一条云雾状的光带，古人叫它天河，也叫银河。说起银河，使我们想起动物园湖水上的天鹅。你看，这里有五颗亮星，它们合起来像个大十字形，古人就把它们想象成一只飞翔在银河上的天鹅，它就是天鹅星座。

顺着银河往南，可以看到一群亮星组成弯弯曲曲的形状，真像一只大蝎子，它就是天蝎星座。在天蝎星座后面的一组星，被看做准备用箭射死蝎子的半人半马的英雄，它就是人马星座。[92]31-32

星座之间的位置展示，加上天象仪的动态画面，让整个星空表演节目的呈现变得更加立体。在冬季星空的部分，李元在讲稿之中着重介绍了冬夜最壮丽的星座——猎户座，讲稿中说，我们在动物园里碰到了一位打猎英雄。随后，切换成猎人老爷爷的口吻介绍打猎的故事：

> 喂！地球上的孩子们，你们看见我了吗？我高高地站在天上，我是天上的猎人……上边这两颗星是我的肩膀，中间是我的腰带，我的宝剑在这里，下面这两颗星就是我的两条腿。在我面前，有一条野牛冲过来了。它是天空动物园里最凶猛的野兽，古人给它起了个"金牛"的名字。看样子它是很凶的，可是我并不怕它，我手里拿着武器，后边还有两条猎狗，也就是这里的大犬和小犬给我都忙呢！[92]35

李元撰写的星空表演节目讲稿，充分发挥了天象仪在视觉冲击上的特点，语言风趣，以生动的描述激发了观众的好奇心，切换不同角色、不同人称的表述方式也使情景更加丰富，增强了与观众的关联。

介绍完三篇讲稿之后，图书第二部分"天文探奇记"收录的是李元撰写的9篇科普文章。他写的这类文章篇幅不长，语言风趣，通俗易懂，将一些天体概念和天文学现象以巧妙生动的方式呈现给公众。

例如，其中一篇文章《"小绿人"在呼叫》讲的是人类发现脉冲星的故事。

> 1967年，英国剑桥大学射电天文台发现有一些奇怪的符号在他们高灵敏度天线的记录纸条上出现了，这不是偶然发生的现象，也不是仪器发生了毛病。只要射电望远镜指向天空中某一方向时，总会出现这些符号。仔细研究这些符号的记录，发现了一系列的曲线，上面有按照周期出现的高峰和低谷。初步断定，这是来自外太空远处的信号，也可能是由远方恒星世界上的智慧生物向地球等星球发来的呼叫。剑桥大学的科学家们把这些射电源叫做"小绿人"（LGM），所以人们就把这个故事用"小绿人"为题传播开来。这果真是"小绿人"向地球发出的呼叫吗？[92]54

对于脉冲星和射电望远镜的观测机制，公众并不了解，甚至也不一定感兴趣，但如果将这些观测信息以"由远方恒星世界上的智慧生物向地球等星球发来的呼叫"的描述形式进行介绍，就会迅速吸引读者的注意力，使他们想要进一步了解更多的内容，"小绿人"的形象也足够符合公众对外星生物的想象，这样的趣味写法十分契合读者的需求。

在科普创作方面，李元还喜欢从历史的角度进行叙述，以时间作为主线展开介绍，公众更容易接受，文章中也不会出现过多的专业词汇，主体内容为天文学的同时，也尽可能尝试加入物理学相关描述，以此达到"一个主题、多向科普"的传播目的。

在第二部分"天文探奇记"的另一篇文章《1987 年的超新星》中，李元写道：

> 中国历史上记载的 1054 年的超新星，后来的遗迹成为今天看到的金牛座蟹状星云，这是天文史上特别引人注目的一件事，所以那颗超新星在世界上被叫做"中国新星"……1987 年 2 月 24 日，在离地球差不多最近的星系大麦哲伦星云中，出现了一个超新星，这是将近 400 多年来能够看见的惟一的超新星，所以立刻引起了全世界科学家的注意和重视……在超新星爆发过程中，还需要观测中微子。中微子是一种微弱的相互作用的基本粒子，它有很强的穿透本领。即使是在星体核心产生的中微子，也可能穿透到星体之外。这些中微子带着恒星核心的信息跑到宇宙空间，也有的来到了地球上。超新星爆发时就会有中微子发射出来。在这次超新星事件中，地球人的身上都有很多很多中微子穿过，不过它们的作用太微弱了，除非用极为灵敏的探测器，才能感受到这些中微子的到来。据报道，地球上的一些观测台站一共只观测到 27 个中微子，它们是人类首次接收到的直接来自超新星爆发中的中微子，太阳系外的中微子天文学从此诞生了。[92]57-58

该文从超新星的发现过程开始讲起，随后自然而然地过渡到中微子的概念与基本特征，让读者对其中涉及的物理概念形成大致认知。总的来说，《到宇宙去旅行》第二部分收录的这些科普文章的讲述方式都比较贴近读者，这与李元多年来撰写星空表演节目讲稿并进行现场讲解所积累的经验密不可分。

此外，尤其值得一提的是，书中一些章节的内容后来经过扩展，形成了重要的科普方向和科普著作。以"通向宇宙的窗口""访美见闻""科学与美的追求"这三个章节为例，2017 年，李元主编的《通往宇宙的窗口：走进世界著名天文馆和天文台》（陈丹、郭霞、赵复垣编著）由人民邮电出版社出版，这本书细致地介绍了世界各地具有代表性的天文馆和天文台，图文并茂，内容全面。同年，李元的散文著作《访美见闻》出版，在这本书中，他把自己的访美见闻、感想和多年积累的对于美国科学和科普方面的认识与思考呈现给大家。其中，"科学与美的追求"这个章节，体现了李元一直以来在倡导太空美术事业方面所做的努力。科学普及的艺术化，也是李元不懈追求的目标。早在 1944 年李元在重庆街头的画报上看到国外的太空美术作品时，就下定决心，要以科学与美术相结合的科普方式，一生从事天文学的普及工作。

（二）李元普及星座与星图知识的图书

对天文爱好者来说，最主要的活动就是认识星座、观测星空。李元开始观星时，仅靠一张四等星的星图带领他进入星座世界，于是他越发意识到好星图的重要性。自 1947 年起，李元曾先后在《科学世界》《科学大众》《知识就是力量》《少年科学画报》等期刊上发表了数十篇文章，以介绍每月的星座以及自绘星图。1959 年，李元推出了《趣味的星空》一书。

《趣味的星空》是一本介绍每月星空知识的小册子，教大家认识星座以及著名的恒星。书中的内容按月份依次展开，读者既可以选取当月的内容阅读，也可以连贯起来看各个月份的星空有什么不同。由于篇幅所限，书中对星座神话传说的描写相对来说比较简略，重在实用性内容的介绍。李元还在这本书的前言中推荐了其他图书，他写道："如果读者中有对天文感觉到更大的兴趣，想进一步学习时，请参考科学出版社出版的'天文爱好者手册'，科学普及出版社出版的'简明星图'和'天文爱好者'双月刊。"[93]前言

其中提到的《简明星图》是卜德培、李元和沈良照于 1957 年合著的，在这本星图中，第一次引进了国际星座界限的标准。1984 年，李珩与李元合译的《星图手册》由科学出版社出版，书中包含非常丰富的星空观测内容，出版后大受欢迎。这本书既能指导天文爱好者观星，对天文学家也很实用。1988 年，北京天文馆编了《全天星图（历元 2000 年）》，该书出版之后多次加印，成为 20 世纪 90 年代天文普及和教学中使用最广泛的星图。2012 年，李元与沈良照、李竞、齐锐等人合译的《诺顿星图手册》由湖南科学技术出版社出版（图 3-13）。

实际上，截至当时，《诺顿星图手册》驰名世界已超过 100 年，1984 年出版的《星图手册》就译自《诺顿星图手册》的第 17 版，2012 年由众多天文科普工

图 3-13　李元等翻译的《诺顿星图手册》封面

作者合译的《诺顿星图手册》则译自原书第 20 版。改革开放之后，我国也曾出版过很多种星图，但翻译出版最新的《诺顿星图手册》是李元一直以来的目标之一。这本星图手册不仅是天文爱好者最喜爱的实用星图，也是天文工作者的案头常备。

除星座主题图书与星图手册之外，李元还在普及星座知识与星座文化方面撰写过许多科普文章。中华人民共和国成立之初，我国唯一的天文科普期刊是《大众天文》，但这本期刊自 1952 年停刊后便未找到合适的契机复刊，这对天文学者和广大天文爱好者来说都是一种遗憾。北京天文馆建成后，李元联合陈遵妫、卞德培创办了新的天文科普期刊《天文爱好者》。不久之后，该期刊邀请时任中国科学院院长的郭沫若先生题写了刊名，这一刊名沿用至今。李元作为《天文爱好者》的最初创办人之一，也曾在该刊上发表过一些科普文章。其中与星座相关的文章主题包括星座艺术、星座史话、星座与神话、黄道十二星座、古典星图、现代星图等。

2008—2011 年，李元与其好友、北京天文馆科普工作者陈丹合作完成了数十篇介绍西方星座的文章，发表在天文科普杂志《中国国家天文》上。李元与陈丹都是星图艺术与星图文化的资深爱好者，数十年来对古典星图的钻研让他们积累了丰富的资料，对星座与星图相关的历史与艺术都非常熟悉。2011 年，人民文学出版社出版《星座神话》一书，李元和陈丹负责全书编图。

（三）李元协助李珩编译《大众天文学》

20 世纪 60 年代初，在李珩翻译《大众天文学》的过程中，对其给予帮助最大的就是李元（图 3-14）。李珩在上海负责初译，将译完的稿件邮寄到北京，交予李元校译并配图。最初的原作只有法文版，由于李元不懂法语，所以翻译工作基本由李珩完成，李元做校对和配图工作。1964 年，《大众天文学》的英文版出版，李元的校对基本以英译版为准，同时也参与部分内容的翻译。同年，《大众天文学》翻译完成。全书包括三个分册，第一、二分册顺利出版，第三分册由于"文化大革命"爆发而被扣于仓库中。1978 年，随着"文化大革命"结束，各项工作逐步恢复，科学出版社同意重新出版《大众天文学》，但须对书进行全面修订，李元在修订过程中继续担任李珩的助手。但因经费等原因，直至李珩去世，也未能正式出版。作为李珩的"学生"，李元并未放弃这一工作，2001 年，在征得李珩女儿李晓玉的同意后，由广西师范大学出版社承担，李元协助，重新开始了这本著作的出版流程。

图 3-14　李元（左）与恩师李珩（右）（摄于 1988 年）

注：图由李元之女李星玉提供

2003 年 1 月，新版《大众天文学》中文版正式出版。李元充分发挥自己在太空美术科普方面的知识储备，在中译本中加入了 80 页精心挑选的天文彩图以及大量增补资料，不仅为中译本增加了趣味性，更将 20 世纪迅速发展的太空美术理念引入这本科普著作中。作为一本不朽的经典著作，《大众天文学》在中国的出版历程可谓历尽艰难，从一开始的汉译提议到译校再到推进再版，每一个阶段，李元都发挥了积极且重要的作用。

（四）散文著作《访美见闻》中的天文与艺术

1995 年，李元借赴美看望儿子的契机，用一年的时间，深入实地考察了美国的科普文化，回国后对考察工作的见闻进行整理，写了 50 余篇文章刊登于《知识就是力量》等期刊上。2017 年，李星燕、李兆星、李星玉整理的《访美见闻》一书出版，书中收纳了李元在科普考察中的大量随笔和感想。

该书第一章描写的是对美国主要天文台的实地考察，重点介绍了美国三大天文台。李元从这三座天文台均由同一人建台这一共同的属性展开叙述。三座天文台的创始人均为美国著名天文学家乔治·埃勒里·海尔（George Ellery Hale），李元巧妙地从天文史的视角将实地考察的三座天文台串联在一起，立体感十足。该章内容重点聚焦于天文望远镜，不仅详细地给出了各天文台天文望远镜的规格参数，还将部分参数与北京天文馆的天文望远镜进行比较，让读者易于建立直观印象。当初北京天文馆筹建期间，李元在选择天文望远镜时也曾大量借鉴美国天文台的标准，格里菲斯天文台和叶凯士天文台均在列。在介绍帕洛玛天文台天文望远镜的客观数据时，李元如此描述："镜面的聚光能力相当于 100 多万只人眼，可以看到 2000 多千米处的烛光（如同从北京看到海南岛上的烛光一样）。"[94]4

由于该书的创作定位为游记，因而文字亲和度高，更加贴近大众。通过插入当地风土人情的介绍，让游记更具画面感，对环境的描写则巧妙地将景点环境与文章科普主旨衔接起来，如在介绍亚利桑那州洛韦尔天文台和美国国家天文台时，对其环境是这样描写的：

> 亚利桑那（Arizona）是美国西南部的一个州，虽然没有肥沃的农田和林立的工厂，但她有奇特的地貌和世界闻名的天文台等科研机构……在亚利桑那州还有一个巨大的陨石坑，是研究天地大碰撞的最好标本。[95]

对陨石坑的介绍，体现了亚利桑那州在研究天文学方面具有的自然优势。当人类对地球有一定程度的了解后，就会自然而然地将视野扩展到更加广阔的领域，想要找寻和探索宇宙中其他天体也就在情理之中了。

该书第四章为自然与科学的画廊，在引言部分李元写道：

> 由于工作和爱好，太空美术和动物美术作品就成为我几十年来欣赏和收藏的对象。1987 年我在外文书店偶然买到一册北美动物画家的彩色画集，其

中收集了 10 多位加拿大和美国画家的 200 多幅动物美术名作，使众多生活在大自然中的动物形态跃然纸上，生动而可爱……随后又在美国《读者文摘》上看到介绍北美动物画家的文章，进一步引起我的注意。[96]

从不同领域的美术作品中寻找艺术创作形式的共性特点，也引发了李元对太空美术的思考。从历史发展和新的科普模式来看，摄影和绘画已成为科普创作领域非常重要的手法。寻找科学与艺术之间深层的联系，将会更好地推动科学内容通过艺术媒介进行传播。

（五）李元对太空美术和其他科普创作形式的倡导

太空美术属于现代美术领域的一个分支，是体现天文学内容的一种美术形式。此分支早在 18 世纪就已在欧洲初露锋芒，20 世纪得到快速发展，但此交叉科普形式当时在国内并未受到关注，李元是国内第一个关注太空美术并有计划地将其引入国内的人，他也因此被誉为"太空美术在中国的引路人"。

自 1980 年开始，李元在《科普创作》等期刊上发表了关于太空美术领域的一系列文章，其中包括对太空美术发展脉络的介绍，以及对一些作品的赏析和名家的介绍。1984 年，李元正式开始着手于太空美术在中国的推广普及活动，首先在北京天文馆举办了"宇宙画展"，该展由李元亲自进行编制，展期三年，观看人次超过百万。随后，在李元的提议和主持下，由中国科普研究所牵头举办了中国第一次太空美术系列展览，展览题目为"宇宙在召唤"，展出作品 90 多幅。此次展览在北京、上海、南京、乌鲁木齐等十多个城市进行巡回展览，受到公众的广泛关注，中央电视台等多家媒体对此次展览进行了详细报道。

李元在推广太空美术方面付出的努力，不仅直接影响了我国第一批太空美术画家，也在国际上获得了一定的影响力和关注度。1982 年，杜兰特（Durant）和米勒（Millet）编印《邦艾斯泰的艺术》图册时，曾引用了李元对切斯利·邦艾斯泰（Chesley Bonestell）的评论："太空美术是搭建人类与宇宙的桥梁。"[97]357 美国《科学文摘》（Science Abstracts）期刊也曾将李元的评论与宇宙飞船专家冯·布劳恩（von Braun）和克拉克（Clark）并排介绍，足见太空美术已经得到了公众的充分关注和肯定。

李元倡导的艺术与科学相结合的特色科普创作方式，不仅符合公众的兴趣点，让公众能够更好地理解科学，也对后来其他天文科普工作者和科普图书产生了重要影响。太空美术作品在国内的期刊和图书中的出现，最早可以追溯到20世纪30年代，陈遵妫的《星体图说》《天文学纲要》等图书中，都曾展示过法国人的太空美术画作。在1954年出版的、由李元和卞德培共同编辑的《天文学图集》中，更是收录了大量的太空美术作品，这对国内的天文教学工作和天文知识普及都产生了较好的影响。

在琢磨如何更好地揭示宇宙之美，展示壮丽的宇宙图景的过程中，李元除了大力推动太空美术的形式，也对摄影艺术与天文的关系进行了思考和探讨。李元说："如果没有摄影术的应用，现代天文学就不可能发展到今天这样辉煌壮丽。"[92]363 20世纪前50年，天体摄影技术飞速发展，但国内在这方面起步相对较晚，李元便积极地在一些文章中介绍天文摄影的内容。如今，国内从事天文摄影的队伍已形成规模，壮美且精细的摄影作品也让很多人对星空和天文产生了兴趣。可以说，这些视觉载体和艺术形式，也为天文科普提供了非常有效的助力。

科普的形式和方法有很多种，李元一直倡导要突破壁垒，打造形式多样的作品。在1992年的《中国天文科普作家剪影》一文中，李元和卞德培选取了之前70年间在天文科普创作和科普事业中工作时间较长、作品较多、作品质量较好、影响力较大的21个人，对他们的人物经历和作品进行了简介。其中一位被李元称作"天文科普奇才"，他就是曾任上海少年宫天文指导的闵乃世（图3-15）。闵乃

图 3-15　闵乃世

注：图由闵乃世提供

世自小就是一位天文爱好者，擅长美术，自己能设计制作很多非常精美的天文立体书和手工作品，如《天文七巧——少年天文制作》（上海教育出版社，1985年）、《星座花园》（上海科技教育出版社，1995年）、《星座花园101》（少年儿童出版社，2003年）等，北京天文馆建馆50周年时，闵乃世还特意设计制作了《北京天文馆活动立体书》，于2007年由中国水利水电出版社出版。

李元就像一位不知疲倦的"到宇宙去旅行"的人，他引领千千万万的人，与他一起认识星座，遨游太空，领略宇宙的奥秘和魅力。他对天文科普创作思路和形式的看法，也为后来的天文科普工作者提供了启发。正如在《到宇宙去旅行》一书的开头，李元这样介绍自己的科普生涯：

> 我自认是一名有半个多世纪科普经历的科普工作者和科普活动家，最多是一名科普专家而已。科普之路各有不同，搞科普有不同的形式和方法。科普写作无疑是主要的一个方面，但绝不是惟一的内容。不论是什么形式和途径，只要是对科学普及有所作为，有所贡献，就是尽了科普工作者的职责。在我们的科普工作中，科普写作虽然是重要的一面，但是我在天文馆事业的开拓，外国科普事业的调研，太空美术的引进和普及，以及科普演讲、展览、科普幻灯片、电影、电视片等方面的工作也投入很多的精力。[92]1-2

四、科海领航的"浪花与小兵"——卞德培和他的科普创作

"我愿为繁荣少年儿童创作，作毕生的努力。"[98]220

这是我国当代著名科普作家卞德培在《浪花与小兵》一文中所做的郑重承诺。他也的确用自己的一生践行了这个承诺。

卞德培（1926—2001）（图3-16）著作等身，共编写图书（包括合作）80余种，发表文章上千篇，著述超过400万字。他的众多佳作，如《宇宙奇观》（获1991年第五届中国图书奖二等奖）、《第十大行星之谜》（获1996年第三届全国优秀科普作品一等奖）、《天窗怎样打开——探索星空的奥秘》（获1996年第十届中国图书奖）等，陪伴了几代人的成长。他还参与了北京天文馆的创建，也是新中国第一本天文科普期刊《天文爱好者》的创办人之一，并主持杂志的编辑出版工作20多年。

图 3-16　卞德培

注：图由卞德培之女卞佳令提供

卞德培对天文学普及工作的重要贡献，受到了国际国内同行的广泛认可，曾获得中国科普作家协会颁发的"中华人民共和国成立以来，特别是科普作协成立以来成绩突出的科普作家"证书，以及法国天文学会颁发的"弗拉马里翁奖"。1998 年，国际天文学联合会的国际小行星中心将 6742 号小行星命名为"卞德培"星，卞德培夫妇共同参加了命名证书颁奖典礼。

（一）卞德培其人

1. 情系星空，痴迷一生

卞德培祖籍浙江平湖，1926 年生于上海。他的家境一般，其父亲是一位邮局职员。在上初中的时候，卞德培偶然看到了几本天文书，深受吸引，从此便和星空结下了不解之缘。1945 年，他从上海中法中学毕业。但由于经济窘迫，加上又不幸染上了肺结核，只得中断学业，几经周折后进入上海东方汇理银行（法商）当练习生。

生活的艰辛并没有阻挡卞德培探索星空的脚步。1946 年，他在上海《大公报》上发表了第一篇科普知识小品，介绍日月食的原理和现象。1947 年，他出版了自己的第一本书——5 万字的科幻小说《地球的殖民地》。从 1948 年开始，他利用业余时间，和紫金山天文台的李元创办了《科学大众》的副刊《大众天文》，并合作编著了《天球仪》《天文学图集》等工具书。从此，20 岁出头的卞德培一发不可收拾，接连撰写了《日食和月食》《一年四季》等图书，开始了他长达半个多世纪的天文生涯。

1954 年下半年，北京市决定筹建我国第一座大型天文馆，当时已经在上海科学圈小有名气的卞德培和李元被调往北京参加筹建工作。1957 年北京天文馆落成开放，第二年，卞德培在首任馆长陈遵妫的带领下创办了新中国第一本天文科普期刊——《天文爱好者》（图 3-17）。他作为编辑部的第一任主任，在此后将近 30 年的时间里，和同事们历经风雨，开拓进取，把《天文爱好者》打造成了我国天文科普领域的响亮名片。直到今天，《天文爱好者》仍然是我国影响力最大的天文科普期刊，在我国天文界和科普界都拥有一席之地。

图 3-17 《天文爱好者》杂志 1958 年创刊号

卞德培在北京天文馆勤勤恳恳地工作了 30 多年。从撰写科普文章、科研论文到进行陨石考察，从组织科普活动、设计展览到鉴定天象仪设备和设计科普节目，他始终与星空为伴，痴心未改。甚至病重入院时，他仍然手不释卷地修改文稿。正如以他的名字命名的小行星一样，卞德培的思想和灵魂永远飞驰在浩瀚的星空之中。

2. 视野开阔，富于创见

卞德培是著作等身的学者，但不是两耳不闻窗外事的书生。他视野开阔，拥有出众的组织能力。这主要体现在他的一系列开创性工作上。除了参与创办北京天文馆和《天文爱好者》杂志外,中华人民共和国成立之前,他和李元就在上海与南京做出了许多天文科普的新尝试。

1947年,卞德培与在紫金山天文台工作的李元因通信结识。两个年轻人志趣相投,一见如故,很快由相识变为相知。他们联络了数十位青年天文同好,组织了中国青年天文联谊会,会员遍布上海、南京、北京、广州和杭州等地。1948年,他们又创办了《大众天文》专刊,作为副刊在《科学大众》杂志出版。中华人民共和国成立后,在中国青年天文联谊会的基础上,1949年12月10日,中国天文学会成立了大众天文社,由李元、卞德培担任主要负责人。大众天文社的影响很大,后来还成立了北京分社,直到北京天文馆建立并成为中国天文科普中心后,大众天文社才完成历史使命。此外,卞德培还于1975年创办了北京天文馆的内部刊物《天文普及参考资料》,后来先后改名为《天文馆通讯》《天文馆研究》,一直出版到了2003年。这本刊物关注世界各地天文馆的发展,可谓极具前瞻性。

卞德培的广阔视野,还充分体现在他的国际交流上。他十分注重与国际学术圈的交流,因而努力学习,熟练掌握了法语和英语。1949年,卞德培经银行的法国职员、天文爱好者耶赫尔(P. A. Jehl)和法国巴黎天体物理研究所的德沃古勒(G. de Vaucouleurs)(后来成为美国得克萨斯大学天文学教授、世界著名星系天文学家)介绍,加入法国天文学会。1982年,他的法语文章《来自人民中国的消息》刊登在法国《天空和空间》上,这篇文章介绍了北京天文馆、我国青少年的天文普及活动,以及天文出版物等情况。2000年,法国天文学会授予他"弗拉马里翁奖",这一奖项几十年来从未授予过外国人,卞德培可谓首开先河。

在担任《天文爱好者》编辑部主任期间,卞德培多方联络,与日本《月刊天文》、美国《天空和望远镜》(Sky & Telescope)和《天文学》(Astronomy)、美国格里菲斯天文台台刊、英国《当今天文学》(Astronomy Now)等各大天文杂志社建立了联系,互赠刊物、交流信息。他在《天空和望远镜》上撰文介绍了我国的业余天文活动,还与日本著名天文科普专家藤井旭交往颇深,共同为中日天文交流做了大量工作。1998年,日本天文学家向国际天文学联合会建议,考虑到"卞德培在中国天文普及教育工作中做出的卓越贡献",将日本天文学家渡边和郎发现的6742号小行星(1998年4月11日《小行星通报》31457号)命名为"卞德培"星（图3-18），和他一起获得小行星命名的还有天文学家李元和廖庆齐。这在当时引起了不小的轰动，《人民日报》、新华社都对此做了报道，卜德培的朋友、美国格里菲斯天文台台长克鲁普（Krupp）也专门撰文报道。

图 3-18　1998 年卜德培（前排右一）参加小行星命名颁证会

注：图由卜德培之女卜佳令提供

3. 勤学广著，自成大才

卜德培的天文学功底十分扎实，科普创作选题也十分丰富，从《近地小行星"杀手"》《"太阳爆发"是怎么回事》到《类星体的挑战》，从《春打六九头》《神话·科学发现·元素命名》到《外星人到过地球吗》……囊括了行星、彗星、太阳、恒星、历法等方方面面[99]，这显示出了他的学识广博。但实际上，由于条件所限，卜德培并没有接受过完整的天文学教育，他的天文知识全靠自学，这让许多读者都感到难以置信。

在这背后，是他超乎常人的勤奋。卜德培一生共出版图书 88 种，其中独著 31 种，合著和翻译图书 57 种，仅图书的数量就比一些科普工作者的文章都要多。此外，卜德培有统计的科普文章是 640 篇，如果算上特殊年代散佚的文章，总数当在 800 篇以上，接近 1000 篇。仅在 1980—1989 年，即卜德培从 54 岁到 63 岁的这十年间，他平均每年撰写的科普文章都在 42 篇以上，最多的一年撰文 59 篇。整整十年，几乎都是每周出炉一篇文章，更别说这十年期间他还出版了 30

种图书，其中独立撰写的就有 6 种。尤为值得注意的是，卞德培其实并不是职业科普作家，在当时的中国，也没有真正的职业科普作家，他的本职工作是杂志编辑，有着"干不完的那些编、译、审、校等工作"，但他长期工作到"夜深人静，时钟已过 12 点"[98]212。

和许多学者一样，卞德培酷爱读书，青年时期就开始节衣缩食购买天文图书。他一生的生活都十分简朴，和夫人一日三餐都是清茶淡饭，积攒下来的钱差不多全买了书。"除天文和相关学科的科技书外，卞先生的藏书还包括哲学、史学、音乐、美术以及中外文学名著等。"[100]他精通法文和英文，还常年自费订阅多种外文期刊。极致的勤奋、大量的阅读和积累、高强度的学习和写作，夯实了他的学问，造就了他的大才。

（二）卞德培的科普创作特点

1. 平易亲切，通俗易懂

卞德培的科普作品内容丰富，语言平实，没有花哨的技巧。"平易而不懈怠，亲切而无矫揉"，这是科普作家卞毓麟对卞德培作品的评价，"在他的科普作品中看不到扭捏做腔，尝不到生涩味，嗅不到学究气，一切都是那么平易、亲切，娓娓道来，如叙家常，而科学知识、科学思想和科学精神已潜然充盈其中矣"[101]。

卞德培在《谈谈所谓"黄道吉日"和"凶日"》一文中写道：

> 说白了，太阳在黄道上的每个位置各代表一年中的某个日子，一年是 365 天也好，闰年是 366 天也好，太阳缓慢地在黄道上移动，日子就这么一天天过去，天天都一样，哪来的这一天吉利，那一天不吉利的道理呢！硬是把日子分成所谓的"吉日"和"凶日"，真是一点道理都没有。可是，为别人算命、看面相和看手相的人，搞迷信活动的人，很需要这一套迷惑人的把戏，不然的话，他们怎么能蒙蔽别人，怎么能骗到钱呢！[99]215

这样的句子，读者读起来的感觉是直白晓畅、一气呵成的，而且能马上领会到作者的意思。这种平易朴实的文字，看起来似乎并不出彩，实际上要写好却并不容易。

我国著名科普作家卞毓麟说："德培先生不是大学天文系'科班出身'，居然能对当代天文学有如此广泛而深刻的了解，着实体现了他的信心、决心和恒心。

如此自学成才，实在是分外难能可贵。如今回头一想，这样的磨炼对于形成德培先生的风格倒是起了关键的作用。"[101]这个分析是十分精到的。

2. 学问扎实，既专又广

卞德培扎实的天文学功底，在他的作品中已有体现。从其研究工作来看，小行星、陨石等是他的研究方向。他曾于 1976 年 5 月赴吉林参加吉林陨石雨的考察工作，后来又多次到全国各地搜集陨石，并在科技期刊上发表《我国已知陨石的初步统计》《中国陨石》（"Chinese Meteorites"）等论文。有了学术研究的基础，他在这一方面的著作尤为丰富。

自 1983 年以来，卞德培出版的独著、文集共计 26 种，超过半数图书的内容集中在彗星和小行星、行星和月亮、"1999 年人类大劫难"等选题上[99]。其中有 5 本书的主题和彗星、小行星相关，如《彗星和流星》（1986 年）、《震惊世界的"天火"》（1999 年）等；有 7 本书的主题是行星或月亮，如《第十大行星之谜》（1992 年）、《地球的小伙伴——月亮》（1998 年）、《话说行星》（1998 年）等；有 3 本书的主题和"1999 年人类大劫难"相关，包括《人类在劫难逃吗？——评所谓"一九九九年人类大劫难"》（1995 年）、《1999 年人类在劫难逃吗？——诺查丹玛斯大预言真相昭揭》（1997 年）等。另外，在中国知网收录的卞德培的 77 篇文章中，除了天象预告主题等 1980 年之前撰写的 39 篇外，在其余 38 篇文章中，以上这些主题就占了 16 篇，其中以彗星和小行星为主题的有 7 篇。

可以说，彗星、小行星和陨石等相关内容，最能代表卞德培的"专"。诸如《宇宙奇观》（1989 年）[102]、《新十万个为什么》（1992 年）[103]、《天窗怎样打开——探索星空的奥秘》（1995 年）[104]等作品，以及对歪理邪说的批判，如《谨防假冒》《"生辰八字"并不神秘》等文章[99]，最能体现卞德培的"广"。

3. 善用问句，巧设悬念

以疑问句开头、设置悬念，是科普创作中十分常见的写法，卞德培堪称将其发挥到了极致。他不仅善用疑问句开头，而且非常喜欢在文章中引入设问。

文章开头就设问，在卞德培的作品中有许多这样的例子。例如，《寻找"地球"》一文的开篇就是："我们生活在地球上，还要找什么'地球'？"然后回答："科学家们想找的，是我们太阳系之外的、环绕其他遥远恒星运转的、像我们自己的地球那样、上面有智慧生物从事各种活动的星球。"[99]243 还有《"变化多端"的星》中第一句就是："在茫茫宇宙中，除了那些突然爆发的'新星'和'超新星'以外，别的恒星的亮度会不会有什么变化呢？"[99]238堪称卞德培科普文章代表作的《六十多吨重一枚的"硬币"》，也是以疑问句开头："看了题目以后，你一定会想：准是编辑搞错了，哪里有这么重的硬币呢？"[99]231

经统计，《第十大行星之谜》这部文集中收录了卞德培的107篇科普文章，其中有25篇的开头第一句或者第一个段落，都包含疑问句。甚至这107篇文章中，有24篇的标题本身就是疑问句，如《存在第十大行星吗》《织女星是另一个太阳系吗》等。

与其他作者比较，就更能发现卞德培的这一鲜明特点。以几位不同作者撰写的以彗星为主题的图书为例，1986年卞德培撰写了《彗星和流星》[105]一书，全书4.3万字，共有19处设问。著名天文学家李启斌的《星空奇观——哈雷彗星》[106]全书共5.9万字，只有7个疑问句。1999年，卞德培又出版了一本关于彗星的名著——《带尾巴的星》[107]，全书6.2万字，共有多达31处设问。和此书出版年份相近的另一本书——李芝萍撰写的《太阳系里的流浪汉——彗星》[108]（1998年），全书3.7万字，共有9个疑问句。李启斌是我国著名天文学家，曾任北京天文台台长，同时也是一位典型的学者型科普作家。李芝萍曾任《天文爱好者》杂志常务副主编，深耕天文科普领域多年，也是著作等身的知名科普作家。同是讲彗星且都是面向青少年的普及读物，这几本书各有特点。仅从设问这一写作手法来看，卞德培确实是使用得最多的。

另外，在驳斥一些歪理邪说时，卞德培还喜欢将设问与反问相结合，以增强气势。以《"大劫难"根据何在》[109]为例，这篇4600字的文章，总共出现了8个问句。第一小节"所谓的'大十字'"最后一段由三个排比问句组成："那么事情的真相如何？太阳系天体确实在4个星座中排列成'大十字'吗？行星等天体真的各具'特性'并能危害地球和人类吗？"让人急欲一探究竟。紧接着在"真相""救不了'命'的旁证"两小节中，基本上每驳倒一个论点，就发出一个拷问。例如，"考虑了而且必须考虑各天体的距离和倾角之后，哪里还有'大十字'的影子呢？""他为了取信于人，提出了些科学范畴内的现象，偏偏又是错误百出，这也不难理解，因为他想利用科学现象作为幌子来推销他的伪科学，这怎么行得通呢？"气势十足，增强了批判的意味。

4. 注重规范，也见创新

从形式上看，卞德培的科普创作可以说是相当"规范"的。例如超过两三千字的长文都会加上分段小标题，标题和小标题都十分注意用词的准确，同时也颇为注重趣味性等，让人挑不出毛病。例如，《彗木相撞之后》一文的小标题分别为：留下的回忆、留下的礼物、留下的疑问、留下的思考；《恐龙哪里去了》的小标题分别是：小行星闯下的祸、不同的意见、"死星"、灾变还是渐变。

在文体和写作手法上，卞德培也常有创新。最典型的一例是《关于小行星的谈话》，这篇文章是对话体，通过甲、乙两人一问一答，道出了关于小行星的种种知识。《星星都是遥远的太阳》一文则是童话故事体，文章通过小刚、姐姐和爸爸的对话告诉读者，星星都是遥远的太阳，太阳是星星中距离我们最近的一颗。与此类似的还有《别的星星上有人吗》等。此外，卞德培还曾尝试通过广播、电视、展览等多种形式进行科普，这也体现了他求新求变的愿望。

（三）卞德培的科普创作理念

卞德培曾在《浪花与小兵》一文中记述了自己的科普创作历程，并提到了少儿科普的创作体会。该文原载于《中国少儿科普作家传略》（1988 年），后来作为《第十大行星之谜》科普文集（2002 年）的代序，较为充分地表达了卞德培的创作思想。通过这篇 5000 字的长文，结合卞德培的作品，我们也可以看出卞德培的科普创作理念。

1. 重视青少年科普和科学小品文的创作

纵观卞德培的作品，就其内容而言，题材广泛、形式多样，有写给普通老百姓看的，有写给知识分子看的，而更多的是写给青少年天文爱好者看的。正如他在《浪花与小兵》中所说：

> 正是本着向少年儿童普及以天文学为主的科学知识，提高他们对科学的兴趣，鼓励他们从小爱科学，立志长大搞科学的信念，开阔他们向未来展望的眼界，数十年来，我为他们写了点书和文章。[98]217-218

这或许与他对少年时代迷上天文的经历的感悟有关，更多体现的则是他作为科普工作者的责任和担当。少儿科普十分重要，但做好少儿科普是很不容易的。"为少年儿童……创作一篇优秀的短文，其难度和所花的精力，不亚于一篇洋洋数千言的论文。"[98]217他身体力行，不仅在各种杂志上为少年儿童撰写了大量文章，而且始终坚持为他们写书。在他的著作中，斩获大奖的《宇宙奇观》《天窗怎样打开——探索星空的奥秘》等都是少儿读物。他还多方组织优秀作者，带头参与编撰了多部少年儿童工具书、丛书，如《少年自然百科辞典》《十万个为什么·天文（1）》《中国儿童百科全书》《宇宙博物馆》（图3-19）等。

图3-19　卞德培和李元主编的《宇宙博物馆》封面

卞德培的作品，就其形式而言，有图谱、工具书、科技活动的辅导材料，也有论文和百科全书，但最多的是篇幅不太大的综合性知识读物。他说：

尽管自己的第一本作品是科幻小说，但很快发现自己并不善于写这类作品，而愿意把精力用于撰写科学知识小品。三十多年来的数十种出版物、数百篇科普文章，都是在这种思想指导下的产物。[99]iv

他认为，科学小品应力争在较短的篇幅中给人以较多的知识，要注意把科学性放在首位，趣味性和可读性不能损害科学性，而且要努力发掘科学发现、发明的故事，提倡探索精神，启迪和鼓励读者向科学进军，他确实也是这么做的。以《第十大行星之谜》为例，该科普文集收录的107篇科普文章中，有62篇都是字数为两三千或篇幅更短的小品文。

2. 回应百姓关切，痛击迷信和伪科学

回应百姓关切，最能彰显科普工作者的担当，卞德培在这方面堪称典范。他十分关注和人们的生活密切相关的热点天文话题，每当相关的事件发生，他都是第一时间著书立说，或加以阐释，或加以批驳，如哈雷彗星、彗木相撞、"1999年人类大劫难"等。

以彗星为例，从 20 世纪 80 年代中期到 1999 年，北半球连续出现了 3 颗亮彗星：哈雷彗星（1986 年）、百武彗星（1996 年）、海尔-波普彗星（1995—1997年）。对当时的普通公众而言，它们不期而至，带着明亮的"尾巴"闪亮登场，并迅速成为夜空的主角，令其他所有天体都黯然失色。海尔-波普彗星甚至盘桓夜空超过 500 天，给人们带来了巨大的震撼甚至恐慌。这时对彗星进行科普就显得格外重要，所以卞德培对此格外关注。如前文所述，他不仅出版了多部相关图书，仅在《第十大行星之谜》这本科普文集中，有关彗星和小行星的文章就有 10 篇，占比接近 10%。

另一个令人印象深刻的例子是所谓的"1999 年人类大劫难"。20 世纪 90 年代初，社会上开始流传 1999 年九大行星排成"大十字"、人类将面临灭亡的谣言，流毒甚广，甚至一度弄得人心惶惶。卞德培首先发声，在《科学 24 小时》发表文章《评所谓"1999 年人类大劫难"》，打响了捍卫科学、驳斥流言的第一枪。

随后，他及时推出力作《1999 人类在劫难逃吗？——诺查丹玛斯大预言真相昭揭》，有理有据地对谣言进行了抨击，后来的许多文章都引用了书中的资料。今天，我们通过中国知网搜索当时的文献（尽管有所遗漏），可以检索到 27 篇批驳"1999 年人类大劫难"的文章，撰稿的作者有 20 多人，接受采访的科学家有 10多人。除去科学记者和编辑撰写的 13 篇采访与编撰类文章外，真正署名撰文的科学家和科普作家共有 9 人，共计撰文 14 篇。其中就有 5 篇为卞德培所作，还有 1 篇是他的专访。卞德培一人提供了超过 30% 的"火力"，可见他对这类歪理邪说的厌恶。

在科普文章中，卞德培更是几乎把和天文学相关的各种伪科学及迷信思想都拉出来通通驳斥了一遍，立场坚定，旗帜鲜明，这在科普作家中也是不多见的。例如，在《第十大行星之谜》科普文集中，他对"人生星座"（即星座算命）、生辰八字、黄道吉日、用八卦发现新行星等均进行了分析和批驳，今天读起来依然

让人获益良多。

3. "文章要有时代气息"

卞德培在《浪花与小兵》中说：

> 用通俗易懂的语言，把少年儿童们本来已懂了的知识和道理，再重复一遍……仅仅这样是不够的，应该讲点新知识、新发现，文章要有时代气息，以开阔读者的眼界，鼓励他们为发展科学而立下宏愿壮志。[98]216

"文章要有时代气息"，可以看作是卞德培创作科普作品的一大追求。他经常在文章的最后一节引入当前的研究进展，并留下几个疑问作为结束，引导读者思考。例如，在诸如《太阳是颗典型恒星吗》这样的"硬"科普文章里，我们常常能看到这样的结尾："天文学家们正密切注意着这类一时还无法解答的问题，寄希望于将来。"[99]436"将来，谜终究有朝一日会被解开的。"[99]447 在《回归频频话恩克》一文中，这一理念体现得淋漓尽致。此文分为 4 个小节：彗星之最、漏网之"鱼"、历史足迹、扑朔迷离。前 3 节介绍了彗星的基本知识以及恩克彗星的发现历史、观测特征等，第 4 节重点讲述了恩克彗星的诸多谜团和当前的研究进展，并且提出了几个问题：大量的水蒸气正从它表面源源不断地向外逃脱，其逃逸速度之快令人惊讶，大致三倍于过去所设想的，恩克彗星究竟存在了多久呢？它是在何时、以什么样的方式变成目前这样的周期彗星的呢？它还会存在多久呢？

（四）对后学的启迪——关于卞德培及其科普作品的几点思考

1. 卞德培为何如此高产

普通的科普工作者终其一生大概都难以写出超过 200 万字的作品。相比而言，卞德培的作品产量是相当惊人的。考虑到那个年代电脑和网络并没有普及，所有文字都是一字一字"爬格子"而来，所有资料都是通过精读一本本图书并记录而来的，卞德培如此丰富的著述简直称得上是创造奇迹了！更何况，他还有自己的本职工作要做。这或许与以下几个因素有关。

（1）极致的勤奋和高效的资料整理。卞德培勤学多思，自学成才，他极致的勤奋自不待言。同时，他也十分注重资料搜集工作，"他把许多杂志上有参考价值的文章资料分门别类集在一起，建立了大量的资料卡片和笔记本共有几十个大资料袋，内容极为丰富"[110]。在"文化大革命"期间，他的资料不幸都被付之一炬。但他并不气馁，后来仍然一边学习一边积累，他的客厅兼书房摆满了各种书刊资料，令人如同步入一个知识的宝库。

（2）时代背景：科学的春天。没有好的环境，就难以出现好的科普作品。1978 年 3 月 18 日召开的全国科学大会，把发展科学技术的信念根植到了整整一代知识分子的心中。中华民族迎来了史无前例的"科学的春天"。整个 20 世纪八九十年代，科普创作出现了"星火燎原"之势，名家辈出，许多人都著述颇丰。据粗略统计，1979—1988 年，全国大约出版了 2 万种科普图书[111]。作为科普工作的领军人物之一，卞德培以强烈的社会责任感投入科学创作的大潮之中，只争朝夕，这也是他高产的原因之一。卞德培以"浪花与小兵"自诩，应该也有拥抱大潮、埋首奉献之意。

（3）提携后进。1958 年《天文爱好者》创刊后，卞德培担任编辑部主任，时年 32 岁。客观地讲，这是一个相当高的起点，也为他提供了更大的舞台。后来他曾任北京天文学会秘书长/理事、中国科普创作协会理事、北京科普创作协会常务副理事长等社会职务，这也促使他有能力成为一名优秀的科普创作组织者。20 世纪 80 年代以来的 20 年间，他组织、参与编写和翻译的图书多达 57 种，不仅丰富了自身的科普创作，而且培养了一大批高水平的科普作家，可谓功莫大焉。

2. 好的科普作家需要具备哪些素质

卞德培说："作为一个少儿科普工作者，需要掌握多方面的知识，既要有广度，也要有一定的深度，特别是自己的专业方面。此外，他应有广泛的社会科学知识，如中外史地、法律、政治和哲学等。他最好是个文学爱好者，熟悉各种文学形式，并具备运用少儿语言的能力和修养。更为主要的，他应有颗童心，愿意为少年儿童进行创作，进行艰巨的劳动。"[98]217

卞德培爱好广泛、无书不读，他既是一位音乐爱好者，也喜欢欣赏美术作品和名画，而且爱好集邮，甚至还出过集邮的书（《集邮基础知识问答》等）。从其自身经历来看，要成为一位好的科普作家，有一条可能尤为重要，正如他自己所言——"他最好是个文学爱好者"。卞德培本人就是如此，他在青年时期就表现出了很强的创作欲，这从他 20 岁开始撰写科幻小说和科普小品就可见一斑。《天文爱好者》创刊号上，就有卞德培发表的文章（图 3-20）。在担任《天文爱好者》编辑部主任时，他也始终要求编辑们动手写文章，不要只做毫无建树的字匠[100]。

图 3-20 卞德培在《天文爱好者》创刊号上发表的文章

没有对文学的热爱，哪来对文字的热爱，没有对文字的热爱，又怎么能写出那么多好的科普作品呢？

3. 科普作品的生命力

经典的文学作品仍然一版再版，儒勒·凡尔纳（Jules Gabriel Verne）的科幻小说至今也长销不衰，科学家的创见会凝练成教科书中的各种定理代代相传。但历史上的巅峰科普名著，如伽利略的《关于两大世界体系的对话》等，后来仅被一些学者引用，大众读者对其几乎一无所知。这不得不让人思考，科普作品是快消品吗？它们有没有传世的价值？

今天再读卞德培的作品，读者自然会发现有不少数据需要更新，很多新知需要增补，不过仍然有些文章让人眼前一亮，显示出了很强的生命力。最典型的就是《六十多吨重一枚的"硬币"》一文，这篇文章从一个新颖的角度切入，介绍了白矮星的相关知识，堪称别具一格。该文曾多次被不同的文集收录，受到读者们的欢迎。连卞德培自己 30 年后再读，都认为是这篇文章"第一次比较成功的尝试"[98]217。直到今天，它仍然能给人以启迪。

卞德培还有许多作品具有较好的史料价值，如《X 大行星之谜》《"中华"的故事》，记录了很多生动的史实，也都值得一读再读。总之，好的科普作品不会像老旧的机器那样被淘汰，文中的知识不一定能留下来，但是想象力能留下来，新颖的角度能留下来，美妙的思想能留下来，优美的文字能留下来。

在天文学新发现潮涌而来的今天，尤其是我国的天文和航天事业取得了跨越式的进步，做出了举世瞩目的成绩的今天，后来者更应像这些老科普作家一样，不负时代，艰苦奋斗。正如卞德培所期望的"引导他们（青少年）从小爱科学，树立以科学方法和态度来学习和工作的科学作风"，这样"我国的科学技术发展将永无止境，我国的科技人才将如雨后春笋般地涌现"[98]220。

五、李良的天文科普图书和科普工作

李良（图 3-21），出生于 1953 年，中国科普作家协会会员，中国天文学会会员，曾任北京天文馆《天文爱好者》杂志副编审。1978 年春毕业于北京大学地球物理系空间物理专业，后分配到北京天文馆工作，直到 2012 年 9 月退休。在北京天文馆《天文爱好者》杂志编辑部任职的 34 年间，李良一直致力于天文知识的普及工作，主要负责《天文爱好者》杂志"宇宙学""青少年学天文""太阳物理""时间历法""太阳系空间探测""爱好者之页"等栏目的组稿、编辑、校对等工

图 3-21　李良

注：图由李良提供

作。应社会需要，李良还曾在电台、电视台、北京市科学技术协会，以及中小学校面向青少年积极开展天文科普讲座，并一直热衷于天文科普文章和图书的撰稿工作。

迄今，李良已在《天文爱好者》、《现代物理知识》、《中国青年报》、《航天》（后改为《太空探索》）、《南方周末》、《北京青年报》、《少年百科知识报》、《学与玩》、《中国青年科技》、《我们爱科学》和《大科技》等报刊发表天文科普文章300余篇，字数总计约30万字；创作出版图书20余种，总计约200万字。

（一）李良第一本天文科普著作的创作基础

1978 年 3 月 18—31 日，中共中央组织召开的全国科学大会在北京隆重举行，动员全党全军全国各族人民和全体科学技术工作者，向科学技术现代化进军，标志着我国科技事业在经过"文化大革命"后终于迎来了"科学的春天"[112]。李良就是在这样的时代背景下从学校走上了工作岗位。

1978—1984 年，李良在《天文爱好者》编辑部的主要工作是担任助理编辑，负责《天文爱好者》杂志出版印刷的通联工作，有时也参与少量的空间科学方面的编辑工作。李良在北京大学读书期间，所学专业是空间物理学，主要研究太阳活动对近地空间环境的影响等。空间物理学是 1957 年苏联成功发射第一颗人造卫星后迅速发展起来的一门新兴的多学科交叉的前沿学科[113]。现代空间科学技术的应用，使得空间天气预报、环境保护、人道主义救援、教育、医疗以及农业等人类活动得到很大改善，同时也激励着许多年轻人立志在科学技术领域不断探索，这有利于世界各国，特别是发展中国家开发人力资源，改善技术基础，为实现可持续发展创造了一定的条件。但在当时，空间物理学属于新兴的边缘学科，李良考虑到社会上许多人对这方面情况的了解还十分有限，认为很有必要对大众进行科普，所以他下定决心准备写一些空间物理学方面的科普文章。

在文明发展的过程中，不同国家不同民族的人们在仰望星空，思考着生命的意义。星空带来的无限遐想与好奇，也曾是很多文人墨客灵感的来源。李良很想将他所知道的科学知识和这些感受书写出来，分享给更多的人。但当他真的开始动笔写的时候，竟不知该如何下笔，也根本理不出头绪。

在那个特殊的年代，在学校里所能学到的东西是非常有限的。李良也清楚地知道，如果一篇科普文章或一本科普图书能吸引、影响读者，应当说作者是成功的。但成功的背后，也必定是作者在作品的科学性、通俗性和生动性方面都下了很大的功夫，其中最重要的是作者需要有深厚的科学和文化功底。俗话说得好："要想给别人一杯水，自己就应有一桶水。"既然自己桶里的水不够，那就一点一点装满。李良从小就非常喜欢读书，特别是一些知名作家的书，他认为读好书能让自己在纷繁的环境中沉静下来，抛却一些烦恼，由此产生创作的欲望和灵感。

古人云："读书破万卷，下笔如有神。"为了写好介绍日地关系的科普文章，李良一头钻进天文馆的图书资料室和北京大学的图书馆，到处搜寻有关图书资料。为了尽可能多地争取时间，李良把节假日及各种休息时间全都用在了读书写作上，几乎到了废寝忘食的地步。写作时，他经常反复斟酌文稿里的内容，遇到不满意的地方便会一改再改，可以说是对自己要求十分严苛。

在写《我欲乘风归去》（后来发表时题目改为《谈谈日地空间》，约3200字）一文时，因为对内容一直不太满意，李良曾用了五个周末，六易文稿，不仅如此，他还把自己独自一人关在办公室里，模仿电台播音员高声地朗读稿件，如果发现哪个地方难念，就必须改写。誊清之后，如果又发现不太满意之处，便再废了重新写。这种一遍遍"爬格子"的经历，让他深切地体会到了"万事开头难"的滋味。

《谈谈日地空间》一文于1979年8月发表，文章开头先是用了"不知天高地厚"这句俗语作为引子，后将整篇文章分为"地球的大气层""电离层的秘密""太阳风与地磁场""辐射带与极光"四个子标题，用通俗易懂的语言，配合简单直观的示意图，对日地空间环境做了大致的介绍。虽然文章发表前曾一改再改，但当李良拿到发表的文章后，发现还是有几处做了很好的修改。李良记得，当时帮他修改稿子的有编辑马星垣、洪韵芳和温学诗，还有卞德培主任。李良一直非常感谢他们，也非常感谢《天文爱好者》杂志，他认为正是这份杂志为自己提供了一个开展科普创作的空间。

在一次次"爬格子"的过程中，李良体会到，搞好科普创作，不仅要不断努力熟悉专业基础知识，还必须时刻关注本学科的科研进展情况。特别是要了解一些早期的历史和前沿研究，不断加强学习和积累，努力寻找各方面有用的素材，以期使文章既丰满又有趣。

俗话说"好记性不如烂笔头"，眼里过千遍，不如手里过一遍，一个人的记忆力总是有限的，所以在读书时做摘录、记笔记就很有必要。每当李良在资料室读书或看报的时候，见到有利于科普创作的内容，总是会用随身携带的小本子记下来。北京天文馆藏书丰富，还订阅了许多科普报刊，在众多的科普报刊中，李良对《科学时报》（原《中国科学报》）、《天空与望远镜》（美国）、《科学》（于1915年创刊，在上海出版）、《科学美国人》（中译本）和《世界科学》这几本最感兴趣。随着各种素材不断地积累，李良意识到，可以建立一个自己的素材资料库，他用许多文件袋，把收集到的资料按照学科或天体分别归类建档积累，并且密切关注一些学科研究的最新动态和进展，这样在写一些老选题的时候，也总有新的内容。

之后的几年，李良陆续创作发表了《什么是地球辐射带？》《"地球仍然在转动！"——伽利略和他在天文学上的贡献》《为地球磁场画像》《太阳活动和地球电离层》等十几篇科普文章，这些文章，短的大约有1000字，长一点的约4000字。

在1983年5月发表的《从太阳吹来的风》一文中，李良首先以唐朝诗人岑参的四句诗文为引子，然后分三个小标题（"太阳风的发现及命名""太阳风的形成""吹遍行星际空间的太阳风"），再加上6幅精致的插图，比较通俗地介绍了人类发现太阳风的经过、太阳风究竟是如何形成的，以及它对地球空间环境的影响。这篇文章后来在杂志社开展读者阅读奖评选时获得好评。

经过几年坚持不懈的努力，李良在科普创作上积累了很多宝贵的经验，他认为，科普创作还是应当从学作1000字左右的小文章开始，然后再作3000字以上的文章为宜，因为"千字文"的构思相对要比三四千字的文章构思起来简单些，也比较容易精准把握。确定题目后，不要急于动笔，要先反复咀嚼素材，打好腹稿，做到胸有成竹。当然，打好腹稿的基础是十分熟悉本专业的知识要点、研究简史和现状。写完初稿之后，先读几遍，边读边修改，这是很有必要的。当一篇文章定稿后，自己可以模仿播音员，用普通话认真朗读一遍或两遍，如果发现有拗口的地方，就马上修改。如果科普文章是写给少年儿童的，为了保证阅读效果，李良还有个"独门秘籍"，那就是在文章写好后，他会先读给自己的女儿听，让他当时还在读小学的女儿当第一听众，如果女儿听了以后反映听不懂，那就必须要大改；如果她说没有意思，那就必须在语言的生动性上再下一些功夫。

1978年到1986年的这8年间，李良坚持大量阅读图书报刊，不断地学习并积累资料，逐渐扩充自己的资料库，通过不断创作一篇篇千字科普文章，累积经验，最后十几篇科普文章相继发表。1986 年 5 月，李良的第一部科普著作由湖南教育出版社出版，这就是《太阳与地球》（图 3-22）。

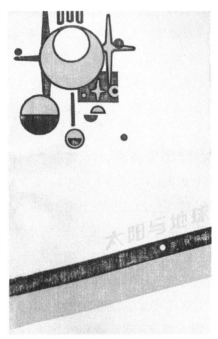

图 3-22　李良著作《太阳与地球》封面

（二）李良的天文科普著作《太阳与地球》

《太阳与地球》一书总计约 11.8 万字。该书一开篇，就从战国时期诗人屈原的《楚辞·天问》开始谈起，这首诗反映了屈原对当时某些封建思想的大胆怀疑，代表了人类探求科学真理的强烈愿望。从《楚辞·天问》带来的思考中，第一章分别介绍了中国古代的"盖天说""浑天说"，以及西方的托勒密地心体系、哥白尼"日心说"，还有伽利略、第谷、开普勒等的重大发现。

第二章"太阳的家族"，通过一个个科学家的故事，介绍了太阳系都有什么，以及人类探索太阳系的过程；第三章"'化验太阳'的故事"生动地讲述了艾萨克·牛顿（Isaac Newton）、威廉·赫歇耳、夫琅禾费、罗伯特·威廉·本生（Robert Wilhelm Bunsen）等是如何通过一个意外发现，一步步反复实验，进而发现了太阳大气的元素组成以及各种元素的含量的；第四章"太阳黑子的故事"讲述了从古至今人类对太阳黑子的发现、认识、探索和研究的整个过程；第五章"'太阳火炉'壮观"通过"化验"太阳所得到的重要结果，揭开了太阳内部的物质结构之谜，解释了太阳能量的来源问题；第六章"太阳大气分层"通过太阳大气分层示意图，逐层介绍了人类的观测结果。

介绍完太阳的相关内容之后，该书后面部分关注的是我们的地球以及日地关系。第七章"地球象（像）一块大磁铁"介绍了人类对地球磁场的发现、探索、利用并有计划的研究，并开始讨论太阳活动会对地磁场产生怎样的影响；第八章"地球大气层的秘密"介绍了历史上人类为研究地球大气层所做的努力、现代科学家对地球大气的分层，以及太阳活动对地球的各种影响；第九章"从太阳上吹来的风"介绍了人类发现太阳风的经过、太阳风的形成过程、太阳风与冕洞的关系，以及日冕的加热原因；最后一章"日地关系新探索"讲述了20世纪七八十年代日地空间探索的一些新的发现。

总的来说，《太阳与地球》介绍了太阳、地球，以及日地空间环境的相关内容，是一本面向青少年读者的、介绍我们太空环境方面的科学普及读物，撰写这样一本书也正是李良大学毕业之后一直想做的事情[114]。

《太阳与地球》这本书并不局限于对科学知识的阐述，还比较注重弘扬科学精神、宣传科学思想和科学方法，整体上做到了知识性、可读性和趣味性相结合，非常有特色，图文并茂，深入浅出，语言自然朴实，简练有力，内容丰富。书中穿插介绍的科学家故事，生动有趣，对青少年很有启发性。

这本书一经出版，就立即引起了强烈的社会反响，于1987年获得全国优秀畅销书奖，1991年3月重印。可以说，经过"十年磨一剑"的努力，《太阳与地球》一书的出版，让李良实现了科普事业的第一个小目标。

比较《太阳与地球》一书与李良在1978—1985年发表的科普文章不难发现，有些标题和内容乍一看似乎略有重复，但细看之后又会发现不尽相同。一样的是选题，不一样的是其中新颖的内容，因为李良在平时阅读过程中对资料库进行丰富的时候，会格外注意把新近的一些观测发现或新的研究内容加进去，随时走在研究资料更新的最前沿。他在之前几年撰写的十几篇科普文章，更像是《太阳与地球》一书不同章节的"思路提纲"和资料整理，几年下来经过各种相关素材的不断积累，再加上新的观测发现和研究成果，才有了这本关于日地空间的科普读物。

以第八章"地球大气层的秘密"为例，将其与 1979 年 8 月发表的《谈谈日地空间》相比，可以看出以下几点不同。

（1）增加了 20 世纪 80 年代美国的一些科研机构对于臭氧浓度降低的原因和危害，以及国外的一些军事专家正在研究的将臭氧作为武器用于战争的相关研究成果。

（2）书中提到了"无线电短波常用作遥远距离的通讯（信）"，增加了 1985 年中国在建立第一个南极考察站——长城站期间，轮船与长城站和北京之间的信息沟通主要依靠短波通信这一新的事例。

（3）书中有一些观测新发现。比如，1982 年 6 月 14 日北京时间 14 时 20 分至 15 时 20 分，观测到太阳上发生了两个很大的耀斑，引起地球电离层严重骚扰，造成了当天无线电短波通信中断达一个小时之久。又如，1982 年 6 月 18 日20 时 10 分左右，在我国黑龙江、内蒙古、河北及河南等地，很多人看见了一种罕见的现象，即在观察地点的东北方上空出现了一道透明的彩虹状弧形白光，当时天气晴朗，星斗满天，光弧从出现到消失的时间在各地方长短不一，为 20～30分钟。有人当场把这一奇异的现象拍摄下来，还有不少人向报刊反映了他们的发现。例如，河北省隆化县郭家屯广播站一位同志反映：22 时 11 分，当地北郭山后，天空忽然发亮，有白色光显现，十几分钟后，有一团乳白色的亮光自东北山后跃起，之后，上面的半圆以很快的速度向四周扩散，乳白色逐渐变淡，犹如一面用白纱蒙住的大圆镜，后面的星星清晰可见，而镜面上射出一道白光，在山峦的衬托下，景色非常壮观。当时在场的数千名看电影的观众，都目击了这一大自然的奇观，历时约 20 分钟。

在撰写有关太阳基本知识的相关科普文章时，李良还有个习惯，就是"述而不作"，即在介绍新的研究成果的同时，也客观地反映对立面的意见。主要是让青少年读者知道，科学成果不是一蹴而就的，有时真理是掌握在少数人手里的。比如《太阳与地球》第九章"从太阳上吹来的风"其中有一节是"日冕加热的原因"，他写道：

> 关于日冕加热问题，科学家们长期以来普遍接受的是德国天体物理学家比尔曼在 1941 年提出的解释。比尔曼认为，太阳对流区中的湍流运动或者说沸腾运动所产生的声波，能穿过它上面的两层（光球、色球）进入日冕而成

为冲击波，并在那里以热量形式散失掉自己的能量。几十年来，科学家们一直按这样一种思路进行研究。[114]184

在 1978 年，美国坎布里奇市哈佛-史密森天体物理中心的几位科学家对这个问题提出了一种新见解。他们认为，使日冕加热的应该是强电流。大家知道，电流能产生磁场，而运动的磁场也能产生电流；因此，磁场中的这种绞缠运动一旦移动到外面，便会在日冕中产生电流……所以，这几位科学家认为，在日冕中也发生着这同一种过程。他们的计算表明，这一过程所产生的热量，足以抵消日冕散失掉的热量，使日冕保持很高的温度。这种新的观点，还有待于人们从实验上加以证实。[114]185-186

李良在书中对日冕加热原因的新旧两种观点进行了详细陈述和阐明，且不评论对错，把问题抛给读者思考，对于一本面向青少年的科普读物来说，这样的写作方式具有很好的启发性。

（三）李良的其他科普著作

1994 年，李良与欧阳自远院士合著的科普图书《恐龙绝灭之谜》由吉林教育出版社出版，全书大约 16 万字，内容包括观察宇宙、地球的编年史、恐龙化石探秘、谜一般的恐龙世界、扑朔迷离的灭绝假说、天体的碰撞、小行星会与地球碰撞吗、探索在继续、天地生畅想、爱护地球等主题。这本书是关于天文、地理、生物综合研究情况和成果的科普读物，以通俗的语言向读者介绍了宇宙天体的观察、地球史、恐龙化石以及生物大灭绝的原因，兼具科学性、趣味性和可读性，内容新颖，立意深刻。

随后几年，李良又陆续推出了几本新的科普著作，图书的字数也逐渐增多。主要作品包括：1995 年，河北少年儿童出版社出版的《打开星河》，约 16 万字；1996 年，与卞德培合著的《时空通道中的机遇与挑战——趣味宇宙科学》，由江西教育出版社出版，约 15 万字；1998 年，中国少年儿童出版社出版的《星空探索》，约 14 万字；1997 年，与洪韵芳、李芝萍、朱晔华、许梅合著的《天文爱好者手册》，由四川辞书出版社出版，李良主要负责编写其中涉及太阳、太阳系的起源以及与日、月有关的科学内容，约 18 万字。

2000 年 3 月，李良与肖佐、秦瑜教授合著的《人与自然百科》分卷《人与太空》由辽宁人民出版社出版，全分卷约 35 万字，李良承担了绝大部分的写作。全书共分为三大版块，从空间上由近及远。第一部分"坐地巡天"，讲述了人类以地球为第一角度进行了怎样的天文观测；第二部分"探索太阳系"，介绍了人类对太阳探索的过程、太阳活动对地球的影响，以及人类是如何对太阳系空间进行探索的；第三部分"浩瀚的宇宙"，讨论了银河系及河外星系中各种天体的物理性质和演化过程，以及宇宙的结构。整本书以通俗易懂的语言和图文并茂的形式，向广大读者介绍了科学家研究宇宙天体的进程，包括科学家对于宇宙探索的新发现，以及一系列正在研究探索的课题。

从 2000 年到 2012 年退休之前，李良完成的科普著作主要有：2001 年与刘合群合著的《太空奇观》，由海燕出版社出版，约 24 万字；2002 年主编的《探索宇宙奥秘》，由河南科学技术出版社出版，约 55 万字；2009 年主编的《仰望星空》，由科学普及出版社出版，约 20 万字；2012 年编著的《星座趣谈》，由人民邮电出版社出版，约 40.7 万字。

其中，《星座趣谈》一书的创作基础要从李良十多年前创作的科普文章开始说起。1995—1996 年，李良应邀在中国儿童活动中心主办的《学与玩》（月刊）杂志上陆续发表了 20 多篇介绍星座、认识星空的文章。2000 年以后，他开始撰写与全天 88 个星座相关的科普文章，截至 2007 年 6 月，他在《天文爱好者》杂志上发表的相关主题的科普文章近 20 篇，包括《星座王族》《壮丽的猎户座》《迷人的狮子座》《剑鱼座里故事多》《飞鱼、天猫和绘架座》等。

《星座趣谈》一书的内容，就是基于《天文爱好者》杂志中的星座专栏文章，经过重新再创作，并加入了最前沿的科学新发现，以四季星空、黄道星座为主线，从全天星座的认星过程开始，系统地介绍了国际通用的全天 88 个星座的起源和划分。这本书用通俗易懂的语言介绍了星座所辖天区范围内主要天体的性质、特点以及最新的观测发现，结合古希腊神话故事，把神话与近现代天文发现融合在一起，配以精美的插图，实现了知识性和趣味性的有效结合。

2012 年 9 月退休以后，李良依旧坚持科普创作。他编写的《宇宙的探索》（图 3-23）一书于 2018 年 6 月由科学普及出版社出版，全书约 26.2 万字，共分为 10 个章节，通俗且准确地叙述了天文学的发展历程，文字鲜明生动，简洁流畅，既有丰富多彩、引人入胜的古代天文观测结果，也有现代天体物理对宇宙结构的探索以及对各种天体的起源、演化方面的研究。

图 3-23　李良著作《宇宙的探索》封面

2012 年之后李良推出的科普著作主要有：2013 年由兵器工业出版社出版的《宇宙的追问》，约 20.5 万字；2018 年由科学普及出版社出版的《宇宙的探索》，约 20 万字；2019 年由中国少年儿童出版社出版的《天上的星星会说话（上、下）》，约 8 万字。

李良的天文科普著作深受读者喜爱，并多次荣获各种奖项，例如，《太阳与地球》曾获 1987 年全国优秀畅销书奖；《人与自然百科》分卷《人与太空》曾获全国优秀图书二等奖；《天文爱好者手册》被评为全国优秀畅销书；《探索宇宙奥秘》曾获全国优秀图书二等奖。

（四）李良的天文科普文章

在李良创作天文科普著作的过程中，科普文章的撰写为他提供了坚实的基础，也是他打造出独特的文字风格的重要途径。1986—1989 年，李良陆续发表了《太阳振动之谜》《千里迢迢探"哈雷"——赴广西、广东采访哈雷彗星观测活动见闻》《又一次壮观的火星探测——"福波斯"计划及背景》《我们的行星——地球》《日地关系简述》等科普文章。其中有一些算是"老选题，新创作"，在综合了先前已有的研究结论和事例的基础上，再增加近期相关的最新研究发现，进行重新创作。

自 1993 年 2 月刊开始，《天文爱好者》杂志开办了"青少年学天文"专栏，以满足天文初学者的需要，同时也希望可以引导青少年读者学习掌握一些基本的天文学知识，了解新的天文学发现。李良先后在该专栏发表了《天空中的运动——斗转星移》《从"天圆地方"到日心说》《行星运行三定律的发现》《现代科学的伟大奠基者》《牛顿及万有引力定律》《"恒星天文学之父"》《光谱分析窥"天机"》等科普文章，这些文章既通俗易懂，又引人入胜，通过描写科学家的故事，在科普天文学基本知识的同时，形象地反映了科学家追求真理的探索精神。

1993 年 4 月的一天，有位退休的老人来到《天文爱好者》杂志编辑部，找到李良，给他送来了一本书——《1999 年人类大劫难——占卜神魔诺查丹玛斯恐怖大预言》，这位老人说，自从读了天文知识方面的书之后，就对所谓大劫难一类的图书不再感兴趣了，但市场上大量出现诸如《1999 年人类大劫难——占卜神魔诺查丹玛斯恐怖大预言》的这种书还是令他十分困惑。其实，早在 1990 年春，李良就曾见到一本类似的书——《恐怖大预言——1999 人类劫难》。因此，李良撰写了名为《天文普及与精神文明建设》的论文，并于 1990 年 8 月在北京科技编辑记者协会会议上宣读。

1993—1994 年，图书市场上又出现了诸如《1999——巨大灾难降临人类》《天祸——诺查丹玛斯在 400 年前的预言》等书。李良经调查后发现，这些图书印刷数量非常大，影响面甚广，不加批评地宣扬迷信和伪科学，不仅误导了许多不明真相的群众，特别是青少年，而且在社会上造成了十分恶劣的影响。

看到这些情况，李良认识到，作为一名天文科普工作者，有责任和义务对这些蛊惑人心的迷信理论进行批驳。在即将迈入 21 世纪之时，为帮助群众认识伪科学的本质，提高科学素养，维持社会安定，李良先后在《天文爱好者》《中国儿童报》《世界航空航天博览》《南方周末》《科幻世界》《生活科学大观》等报刊上，就上述图书中涉及的天文方面的"预言"，发表了一系列批驳"末世论"的文章，呼吁大家提升科学素养，自觉抵制伪科学和现代迷信。

当时媒体上已经有了一些类似的文章，怎样写才不至于是"炒冷饭"呢？"没有调查就没有发言权"，首先还是要做调研。多年的工作实践让李良认识到，调研也是一种学习，而且是科普创作中最重要的一部分。李良立即找来了一大堆书刊资料，经过反复琢磨，最后决定，对于"大十字"这种荒谬的"末世论"，最有力的回击就是利用合适的科学事实进行批驳。

于是，1993 年 4 月，李良发表了《提高文化素养 抵制伪科学——评毫无科学根据的〈大预言〉》一文。在文中他这样写道：

笔者注意到，五岛勉曾就上述问题访问过日本著名天文学家古在由秀（1988 年就任国际天文学联合会主席），古在由秀明确指出，"的确，这种排列十分少见，也许有人担心会发生灾难，但我看这种排列不会对地球有什么影响。当然，星体与星体相撞另当别论。我认为行星都很遥远，即使运行到不常见的位置，也不会为害地球或人类"。

几百年来，天文学家们经过观测、研究和计算得知各行星绕日运行的轨道、公转周期等。譬如水星，它离太阳最近，约 88 天绕日一周，而冥王星离太阳非常遥远，其轨道扁长，大约 248 年绕太阳公转一周。由于各行星轨道要素、公转周期的各不相同，在以往的岁月中，太阳系诸行星曾出现过多种情形或相似的排列，如五星联珠、九星联珠，或者《大预言》书中宣扬的所谓"大十字"排列，纯属客观自然现象，没什么可值得大惊小怪的。

太阳、地球、月亮、行星（及卫星）彗星和小行星等各种天体的运行，均受万有引力等定律所"支配"。太阳的引力非常之大，是支配整个太阳系天体的力量之源，其因在于太阳本身具有很大的质量，简单地说，九大行星加上行星的卫星、彗星、小行星和流星等，总质量大约占整个太阳系质量的 0.14%，太阳质量约占整个太阳系的 99.8% 之多。因此，各行星对太阳的引力是相当微弱的。《大预言》书中说众行星若从一个方向吸引太阳、可能引起地球反常气候、太阳高能粒子会比往常更多地洒向行星（包括地球）……这些说法是没有科学根据的无稽之谈。事实说明，1982 年的"九星联珠"现象（即该书中提到的"行星直列"）并未对地球产生"灾难"，这一所谓的先兆预言已不攻自破了。"洒向"行星际空间的太阳高能粒子通常是在发生太阳耀斑爆发时才会发生，作为太阳活动现象之一的太阳耀斑与太阳黑子的平均 11 年周期有一定的联系，而与九大行星排列没有任何必然联系。研究表明，太阳耀斑是太阳磁场等物质剧烈运动的一种反映，行星的任何排列与太阳耀斑的发生没有关系。[115]

反对迷信、批判伪科学，是每一位科普工作者义不容辞的责任，李良在做了充分调查的基础上，摆事实、讲道理，用一个个真实的科学事实、实际的观测现象、精确的计算数据，对《大预言》中的伪科学及现代迷信做了强有力的回击。

1994 年第 6 期的《天文爱好者》上刊登了评选"读者喜爱的文章和栏目"的活动，1995 年第 3 期刊登了评选结果，《提高文化素养 抵制伪科学——评毫无科学根据的〈大预言〉》一文获得了"读者喜爱的文章二等奖"，李良主要负责的"爱好者之页"专栏也被读者评选为"读者喜爱的栏目"[116]。

1996—2000 年，李良又相继发表了《宇宙：佛学与科学的认知》《地球在宇宙中》《观太阳火球》《黑龙江畔观日食》《"探路者"号登陆火星》《星空：有趣的探索（1）——写给初学天文的朋友们》《星空：有趣的探索（2）》等十几篇科普文章。这些文章的内容，为他日后撰写科普著作奠定了基础，提供了思路。

（五）天文科普之路长青

1996 年之前，李良主要用笔写稿子，有时一着急，字就会写得"龙飞凤舞"，不太容易辨认，有一次，与他在一起工作的卞德培诚恳地劝说他写慢一点儿，字迹工整不容易出错，还建议他早些使用电脑来写作，可大大提高工作效率。不久后，李良听从了卞德培的意见，买了一台电脑，一下子就尝到了现代化工具的甜头。

那个时代，没有足够的机会接受系统的、专业的培养和训练，但李良将一句话经常挂在嘴边儿：勤能补拙。当然，他也确实是这么做的。李良的科普著作与文章，很少出错。扎实的写作功底，离不开勤奋的阅读，李良的阅读量是一般人难以想象的，他总说，头脑中的知识要不断更新，就必须拼命读书积累，否则就会有落后于时代的"江郎才尽"的危机感。

李良曾在十几年的时间里藏了数千册图书，收集整理的各种科普资料达数百万字，还有大量储存在电脑里的各种科普资料，包括许多古代的、现代的天文图片资料。随着阅读量和各种资料的逐渐累积，写作经验日渐丰富，他的眼界也开始变得更加开阔，创作思路不再局限于日地空间，而是慢慢地向宇宙学延伸，开始将天文学家对宇宙探索的新发现介绍给读者。阅读他的著作中关于宇宙学的内容，就能很清楚地发现，时隔两年就会有新的发现加入作品中。

大量的阅读与丰富的资料积累，成为李良创作天文科普图书与科普文章的重要源泉。为了更好地向公众科普天文知识，李良还积极参与到其他科普工作中。他曾多次应邀在大中小学、北京市科学技术协会，以及电台、电视台等处开展科普讲座，帮助广大青少年提高科学素养，帮助社区群众了解现代科学技术的发展，以激励广大群众特别是青少年，立志为祖国的科学事业做贡献，为实现人类的可持续发展创造条件，为实现中华民族的伟大复兴而努力奋斗。

退休之后，李良应邀参加了中国科学院老科学家科普演讲团和中国科普作家演讲团，通过演讲的方式继续他的天文科普工作。除了在北京及周边地区演讲，他还曾奔赴全国各地老少边穷等地方，在一些机关或社区，还有大、中、小学校等，总计做了 200 多场科普报告。李良认为给学生们做天文科普是很愉快的，因为他们的好奇心很强，求知欲旺盛，理解能力也比较强。

四十多年来，无论是撰写天文科普图书、科普文章，还是做讲座、开展其他形式的天文科普活动，李良都十分注重介绍科学发现的历程，从历史的角度去看古今中外天文学的发展变化。李良希望读者了解的不仅是科学知识本身，还有科学精神和科学方法。他希望读者，特别是青年读者，能够尽早步入科学的殿堂，在获取知识的同时也可以体会到科学方法和态度的重要性。

六、一生"追星"——卞毓麟的天文科普图书

我一直认为，任何科学工作者都理应在普及科学的园地上洒下自己辛苦的汗水。你越是专家，就越应该有这样一种强烈的意识：与更多的人分享自己掌握的知识，让更多的人变得更有力量。我渴望在我们国家出现更多的优秀科普读物，我也希望尽自己的一份心力，为此增添块砖片瓦。[117]3

这是卞毓麟的肺腑之言。他是这样说的，也是这样做的。

卞毓麟（图 3-24）是我国著名天文学家、科普作家、科技出版专家，生于1943 年，1965 年毕业于南京大学天文学系，在中国科学院北京天文台从事科研工作三十余年后，于 1998 年赴上海科技教育出版社从事科技出版工作[118]。四十多年来，卞毓麟创作和翻译了《星星离我们有多远》《梦天集》《追星——关于天文、历史、艺术与宗教的传奇》《洞察宇宙的眼睛——望远镜的历史》等图书三十余种，撰写科普文章 700 余篇，作品多次荣获国家级和省部级奖项。

卞毓麟的科普作品，不仅入选了语文阅读推荐丛书，深受青少年朋友的喜爱，而且得到了天文科学界众多资深天文学家和科普工作者的认可。2015 年，年

图 3-24　卞毓麟

注：图由卞毓麟提供

近九旬的叶叔华院士送给卞毓麟 16 个字：普及天文，不辞辛劳；年方古稀，再接再厉！

（一）《星星离我们有多远》

在很久很久以前，人们无疑发现"天"是很远的。因为，无论你站在地上、爬到树上，还是攀至山巅，天穹总是显得那么高，日月星辰始终是那么远。有什么办法知道星星的距离呢？[119]16

这是卞毓麟的天文科普图书《星星离我们有多远》正文开篇的第一段话，正文之前的序曲引用了郭沫若写的《天上的市街》，到正式开篇时则通过以上这段文字引发人们思考如何知道星星的距离，自然而然的过渡和顺理成章的启发，从一开始就深深吸引了读者的注意力。在这样的文字的引领下，人类量天之旅的画卷在读者面前缓缓铺展开来。

这本书的创作始于 1977 年初，当时，卞毓麟应《科学实验》杂志的编辑之约，撰写了一篇 2 万多字的天文科普长文，名为《星星离我们多远》，分 6 期连载。作品发表的年份比较特殊，当时，众多知识分子正在一片废墟上等待着科学的春天的到来。

由于这篇科普长文兼具科学性和趣味性，一经刊出便立即引起了公众极其热烈的反响。后来，我国著名天文学家李元（图 3-25）等对这篇文章给予了高度认可，并鼓励和建议卞毓麟在这篇文章的基础上对内容进行增订，形成图书。1980年 12 月，《星星离我们多远》一书由科学普及出版社出版。图书问世后的几十年间，历经数次修订和再版。每次修订，卞毓麟都会将最新的天文学发现和进展加入其中，使图书在保留经典构架和内容的基础上始终与时俱进。

图 3-25　2001 年卞毓麟（右）与李元（左）合影
注：图由李元之女李星玉提供，摄影为张苏

　　2009 年，这本书被纳入"少儿科普名人名著书系"，卞毓麟给书名中加了一个"有"字，使其读起来更为顺口，新书名为《星星离我们有多远》。又过了 7 年，这本书被列为教育部统编版初中《语文》教材自主阅读推荐图书，卞毓麟再次对图书进行修订，并增加了一些高质量的插图。到了 2020 年，最新修订版的《星星离我们有多远》作为译林出版社的"经典译林"丛书之一与读者见面，拥有第一版图书的读者听闻消息后，也忍不住赞叹此书的生命力之长久。

　　1980 年至 2020 年，40 年的时间见证了一本优质原创天文科普图书走过的历程，该书也在一代又一代青少年心中种下了一颗"仰望夜空、奔向星辰大海"的梦想的种子。作为自然科学中最古老的学科之一，天文学一直因奥妙无穷而令人神往。从古代观察天象到现代天文学测距，人类在仰望星空的过程中，逐渐将目光投向百亿光年外的宇宙深处。然而，星光遥远，天文学家如何根据有限的信息，测量出近至月球远至类星体的天体距离呢？《星星离我们有多远》这本书对我们人类这些自然的、朴素的思考和问题循序渐进地做出了最好的解答。

这本书以我们所在的地球为基点，从两千多年前古埃及天文学家测量地球大小开始讲起，进而将目光延伸至离我们最近的星球——月球，雷达测月和激光测月技术的出现，为人类提供了精确度极高的地月距离数据，使我们确切地知道了月亮离我们有多远。随后，又将目标转向太阳以及其他恒星，进而通向遥远恒星的第一级阶梯、第二级阶梯，直到 2011 年三位天文学家利用 Ia 超新星获知宇宙加速膨胀……人类量天的尺度和界限一层层突破，读者的眼界也随之得到拓展。

2400 多年的天文学发展历程，在卞毓麟笔下被融入一个个生动有趣的故事之中，为我们打造出一幅画面感极强的人类测天史长卷。沿着历代天文学家巧铸各种量天尺测天这条主线，重大天文事件、科学原理、天文思维、历史知识等内容，全都巧妙地结合到了历史人物与背景中。优美流畅的文笔、深入浅出的讲述方式，再加上丰富的图表示意，使原本有一定深度和难度的天文学内容变得鲜活有趣、平易近人。

除了介绍天文学知识，《星星离我们有多远》还非常注重开发读者的科学思维，将天文学当中尚存在的谜题展现在读者眼前，在系统性地介绍了天文学思维和原理之后，给读者留下充分的思考空间。丰富的科学性、启迪性和趣味性，也让这本书获奖无数，如第二届全国优秀科普作品奖二等奖等。

这本书还蕴含了老一辈学者追寻科学之路的感悟，为青少年带来启发。从诗意的文学想象到严谨的科学探测，如同科普作家刘金沂所说"知识筑成了通向遥远距离的阶梯"。《星星离我们有多远》在娓娓道来的故事中为我们筑成了通向遥远星星的阶梯、通向天文学的阶梯。

上海天文台邵正义研究员这样评论这本书：

> 这岂止是一本介绍测距方法的书，分明也是一部天文学简史。沿着星星有多远这个问题的主线，古今中外，天文学发展中的成功与失败，各种典故、轶事、假想、实证，都信手拈来，徐徐展开，又串成一组完整的故事集。历史长河里的各色天文学家纷至沓来，他们的喜怒哀乐，跃然纸上。他们主演的剧情，跌宕起伏、峰回路转，在作者笔下却也是娓娓道来、波澜不惊。我也仿佛变回好奇的少年，被再次引入一个探索的历程，领略了科学的胜境。[6]178

（二）《追星——关于天文、历史、艺术与宗教的传奇》

> 追星是一种时尚。人们喜欢把优秀的歌手称为"歌星"，把杰出的球员称为"球星"，把当红的电影演员称为"电影明星"，而这些"星"的崇拜者就构成了"追星一族"。为什么是"星"，而不是别的什么——比如说"花"呢？为什么不称呼他们和她们为"歌花""球花"和"影花"呢？难道"星"比"花"更可爱，也更招人喜欢吗？[119] i

这一连串的问句，来自卞毓麟著作《追星——关于天文、历史、艺术与宗教的传奇》（以下简称《追星》，图 3-26）的开篇。在这本书写作之初，卞毓麟便将读者范围的设定延伸到了更广阔的群体。以往传统的天文科普图书，常常将读者对象设定为天文爱好者，或是喜爱科学的青少年群体。《追星》这本书，不仅写给天文爱好者，更写给广大公众，读者不需要对科学很熟悉，甚至对科学没有浓厚的兴趣也没关系。因为在这本书里，科学的内容与大众文化的方方面面关联在一起，读者可以很容易地从中找到自己与科学的连接。

图 3-26　卞毓麟著作《追星》封面

卞毓麟说："我过去写科普作品有一个潜意识：我的读者是天文学爱好者，特别想了解天文，专挑天文书来买，我就把这个领域的最新进展等内容深入浅出地告诉他们。"[6]149 但在创作《追星》这本书时，卞毓麟的理念发生了变化，"它仿佛是为浩瀚的书林增添一道别致的景观，希望游人碰巧看它一眼时，会产生一种'嗨，还真有趣'的感觉。这本书，是为一般社会公众写的，是为乐意看《新民晚报》《南方周末》等的所有读者写的"[6]149。

要让公众产生"真有趣"的感觉，无疑对图书的内容与文字都提出了比较高的要求，也让图书从注重科学知识普及的科普书，变成了能多维度调动读者好奇心与兴趣点的科学文化作品。科学与多元文化融合而成的作品，让图书与读者之间、科学与读者之间，不再距离遥远，不再让科学显得高深而神秘。读者在书中看到的是科学就在自己身边，科学与历史、人文、绘画等各种其他载体，共同打造出了我们周围的这个文化世界。

《追星》一书本着这样的初衷，使科学内容在其他文化元素的加持下变得更加丰富多彩。图书正文从最令上古先民感到惊骇的"天空中出现一把闪闪发光的大扫帚"开始切入，用"不速之客天外来"的标题充分调动读者的注意力，讲述与彗星有关的历史故事与科学内容。最为有趣的是其中各种巧妙的关联。从 14 世纪意大利著名画家乔托（Giotto）精确地描绘出哈雷彗星的形象，到 20 世纪欧洲空间局发射的"乔托号"飞船拍摄哈雷彗核图像，彗星的科学知识自然而然地融入将近 700 年的时间长河中，并与历史和艺术等多种元素交织在一起。

《追星》一书将人类数千年对宇宙的探索和思考与整个社会背景融为一体，使读者全方位多角度地领略科学之美。从传承古人智慧的星座文化体系，到近代天文学曙光的到来；从人类的一次偶然发现，到注视宇宙的"巨眼"——望远镜的发明；从天王星的发现，到人类对太阳系边界的探索；从人类最初想要挣脱大地的束缚飞出地球，到月球和火星探测器的发射。时间在这本书中不再是单一方向的线，而是串联起各种美妙元素的一张网，天文学的内容在这张网上与错综多元的人类社会交织出许多闪闪的光点，使读者在阅读间仿佛置身繁星点缀的夜空之下，于每个光点间看见各种有趣的交织。

正如卞毓麟引用林语堂所说，"最好的建筑是这样的：我们居住其中，却感觉不到自然在哪里终了，艺术在哪里开始"[119]301，卞毓麟希望自己写出的科普作品和科学人文读物，也能令人感觉不到科学在哪里终了，人文从哪里开始。毫无疑问，这样的境界，《追星》一书达到了。

一直以来，人类都在努力扩展自身的生存空间，继月球探索之后，火星成为人类科学探索的又一个新大陆。如今的火星探索取得了怎样的进展？未来建造火星基地又有怎样的问题尚待解决？这些新潮问题涉及的内容，也出现在《追星》之中。这本书的最后章节，专门介绍了人类对未来家园的憧憬。伴随着"追星协奏曲"到达尾声，这本书产生的回响依然让读者意犹未尽。

《追星》所体现的科学与文化大交融，深受读者喜爱，也为它带来了许多重量级荣誉。这本书出版后，荣获国家科学技术进步奖二等奖、第五届中华优秀出版物奖、第四届国家图书馆文津图书奖、第四届吴大猷科学普及著作奖等多个奖项。荣誉不能代表作品的全部，却能体现出专业科学工作者与广大普通读者对这本书的认可和喜爱。

（三）卞毓麟的梦天之路

> 我是一个科学工作者。我一直认为，科学工作者既要做好科研工作，又要做好科学普及工作，这两者都是人民的需要，都是很重要的工作。党中央发出了"提高整个中华民族的科学文化水平"的号召，科普工作就有着更重要的意义。我们科学工作者，应该拿起笔来，勤奋写作，共同努力，使我们中华民族以一个高度科学文化水平的民族出现在世界上。[120]ii

这是戴文赛在病危之际为《戴文赛科普创作选集》前言写下的一段话，也是卞毓麟曾多次提及的一段话。卞毓麟说："我非常赞成戴文赛先生的上述那一番话，我认为，它正是 5 个世纪以前提出'知识就是力量'的培根的另一段至理名言在今日的回响：'知识的力量不仅取决于其本身的价值大小，更取决于它是否被传播以及被传播的深度和广度。'"[120]16-17

卞毓麟从小便梦想成为一名天文学家，他给自己起了个笔名——梦天。"中国科普佳作精选"系列之一《梦天集》便是卞毓麟以此为名撰写的著作。该书通过"星星离我们多远""大众天文""科文交融"三个篇章，引领读者开启了一段由科学与文化共同谱写的美妙旅程。"大众天文"篇章收入了各种不同风格和深度的天文科普文章 20 篇；"科文交融"篇章则展示了 9 篇科学文化类短文，内容大多与天文有关，融入了有趣的天文史实，把天文学的精华注入大文化的框架中，实现了科学与其他文化元素的完美结合。

卞毓麟是如何写出一部部高质量的优秀科普著作的呢？这要从卞毓麟的梦天之路开始说起。早在上小学之前，父母就给他买了很多书。卞毓麟回忆说，他还记得当年读过的"幼童文库"中有一本书说到地球绕着太阳转、月亮绕着地球转等。正是那些配着彩色图画的小书，为卞毓麟提供了最初的天文学启蒙。

到了读初中的时候，正值全国上下科学气氛浓厚之际，卞毓麟便有机会读到了很多天文读物，书中通俗易懂的内容常常令他着迷，从此，他对天文学产生了浓厚的兴趣。也正是从那个时候起，他开始学习认星。

高考填报志愿时，卞毓麟经过综合考虑，选择了南京大学天文系，后来分专业时被分到了天体物理专业。那时，南京大学天文系的系主任是戴文赛教授，他待人和善，深受全系师生的尊敬与喜爱。在做好自身学术研究的同时，戴文赛笔耕不辍，撰写了许多科普文章和科普图书，为我国天文科普事业做出了重大贡献，这在一定程度上也对卞毓麟产生了潜在的影响。

1965年卞毓麟大学毕业后，成为北京天文台的一名专业天文工作者。在日常从事天文学学术研究的同时，他也开始尝试创作和翻译科普作品。在这个过程中，卞毓麟开始学习怎样把听上去比较高深的概念和内容化难为易，怎样把问题讲清楚、讲透彻。

加入天文工作队伍的第11个年头，卞毓麟迎来了他的"科普创作元年"，因为南京大学天文系同班同学的约稿，最终促成了科普佳作《星星离我们有多远》的诞生。这本书使卞毓麟跨出了自己在科普创作上凝聚着辛劳甘苦的第一步[120]，天文学界前辈如张钰哲、李珩等都非常赞赏这部作品，这也使卞毓麟备受鼓舞，坚定了自己从事科普创作的信心。从此之后，他又陆续撰写、翻译了多部科普作品，也开始在报刊上发表一些天文主题的科学小品。

1983年，13家晚报社联合举办征文活动，题为"全国晚报科学小品征文"，规定字数在千字之内。卞毓麟撰写了一篇名为《月亮——地球的妻子？姐妹？还是女儿？》的文章，作品刊载次年便获得了征文活动"佳作小品"奖。1988年，这篇文章被收录到人民教育出版社的全国统编版教材初中课本《语文》第六册中，与全国众多青少年读者见面[6]。

这篇文章关注的天体是月球，自古时起，人类就一直对月亮有一种难以言表的眷恋之情。它是怎样形成的？这也是令很多人感到好奇的问题。卞毓麟在文中以"妻子""姐妹""女儿"来比拟月球和地球的关系，把天文学家解释月球形成的三种学说以极其接地气的方式呈现给读者：

　　一种学说认为，月球绕太阳运行的过程当中曾一度接近地球，于是被地球的引力所俘获，"倘若情况果真如此，那么，将地球与月球比作邂逅相遇遂成天作之合的夫妻，岂不是再妙不过了吗？"第二种学说认为，月球形成得比地球要晚，是由地球周围残余的物质聚集而成，"如此看来，月亮岂不就是地球的姐妹？"第三种学说认为，月球和地球原本是一体的，是由高温熔融的地球上飞出的物质形成，"你看，月球岂不又成了地球的女儿？"[120]32-33

　　形象的比喻与轻松的文风，让这篇文章刊出之后备受读者喜爱。20 世纪 80 年代初，卞毓麟还尝试撰写了多种多样的此类文章，他自我调侃说，自己就像是科普界的"散兵游勇"，尚未形成科普创作的具体规划。

　　作为资深阿西莫夫迷，卞毓麟在这一时期撰写了一系列介绍阿西莫夫作品的文章，并对阿西莫夫的著作进行了翻译，出版了《洞察宇宙的眼睛——望远镜的历史》（图 3-27）、《二十世纪的发现》等译作。将原本就很有限的业余时间用来翻译阿西莫夫的作品，能进行原创写作的时间自然就少了，但卞毓麟并不为此感到可惜。他说："假如别人比我写得更好的话，我为什么不尽力多介绍一些别人的佳作呢？"[120]68

图 3-27　卞毓麟译作《洞察宇宙的眼睛——望远镜的历史》封面

卞毓麟于 1988—1990 年赴英国爱丁堡皇家天文台，在那里做访问学者，1988 年 8 月赴美国参加国际天文学联合会大会之后顺访纽约，专程拜访了自己的偶像——美国科普与科幻作家阿西莫夫。阿西莫夫的中译本数量位居所有外国作家之首，卞毓麟曾用 40 个字概括阿西莫夫科普作品的特色：背景广阔，主线鲜明；布局得体，结构严整；推理缜密，叙述生动；史料详尽，立足前沿；新意迭出，深蕴哲理[120]。

卞毓麟研究阿西莫夫的科普作品，翻译阿西莫夫的科普图书，主要是被其作品深深吸引，但他并未从中刻意寻找阿西莫夫的写作技巧。相比为技巧而技巧，他所在意的，是功到自然成的领悟。尽力为中国读者介绍阿西莫夫的佳作，背后也寄托着卞毓麟更高的期望，他希望中国能够涌现出一批像阿西莫夫那样优秀的科学作家，也希望中国能培养出一代超越阿西莫夫的科学与文化的传播者。

卞毓麟在北京天文台从事天文学研究和科普创作至 1998 年 3 月，随后，他改行投身出版界，赴上海科技教育出版社从事出版工作。渊博的专业知识、深厚的外语功底、对科技发展现状的熟悉，使得卞毓麟的优势在那里得到了很好的体现。短短两三年时间，卞毓麟与潘涛联手策划的"哲人石丛书"便在我国图书市场上迅速走红，成为影响力非常大的科普品牌，打造出了许多时代感强、感染力深厚的科普精品。

全力以赴做编辑之后，能够全心写作或者翻译科普作品的时间都变得十分有限。但卞毓麟说，丢了基本功是很危险的，要做一个好编辑，就要有意识地经常练练笔。因此，除了编辑其他人翻译的科普著作，卞毓麟也一直坚持写作，时不时推出新作。

2021 年 6 月，卞毓麟的科普著作《追星传奇》（图 3-28）出版，该书继承了《追星》一书的体例和风格，以《追星》一书的内容为基础改写为新书的三个章节，并重新撰写了三个新章节的内容，从极简的宇宙景观出发，以我国郭守敬望远镜、"悟空"卫星、"慧眼"卫星以及"嫦娥"探月、"天问"探火、南极冰穹的建设与研究等最新进展作为最后篇章，从不同角度全方位地阐释了天文学与历史文化和艺术交融而成的体系，与时俱进地展示了我国最新的天文与航天进展。

图 3-28　卞毓麟著作《追星传奇》封面

（四）卞毓麟科普作品的特点

日复一日，年复一年，卞毓麟四十多年来不断研究、学习、撰写、翻译、编辑，为我国的天文科普图书事业做出了卓越贡献。自 1977 年至今，卞毓麟著译的科普图书达 30 多种，主编和参编的科普图书则有百余种，发表科普文章 700 余篇。这些丰硕的成果，源于卞毓麟长年的积累以及对科普事业的热爱和奉献。但比数字更突出的，是卞毓麟创作科普作品的特点。

1. 科学严谨，精益求精

上海天文台邵正义研究员曾经讲过这样一件"小事"：有一天，卞老师突然到他的办公室求助，说是《星星离我们有多远》一书要再版，时隔多年，书中提及的一些河外天体的距离可能有新的测量值。因为离开了天文研究一线，怕拿捏不准，特去询问最新的参考资料。邵正义形容说，卞老师那时脸上除了真诚，还有一丝焦虑，像是一个学生在研究中发现了问题，急忙跑去讨教的样子。星系距离这种数据，最多有两位有效数字，各种测量之间的差异也很大，就算是有所改动，也在误差范围内。即便在图书中修正，卞老师大可打个电话，何至于大病初愈便亲自跑一趟去询问呢？原来，从最开始做科研到后来做科普，数十年来，卞老师的作风始终未曾改变，他一直都是那么严谨、踏实，即便是书中一个小小的数字，也要认认真真地确保严谨。邵正义后来查找文献，将数据发给了卞老师。卞老师说，信息很管用，若有疑难，再进一步求教。[6]

卞毓麟在进行科普作品创作的过程中，真心请教过的科学家远不止邵正义研究员一人。2021 年新作《追星传奇》出版后，卞毓麟给年轻人赠书时都会说上一句"一旦发现不当或差错，务请随即告知"，并连说三声"谢谢"，这些既严肃认真又平易近人的言语，令人印象深刻。

书中写到的数据信息，读者并不一定都会仔细去看，卞毓麟却一定要仔细查证。严谨的治学精神，为卞毓麟的科普作品提供了过硬的质量保证。这样一来，卞毓麟撰写的科普作品自然非常可靠，读者可以放心地阅读。

2. 多线穿插，多元交融

阅读卞毓麟科普作品的读者，都会惊叹于他能将各种历史典故、文学知识、文化艺术的内容与天文知识完美地结合在一起的才能，使人在阅读间不单单是了解天文学，更像是阅读了一本大文化的百科书。

例如，《追星》一书在介绍行星时，一边介绍苏美尔人发现天空中有七个天体夜复一夜地相对于群星改变着自己的位置，一边讲古代中国的"五星"加上太阳和月亮组成"七曜"。西方与行星有关的神话故事和古代中国将五行赋予五颗行星，都自然而然地同步展开。到最后，在讲到"星期"的来历时，并不熟知"星期"与"行星"彼此关系的读者，在阅读间都会忍不住感叹一句"原来如此"！

《追星》一书是卞毓麟有意将这种大融合发挥到极致的代表作，但事实上，无论是一篇短小的科普文章还是一本科普著作，卞毓麟在撰写时，一直都很注重双线甚至多线穿插的描写形式。整个人类的历史也正是多种长线交织而成的，没有哪个学科的发展是独立于社会体系之外的。历史是由人类文明书写而成的画卷，而科学就处于历史文化的长河中。基础学科和其他自然学科相辅相成，多种元素共同编织在一起，历经一代代人的协作，最终打造出了科学的大发展、大繁荣。卞毓麟正是认识到了人类社会是由多种元素交融形成的大网，才能在科普作品中描绘这张网时始终灵活自如。

曾有记者采访卞毓麟，问他如何将天文、历史、艺术、宗教这么多东西捏到了一块儿。卞毓麟说："并不是我把它们捏到一块或者弄到一起，而是它们本来就是一个整体，我只是努力地反映事情的本来面貌而已。"[6]274

3. 巧用修辞，建立连接

"形象的描绘，美妙的比喻，幽默的隽语，奇特的联想，往往都可以产生神奇的魅力。"[6]304 著名作家秦牧为《科技夜话》一书作序时写下的这句话，贴切地道出了科普作品理应追求的方向。

善用各种修辞手法，对于科普作品来说，能大大拉近与读者之间的距离。然而，越是通俗的表达，越需要深刻的理解。在科普文章《月亮——地球的妻子？姐妹？还是女儿？》一文中，卞毓麟以人与人之间的关系来比拟月球与地球的关系，让读者倍感形象生动。但如果不是事先对月球形成学说有了比较深刻的理解，恐怕根本写不出这样形象的语句。

在《追星》一书中，卞毓麟这样写道：

> "追星族"从来不会满足于只是远远地朝明星们看上一眼。他们总想走到明星跟前，同他（她）说话，向他（她）致意。其实，科学家们又何尝不是如此呢？他们想让人类亲自到其他星球上去考察，就像踏上一块遥远的新大陆。1969 年，人类终于成功地登上了月球。如今，人类的一些机器人使者正在火星大地上勤勉地工作着……本书的第五篇，讲的就是人类'追星'如何从地球故乡一直追到了火星上的旷野。[119]小引2

年轻的读者看到这样的句子，与当下时兴的"追星"娱乐文化一对比，也会忍不住会心一笑。这种时髦的写法，既比较有趣，又与读者之间快速建立了连接，为读者接下来的顺畅阅读铺平了道路。

4. 以人为本，与时俱进

卞毓麟的科普作品，科学与文化美妙交融，平实的文风中又常见趣味与幽默，各种丰富的天文知识迭代在人类历史文化的大背景下，熠熠生光。为什么科学的内容能够被写得如此生动有趣呢？

科学的故事，归根到底是人的故事。在卞毓麟的科普作品中，无论是科学家还是与科学相关的其他行业的工作者，都鲜活而立体。各种人物有着各不相同的过去，在历史大环境中成长，都为人类科学的发展发挥了或重或轻的作用。

时代的故事，归根到底也是人的故事。无论是最新的大型天文设备还是月球探测甚至火星探测，科学发展不断带来的技术革新和理论进展，都推动了整个社会和时代的进步。卞毓麟的科普作品，总能将这些最新的内容纳入其中，让读者看到在现代人的不懈努力下打造出的科技腾飞，让科学梦想的种子和信念更好地生长。正如卞毓麟自己所说："科普图书不仅要介绍已定型的科学基本知识，而且要及时反映科学的最新进展……天文学和航天技术领域的新成就层出不穷，书中必须择其精要及时反映。"[6]278

在《〈追星〉的创作理念与实践》一文中，卞毓麟曾提到阿西莫夫的"镶嵌玻璃和平板玻璃"理论：

> 有的作品就像你在有色玻璃橱窗里见到的镶嵌玻璃。这种玻璃橱窗很美丽，在光照下色彩斑斓，你却无法看透它们。同样，有的诗作很美丽，很容易打动人，但是如果你真想要弄明白的话，这类作品可能很晦涩，很难懂。

> 至于平板玻璃，它本身并不美丽。理想的平板玻璃，根本看不见它，却可以透过它看见外面发生的事。这相当于直白朴素、不加修饰的作品。

> 理想的状况是，阅读这种作品甚至不觉得是在阅读，理念和事件似乎只是从作者的心头流淌到读者的心田，中间全无遮拦。写诗一般的作品非常难，要写得很清楚也一样艰难。事实上，也许写得明晰比写得华美更加困难。[6]276-277

卞毓麟的众多科普作品，就像阿西莫夫所说的平板玻璃般平实，却又闪耀着镶嵌玻璃的美丽光芒。

第四章

中国天文科普图书史小结与启示

第一节　中国天文科普图书史小结

纵览近 160 年以来中国天文科普图书的发展历程，结合数据统计分析的结果，可以大致归纳出以下几点。

1. 天文科普图书种类的极大丰富离不开社会环境的变化

中国天文科普图书的种类，从早期不加选择地输入，到民国时期有限学习英、美、日、法，到中华人民共和国成立后的全盘苏化，再到今天的"百花齐放"，已经变得非常丰富。这一巨大的变化，主要依托于社会环境的变化。作译者、图书编辑以及出版社，随着社会环境变化，也相应地开阔了视野，水平得到了提升。

2. 天文科普图书的创作群体今非昔比

国内的天文科普图书创作群体，从最初的来华传教士、转型的传统儒生，到早期的留学生，再到自己培养的天文学人才，已经彻底摆脱了依赖国外作品"输血"的尴尬局面，如今的创作群体已经能够针对本国公众的需求创作科普作品。

此外，越来越多的科研人员和创作者陆续参与到天文科普图书领域中，发行量超过 10 万册的畅销书开始频频出现。我们有理由相信，在不远的将来，随着我国天文研究水平的不断提高与研究队伍的逐步壮大，会有更多高质量的天文科普作品出现在公众面前。

3. 天文科普图书的读者群体日渐壮大

在一百多年的历史进程中，读者群体发生了巨大的变化。天文科普图书的受众，从早期的高级知识分子和受过良好教育的中产阶层[121]，到如今逐渐扩展到广大普通民众，越来越多的公众有机会接触到天文科普图书，了解天文知识。这些可喜的变化，得益于稳定的政治局面下人才的持续积累和教育的长期投入。

4. 传递科学精神、弘扬科学家精神，逐渐融入天文科普图书的内核之中

早期天文科普图书注重普及天文知识，破除封建迷信；如今的天文科普图书越来越注重对科学探索精神与好奇心的启迪，尤其是专门面向青少年的天文图书。天文学研究方法、天文学思想等内容逐渐加入图书中，图书内核在传递天文知识的基础上有了更深层次的提高。

5. 新兴传播媒介为天文科普图书带来机遇和挑战

20世纪60年代互联网诞生，90年代中期互联网引入中国。如今，新兴互联网传播渠道的网络化科普传媒日渐繁盛，给科普图书带来了许多新的机遇和挑战。天文科普图书的形式，开始由传统朝着更加多元的方向发展。互动立体书和翻翻书使读者看到的文字与画面不再拘泥于二维平面；扫码听书、扫码看虚拟现实（VR）影像等形式，可以充分调动读者的多维感官，让大家能够听见图书中的声音，看见图书中的画面。

6. 国家科技投入与航空航天事业的成就促进21世纪天文科普创作的发展

自2000年起，我国天文科普创作进入又一个全新的阶段，呈现出前所未有的繁荣局面，每年出版的天文科普图书品类都超过100种。在我国持续加大科技研发投入、实现产业升级的大环境下，航空航天技术快速发展，科学大项目捷报频传，天文科普创作也迎来了一个黄金时期。

7. 公众科学素养提升对未来的天文科普图书创作提出更高要求

天文科普图书的社会影响力，不仅取决于印量、重印再版次数，还取决于受众对天文科普的关注度和接受程度。天文知识不一定是所有人都感兴趣的，但天文现象尤其是特殊天象，却是所有人都喜闻乐见的。近年来，特殊天象直播活动越来越多地进入公众视野，极大地调动了公众对天文内容的关注。在公众通过多种形式接触天象、了解天文、提升科学素养的过程中，新的、优质的天文科普图书成为必然需求。

第二节　未来天文科普图书的发展方向探讨

21 世纪，随着互联网日益普及，科普宣传媒介越来越多元化，给纸质传媒产业也带来了一定的冲击和影响。根据《中国科普统计》对全国科普数据所做的统计，2014—2018 年这五年间的科普图书出版情况如下。

2014 年，全国共出版科普图书 8507 种，比 2013 年增长 1.00%；出版总册数 0.62 亿册，比 2013 年减少 30.47%。科普图书占 2014 年全国各类图书总册数的 0.76%[122]。

2015 年，全国共出版科普图书 16 600 种，比 2014 年增长 95.13%；出版总册数 1.34 亿册，比 2014 年增加 116.85%。科普图书占 2015 年全国各类图书总册数的 1.54%[123]。

2016 年，全国共出版科普图书 11 937 种，比 2015 年减少 28.09%；出版总册数 1.35 亿册，比 2015 年增加 0.97%。科普图书占 2016 年全国各类图书总册数的 2.39%[124]。

2017 年，全国共出版科普图书 14 059 种，比 2016 年增加 17.78%；出版总册数 1.12 亿册，比 2016 年减少 17.05%。科普图书占 2017 年全国各类图书总册数的 1.21%[125]。

2018 年，全国共出版科普图书 11 120 种，比 2017 年减少 20.90%；出版总册数 8606.60 万册，比 2017 年减少 23.07%。科普图书占 2018 年全国各类图书总册数的 0.86%[126]。

相比科普图书，以互联网为传播渠道的网络化科普传媒发展非常迅猛，微博、微信、微视频以及一些短视频直播平台等新媒体也开始在科学传播工作中发挥日益明显的作用。全国科普网站数量不断增加，科普类微博数量、科普类微信公众号与文章数量也都在逐年显著增长。每逢日食、流星雨等特殊天象发生时，主流媒体或个人开展的直播活动也变得广受欢迎。在这样的趋势下，未来天文科普图书发展面临着一些新的挑战。

科普图书的发展虽然受到新兴科学传播方式的冲击，但以互联网为渠道的网络化科普传媒，短期内并不会替代纸质科普图书。新形式的互联网渠道，在一定程度上也能拉动科普图书的宣传推广，在图书中加二维码可以扫码看视频、看 VR 等多媒体辅助形式，使科普图书相比传统图文形式变得更为丰富多彩，因而成为如今一些出版社和编辑喜闻乐见的立体化呈现形式。

形式固然重要，但科普图书的重要内核依然是内容。以 2015 年的科普图书数据为例，图书种类虽高达 16 600 种，比 2014 年增长近一倍，但其中不少图书的质量都还有很大的提升空间，为数不少的图书，其内容完全是东拼西凑而成，错漏百出，自相矛盾。在翻译引进的科普图书方面，由于一些出版社过度追求出版速度、出版数量、对译者设置的门槛过低等，翻译版图书质量欠佳甚至质量极差的情况时有发生。对于读者来说，在有些专业词汇不多的文学作品中，如果读到生硬的译文，也可能大致猜出作者的原意；但对于科普图书来说，译错书中一个关键的专业术语，就可能谬以千里，严重误导不具备充足鉴别能力的读者。因而，严把内容质量关，任何时候都非常重要。

在众多科普图书中，天文科普图书所占的比例远远小于动植物等其他自然科学类科普图书。此外，翻译引进的天文科普图书在所有天文科普图书中所占的比例依然很高，本土原创天文科普图书在力度、广度、深度方面都还有待提升。让人感到欣慰的是，近年来这一局面逐渐有所改观，一批专业天文科普工作者开始着力打造优质的原创天文科普图书，除了介绍常规天文学概念与知识外，也将自身科普研究工作中的新发现和新创造融入其中。

除科普工作者之外，一线天文科研工作者也渐渐加入科普图书创作的队伍中，撰写科普作品，给天文科普图书领域注入新血液。对一些长期处于科学研究前沿但很少直接面对公众的科研工作者来说，如何以相对浅显的、公众易于理解的、接受的、参与的方式，向普通大众介绍天文学以及研究者自身的研究工作与进展，是需要思考和摸索的主要问题之一。新兴传播媒介的发展，打破了原有的一些阻隔，让科研工作者与公众之间的距离越来越近，这在一定程度上也有助于他们了解公众的需求，进而创作出更多更好的、通俗易懂的科普图书。

对于青少年甚至学龄前儿童来说，以宇宙、星空、航空航天探测等内容为主的科普图书，一直都有很大的吸引力，越来越多的儿童绘本开始将选题对准天文领域。天文馆、科技馆等科学场馆推出的展览展品和特种影片，让更多青少年有很多机会接触到天文，进而对其产生兴趣，并且想要阅读相关科普图书以拓展认知。近年来，这类天文科普图书数量猛增，产出很多图文并茂的天文科普图书，但存在同质化现象，品质较好的图书数量还是相对有限的。如何更好地调动青少年对天文学的兴趣，并传递他们易于理解且内容正确的天文学知识，启迪科学梦想，是作者、译者、编辑们都需要思考的问题。

21 世纪到来之后，无论是国际还是国内，重大天文成果频出。我国航空航天探测的发展也带动了大众对天文的关注，地基光学望远镜的建设、空间探测器的发射、对月球与火星的探测，都取得了突破性进展和举世瞩目的成就。如果通过科普图书将这些内容传播给大众，将会有效增加民族自豪感和自信心，在更多青少年心中埋下一颗科学的种子。

总的来说，承载着普及天文知识使命的天文科普图书，对提高全民科学素质具有重要作用[127]，天文科普图书的发展依然任重道远。科普图书本身并不仅仅是用来传播科学知识，还要倡导科学方法、传播科学思想、弘扬科学精神，最终达到全面推进全民科学素质整体水平提升的目标。

天文学作为一门以观测为主的自然科学，其研究对象大至整个宇宙，但天文学本身距离我们一点也不遥远，它与我们生活的各个方面都息息相关，与其他各学科之间也有许多微妙的联系。发掘这些联系，与公众建立更多更有效的连接，使天文学与其他学科之间相互促进、共同发展，也是未来的方向之一。

回顾过去，一代代中国天文学家和天文科普作家，用执着的精神，在艰苦的环境中谱写了中国天文科普图书的发展篇章。展望未来，后起之秀的新生代还需要砥砺奋进，在未来创作出更多更好的天文科普图书。

参 考 文 献

[1] 朱文鑫. 天文学小史[M]. 上海：上海书店出版社，2013.

[2] 陈遵妫. 中国天文学史[M]. 上海：上海人民出版社，2006.

[3] 胡中为，萧耐园. 天文学教程（上册）第二版[M]. 北京：高等教育出版社，2003.

[4] 卞毓麟. 追星传奇[M]. 上海：上海科学普及出版社，2021.

[5] 蒋廷黻. 中国近代史大纲[M]. 南京：江苏教育出版社，2006.

[6] 上海市科普作家协会. 挚爱与使命——卞毓麟科普作品评论文集[M]. 上海：上海科技教育出版社，2019.

[7] 王韬. 瓮牖余谈[M]. 湖南：岳麓书社，1988.

[8] 熊月之. 西学东渐与晚清社会（修订版）[M]. 北京：中国人民大学出版社，2011.

[9] 陈婷，吕凌峰. 革命与星命——清末乱局中的彗星[J]. 科学文化评论，2014，11（2）：78-89.

[10] 江晓原，吴燕. 紫金山天文台史[M]. 保定：河北大学出版社，2004.

[11] 林炯. 历法[M]. 上海：商务印书馆，1923.

[12] 张剑. 科学社团在近代中国的命运[M]. 济南：山东教育出版社，2005.

[13] 杨虚杰. 李元：一位科普事业家的历程[J]. 科普研究，2009，4（5）：90-96.

[14] 谢振声. 郑贞文先生与商务印书馆[J]. 编辑学刊，1989（4）：89-94.

[15] 江晓原，陈志辉. 中国天文学会往事[M]. 上海：上海交通大学出版社，2008.

[16] 金克木. 金克木集（第6卷）[M]. 北京：生活·读书·新知三联书店，2011.

[17] 陈遵妫. 畴界老牛回忆录（一）[M]//北京市政协文史资料委员会. 北京文史资料·第71辑. 北京：北京出版社，2006：1-50.

[18] 唐颖. 中国近代科技期刊与科技传播[D]. 武汉：华中师范大学硕士研究生学位论文，2006.

[19] 李元. 我国第一座天文馆的建造[M]//《中国科技史料》编委会. 中国科技史料（第二辑）. 北京：科学普及出版社，1980：88-98.

[20] 北京博物馆学会. 北京博物馆年鉴（1912—1987）[M]. 北京：北京燕山出版社，1989.

[21] 水天. 北京天文馆的历届馆长[J]. 天文爱好者，1997（5）：8-9.

[22] 郭霞. 中国天文馆的发展与探索[J]. 科普研究，2009（3）：83-88.

[23] 中国天文学会. 中国天文学在前进：中国天文学会成立六十周年纪念文集（1922—1982）. 南京：中国天文学会，1982.

[24] 沈蘅仲. 语文教学散论[M]. 上海：上海教育出版社，1983.

[25] 陈遵妫. 恒星图表[M]. 上海：商务印书馆，1937.

[26] 陈遵妫. 天文学概论[M]. 上海：商务印书馆，1939.

[27] 中国科学院院士工作局. 科学的道路（上卷）[M]. 上海：上海教育出版社，2005.

[28] 陈遵妫. 天文学[M]. 贵阳：文通书局，1943.

[29] 董光璧. 中国近现代科学技术史[M]. 长沙：湖南教育出版社，1997.

[30] 李元. 拥抱壮美宇宙：李元科普作品自选集[M]. 上海：上海科技教育出版社，2011.

[31] 陈遵妫. 悼念七十载五同老友张钰哲[J]. 天文爱好者，1986（10）：2-3.

[32] 《人物》编辑部. 人物 1982 年第 6 期总第 16 期[M]. 北京：生活·读书·新知三联书店，1982.

[33] 张钰哲. 小行星漫谈[M]. 北京：科学出版社，1977.

[34] 尉淑玲. 伴世纪以降偕哈雷而归——记著名天文学家张钰哲光辉的一生[J]. 天文爱好者，1986（9）：4-7.

[35] 张钰哲. 哈雷彗星今昔[M]. 北京：知识出版社，1982.

[36] 张钰哲. 天文学论丛[M]. 上海：国立编译馆，1934.

[37] Smith R W. Sir James Hopwood Jeans，1877—1946[J]. Journal of the British Astronomical Association，1977，88：8-17.

[38] Helsing D. James Jeans and The Mysterious Universe[J]. Physics Today，2020，73（11）：36.

[39] Steven Weinberg：the 13 best science books for the general reader[EB/OL][2023-01-01]. https://www.theguardian.com/books/2015/apr/03/steven-weinberg-13-best-science-books-general-reader.

[40] 宋立志. 名校精英 北京师范大学[M]. 呼和浩特：远方出版社，2005.

[41] 琴斯. 宇宙及其进化[M]. 张贻惠，译. 北平：震亚书局，1932.

[42] 张仲鲁. 在工商部和善后事业委员会工作的回忆[M]//中国人民政治协商会议河南省委员会文史资料委员会. 河南文史资料（第 32 辑）. 郑州：中国人民政治协商会议河南省委员会文史资料委员会，1989.

[43] 周煦良. 周煦良自述[M]//高增德，丁东. 世纪学人自述（第三卷）. 北京：北京十月文艺出版社，2000.

[44] 政协武清县委员会文史研究委员会. 武清文史资料选辑（第一辑）. 1987.

[45] 何云庵. 西南交通大学史（第 2 卷 1920—1937）[M]. 成都：西南交通大学出版社，2016.

[46] Jeans J. The Mysterious Universe[M]. Cambridge：Cambridge University Press，1931.

[47] 琴斯. 神秘的宇宙[M]. 周煦良，译. 上海：开明书店，1934.

[48] Jeans J. 神秘的宇宙[M]. 郃光谟，译. 北京：商务印书馆，1935.

[49] 侯硕之.《宇宙之大》中译本序[M]//侯仁之. 步芳集. 北京：北京出版社，1962.

[50] 金克木. 记一颗人世流星——侯硕之[M]//金克木. 人苦不自知——金克木散文. 北京：北京联合出版公司，2015.

[51] 侯馥兴. 魂牵梦绕 最是萧张[N]. 中华读书报，2015-12-02（18）.

[52] 梁寅峰. 郑州市扶轮外国语学校校志（1929—2009）[M]. 珠海：珠海出版社，2004.

[53] 中国人民政治协商会议陕西省凤翔县委员会学习文史委员会. 凤翔文史资料选辑（第21辑）[M]. 中国人民政治协商会议陕西省凤翔县委员会学习文史委员会，2006.

[54] 金克木. 译匠天缘[M]//人苦不自知——金克木散文. 北京：北京联合出版公司，2015.

[55] 刘芳彬. 刘海通传略[M]//刘芳彬. 沙河文史资料（第二辑）. 政协沙河市委员会文史资料研究委员会，1991.

[56] 李光荫. 我要批判过去争取进步[M]//华东医务生活社. 医务工作者必须进行思想改造. 上海：华东医务生活社，1952.

[57] 陈展云. 纪事六：天文工作队伍的来源[M]//陈展云. 中国近代天文事迹. 中国科学院云南天文台，1985.

[58] 韩光，张宇舟. 中国当代医学家荟萃（第三卷）[M]. 长春：吉林科学技术出版社，1989.

[59] 金涛. 书林漫步——金涛书话续编[M]. 北京：科学普及出版社，2018.

[60] Jeans J. The Stars in Their Courses[M]. Cambridge：Cambridge University Press，2009.

[61] 琴斯. 宇宙之大[M]. 侯硕之，译. 北京：开明书店，1951.

[62] Jeans J H. 闲话星空[M]. 李光荫，译. 北京：商务印书馆，1936.

[63] 秦思. 流转的星辰[M]. 金克木，译. 上海：中华书局，1941.

[64] 杨建邺. 杨振宁传（增订版 2 版）[M]. 北京：生活·读书·新知三联书店，2016.

[65] 邱崇丙. 民国时期图书出版调查[M]//叶再生. 出版史研究（第二辑）. 北京：中国书籍出版社，1994.

[66] 坚白. 天空的秘密[M]. 菏泽：冀鲁豫出版社，1946.

[67] 玛丽娜・弗拉斯卡-斯帕达，尼克・贾丁. 历史上的书籍与科学[M]. 苏贤贵，等，译. 上海：上海科技教育出版社，2006.

[68] 方厚枢. 新中国科技图书出版 60 年变迁[J]. 中国编辑，2009（5）：10-14.

[69] 李元. 张钰哲——中国天文科普事业的引路人[J]. 紫金山天文台台刊，2002（Z1）：8-12.

[70] 李元，陈祖甲. 科普生涯 50 年[J]. 科技潮，1998（6）：36-37.

[71] 李元. 我国纪念哥白尼诞生五百周年[J]. 科学通报，1973（2）：94.

[72] 哈经雄. 谈儿童科学文艺创作中的几个问题——读十年来儿童科学文艺作品扎记[J]. 华中师范大学学报（人文社会科学版），1959（1）：161-193.

[73] 尹传红. 科学情结 人文关怀——访卞毓麟[J]. 科普研究，2007（1）：71-78.

[74] 王绶琯. 评《星星离我们多远》[J]. 科普创作，1988（3）：24-25.

[75] 陈桃珍. 改革开放 30 年引进版科普图书出版研究[D]. 长沙：湖南师范大学硕士学位论文，2009.

[76] 吕韶伟. 关于我国科普图书出路的思考[D]. 长春：东北师范大学硕士学位论文，2009.

[77] 马静，黄曼丽. 改革开放以来我国图书出版业的发展与变迁[J]. 武汉大学学报（哲学社会科学版），2008，61（6）：786-790.

[78] 刘顺峰. 世界科技全景百卷书（81）：天文学家[M]. 北京：中国建材工业出版社，1998.

[79] 唐宝璋. 民主杂志《观察》封闭前后[M]//谢泳，程巢父. 追寻储安平. 广州：广州出版社，1998.

[80] 戴文赛. 戴文赛科普创作选集[M]. 北京：科学普及出版社；南京：江苏科学技术出版社，1980.

[81] 贺靓. 抗日战争时期的《科学画报》与其科学普及研究[M]//李浩鸣，栾永玉，陶贤都，等. 科技新闻与科技传播研究文集（2004—2014）. 长沙：湖南大学出版社，2014.

[82] 陈晋. 毛泽东读书笔记精讲 贰 哲学卷[M]. 南宁：广西人民出版社，2017.

[83] 胡中为. 新编太阳系演化学[M]. 上海：上海科学技术出版社，2014.

[84] 中国大百科全书总编辑委员会《天文学》编辑委员会中国大百科全书出版社编辑部. 中国大百科全书 天文学[M]. 北京：中国大百科全书出版社，1980.

[85] Novozhilov Y V，Richardson J G. Fifty years after the death of flammarion, the science popularizer[J]. Journal of Technical Writing and Communication，1976，6（2）：89-96.

[86] Rothen F. La Fascination des Ailleurs：Chasseurs de Planètes[M]. Paris：PPUR Presses Polytechniques，2015.

[87] 卞毓麟. 弗拉马里翁传略[M]//弗拉马里翁. 大众天文学. 李珩，译. 北京：北京大学出版社，2013.

[88] 陈星光. 中国近现代天文学奠基人高鲁（1877—1947）[M]//《长乐人杰》编委会. 长乐人杰. 福州：福建美术出版社，2008.

[89] 中国天文学会秘书处. 中国天文学会一览（第一版）[M]. 北京：中国天文学会，1934.

[90] 李珩. 李珩教授的著译生涯——为祝贺先生九十大寿而作[J]. 天文爱好者，1988（12）：8-10.

[91] 李元.《大众天文学》在中国[M]//弗拉马里翁. 大众天文学. 李珩，译. 北京：北京大学出版社，2013.

[92] 李元. 到宇宙去旅行[M]. 沈阳：辽宁少年儿童出版社，2002.

[93] 李杭. 趣味的星空[M]. 北京：科学技术出版社，1959.

[94] 李元. 访美见闻[M]. 北京：科学普及出版社，2017.

[95] 李元. 漫游天地科学奇境——引人入胜的 ARIZONA[J]. 知识就是力量，1999（7）：18-19.

[96] 李元. 动物艺术促环保[J]. 知识就是力量，1999（1）：18-19.

[97] 李大光，陈曦. 李元访谈录[M]. 长沙：湖南教育出版社，2010.

[98] 卞德培. 浪花与小兵[M]//孙士庆，等. 中国少儿科普作家传略. 太原：希望出版社，1988.

[99] 卞德培. 第十大行星之谜[M]. 沈阳：辽宁少年儿童出版社，2002.

[100] 温学诗. 梅花香自苦寒来——访卞德培先生[J]. 天文爱好者，1993（2）：2.

[101] 卞毓麟. 平易而不懈怠，亲切而无矫揉——忆卞德培[N]. 科学时报，2001-02-26（84）.

[102] 卞德培. 宇宙奇观[M]. 武汉：湖北少年儿童出版社，1989.

[103] 卞德培. 新十万个为什么[M]. 北京：海洋出版社，1992.

[104] 卞德培. 天窗怎样打开——探索星空的奥秘[M]. 广州：广东教育出版社，1995.

[105] 卞德培. 彗星和流星[M]. 北京：民族出版社，1986.

[106] 李启斌. 星空奇观——哈雷彗星[M]. 上海：上海科学技术出版社，1985.

[107] 卞德培. 带尾巴的星[M]. 杭州：浙江少年儿童出版社，1999.

[108] 李芝萍. 太阳系里的流浪汉——彗星[M]. 广州：新世纪出版社，1998.

[109] 卞德培. "大劫难"根据何在[J]. 科学，1999，51（4）：54-57.

[110] 李良，李元. 辛勤耕耘四十载——记科普作家卞德培[J]. 科普创作，1987（1）：14-17.

[111] 徐延豪. 四十载砥砺前行 新时代再书华章——"科学的春天" 40 年科普事业回顾与

展望[J]. 中国科学院院刊，2018，33（4）：384-389.

[112] 袁振东. 1978 年全国科学大会：中国当代科技史上的里程碑[J]. 科学文化评论，2008，5（2）：37-57.

[113] 刘振兴. 中国空间物理学发展的回顾和展望[J]. 学会，2000（1）：8-10.

[114] 李良. 太阳与地球[M]. 长沙：湖南教育出版社，1986.

[115] 李良. 提高文化素养 抵制伪科学——评毫无科学根据的《大预言》[J]. 天文爱好者，1993（4）：2-5.

[116] 本刊通讯员. 本刊评选"读者喜爱的文章和栏目"活动揭晓[J]. 天文爱好者，1995（3）：37.

[117] 卞毓麟. 星星离我们有多远[M]. 南京：译林出版社，2020.

[118] 中国科学院国家天文台. 中国科学院北京天文台台史（1958—2001）[M]. 北京：中国科学技术出版社，2010.

[119] 卞毓麟. 追星——关于天文、历史、艺术与宗教的传奇[M]. 武汉：长江文艺出版社，2018.

[120] 尹传红. 漫游——卞毓麟的科学文化之旅[M]. 保定：河北大学出版社，2001.

[121] 余恒，齐琪，赵洋，等. 中国天文科普图书回顾 1840—1949 年[J]. 科普研究，2019（6）：104-111，117.

[122] 中华人民共和国科学技术部. 中国科普统计 2015 年版[M]. 北京：科学技术文献出版社，2015.

[123] 中华人民共和国科学技术部. 中国科普统计 2016 年版[M]. 北京：科学技术文献出版社，2016.

[124] 中华人民共和国科学技术部. 中国科普统计 2017 年版[M]. 北京：科学技术文献出版社，2017.

[125] 中华人民共和国科学技术部. 中国科普统计 2018 年版[M]. 北京：科学技术文献出版社，2019.

[126] 中华人民共和国科学技术部. 中国科普统计 2019 年版[M]. 北京：科学技术文献出版社，2019.

[127] 王洪鹏，赵洋，余恒，等. 新中国成立至"文革"结束我国天文科普图书出版回顾[J]. 科普研究，2018，13（6）：99-107，114.

附　录

附录一　近现代中国天文科普图书概要

历史上，天文科普图书通常印数不高，加之年深日久，不少图书已不易见到。附录一将本书在调研过程中查询到的部分图书相关信息进行了汇总罗列，一方面以备查证，另一方面也因不少图书仅凭书名很难判断其是否为天文科普作品，在此处记下选取依据，作为统计数据的支撑。

1849 年《天文略论》

英国传教士合信编译，1849 年在广州墨海书馆出版，是 1855 年发行的《博物新编》中天文卷的先行本。全书分 40 论，配有大量插图对文本进行补充阐释。全书内容包括地球、月球、行星、小行星、彗星等，是鸦片战争以来较为系统地介绍西方近代天文学的著作之一。

1849 年《天文问答》

美国长老会传教士哈巴安德编写，1849 年由宁波华花圣经书房刊印。《天文问答》为问答体例，全书共 36 页，22 回，包括大地之形、地球图、地圆凭据、地是行星、月体形状、月蚀日蚀、七色天虹成因、雨、露、风、行星、彗星、恒星、太阳引力、地球引力、万有引力等内容。这是鸦片战争后中国最早的天文科普作品之一，不过其文字表述中神学色彩比较浓厚。

1852 年《日食图说》

美国传教士玛高温（Daniel Jerome MacGowan）翻译编写，1852 年由华花圣经书房出版。玛高温是美国浸礼会在中国开辟传教事业的第一人，在华期间以传教行医工作为主，随后创办了以报道国内外新闻为主的时事性期刊《中外新报》。《日食图说》内容系测算 1852 年 12 月 11 日在北京、上海、宁波、福州、厦门、广州、香港等地所见日食情况，客观上有助于天文科学知识的普及与传播。

1854 年《天文问答》

美国传教士卢公明（Justus Doolittle）编写，1854 年出版，问答体例。卢公明为美国公理会传教士，来华后主要在福建等地开展传教工作。在福州，卢公明先后创办了格致书院和文山女中，对当地普及教育做出了贡献。《天文问答》（*Catechism of Astronomy*）以问答的形式介绍天文常识，内容浅显易懂，带有神学宗教色彩。

1859 年《谈天》

1859 年，原作为英国著名天文学家约翰·赫歇耳所著的 *Outline of Astronomy*，由李善兰与英国传教士伟烈亚力合作，在原作基础上进行删节并翻译，由墨海书馆以《谈天》为名出版。《谈天》全书共 18 卷，分 4 次出版，是中国近代以来第一次系统客观地介绍西方天文学知识的著作，书中知识丰富，内涵多样，具有鲜明的时代气息和丰富的历史内涵，在近代天文学史乃至近代科技史上都影响广泛。"文人谈天，皆以不知此书为耻。"

1880 年《天文启蒙》

中国首次以西方成套科普读物为底本、成体系译介的初等教科书。中文版《天文启蒙》翻译自英国天文学家诺曼·骆克优（Norman Lockyer）所著的《天文学》（*Astronomy*，1874 年）。

该书在中国有两个译本：第一个版本于 1880 年由美国传教士林乐知、中国学者郑昌棪翻译，江南制造局出版；第二个版本于 1886 年由英国传教士艾约瑟（Joseph Edkins）独译。两个版本虽在内容、译名等方面存在一定出入，但是以科普图书为底本的译著一方面促进了天文科学知识的普及，推动了教育近代化；另一方面以图书为媒介，改变了晚清民众旧有的天象观念，促进了科学知识的普及。

1882 年《日月星真解》

1882 年英国传教士杨格非（Griffith John）著，汉口圣教书局印发。书中配有大量插图，内容主要为介绍行星运行规律、日月食发生现象及科学原理等。

1882 年《天文图说》

摩嘉立、薛承恩（Nathan Sites）译述，益智书会发行，原著为英国天文学家柯雅各。此书在介绍西方天文学体系和最新成果的同时，将西方星座的名称也完整地翻译了过来。全书对西方星座兼用了意译、音译的办法，是第一部较全面地介绍西方星座知识的著作。

1886 年《天文启蒙》

英国传教士艾约瑟独译，上海总税务司署出版。该书是英国初等教科书 *Astronomy* 的另一译本。

1887 年《天文须知》

由英国传教士傅兰雅编写的具有天文知识普及性质的天文学教材。傅兰雅曾就职于江南制造局翻译馆，主要负责口译、翻译与编写科技著作，为中国近代科学知识普及做出了极大的贡献。《天文须知》是"格物须知"系列之一，内容浅显易懂，内有图片配合说明，为我国天文学知识的普及起到了促进作用。

1890 年《西国天学源流》

由伟烈亚力口述，王韬记录整理，墨海书馆出版。该书收入的文章先在 1857 年的《六合丛谈》上连载。《西国天学源流》是一部介绍西方天文学发展历史的著作，"读之可以讨源溯流"。王韬试图通过此书的传播让国人认识阳历的精确性和它的科学测量方法。

1894 年《星学发轫引说》

京师同文馆发行的天文图书。原著为英国天文学家罗密士。丁韪良在序文中称"既展无数世界，以广人智，又阐立法之元，以利民生"。《星学发轫引说》计十六卷，是一部实用天文学著作。除了天文学的一些基本理论、测量和计算方法以外，还在卷十五"天文表"中给出了 20 种天文用表，卷十六"恒星表"中给出了 1168 颗恒星的中西名对照、星等、赤道岁差和以光绪二十六年（1900 年）为历元的恒星赤经、赤纬值，为后来制定天文历法和归算天文星表奠定了基础。

1896 年《天文略解》

美国传教士李安德（Leander W. Pilcher）著，刘海澜（Hiram Harrison Lowry）修订的天文知识普及图书，京都汇文书院刊印发行。此书分两卷，首卷论天文常识与天空现象，二卷介绍太阳及各行星的科学知识。

1897 年《天文歌略》

该书以简短易懂、上口好记的四字为一句，编撰为歌。内容主要是传播太阳中心说，"有繁琐之理不能编歌即就各句下小注详述庶读者更易明白""天空之中，广大如此。诵此好歌，益童蒙智"。《天文歌略》的内容浅显易懂，读之朗朗上口，尤其对幼学启蒙有着重要作用。

1898 年《天文揭要》

由登州文会馆第二任馆长、美国传教士赫士（Watson McMillen Hayes）参考西方天文学教材 *A Treatise on Astronomy*［作者为美国天文学家伊莱亚·卢米斯（Elia Loomis）］自主编写的教材。《天文揭要》作为登州文会馆的天文学教材，后多次再版，影响广泛。赫士在《天文揭要》序言中提到，"余来中华，助理文会馆事，因取泰西诸天文书，采其粹精，揭其体要……及星图与表，是编之作，虽非本自一人，然从路密司者，过半焉"。《天文揭要》分上下两卷，上卷十章，下卷八章及杂问、附表和星图。与原作相比，《天文揭要》的结构和内容更加清晰，更具有简洁性、科学性、时效性、精准性，适合中国学生作为天文学的入门教材使用。1898 年益智书会校订再版，书中补充了天文学的新发现和新成果。

1898 年《格土星》

陈寿彭译。陈寿彭，福建侯官（现属福州市）人，近代史上著名外交家、翻译家陈季同之弟。马尾船政学堂毕业生，1885 年被派到英国留学三年学习法律。该书内容不详，原作者疑为英国天文学家威廉·弗雷德里克·丹宁（William Frederick Denning，当时译为登林）。

1899 年《天文初阶》

由美国人赫士口译、刘荣桂笔述而成的天文学教材，由上海华美书馆发行。

全书共 140 面，配插图 47 幅。作为天文学教材，《天文初阶》是《天文揭要》的缩编版，仅保留了书中的简单概念。

1903 年《地球与彗星之冲突》

日本天文学家横山又次郎著，1903 年由广智书局编译出版。这一时期的天文图书表现出清末"师日"的著、译书风潮。全书共 39 页，内容较为浅显，主要介绍彗星等天文知识。广智书局 20 世纪初由东走日本的康有为、梁启超在上海投资创办，是一家以发行翻译作品为主的出版机构，翻译出版了大量介绍西方新学术、新思想的著作，是晚清西学东渐的重要刊印机构。

1903 年《日月蚀节要》

加拿大传教士季理斐（Donald MacGillivray）摘录，上海广学会出版，主要内容为解释日蚀和月蚀发生的原因。季理斐出版了不少宣传西方自然科学和社会科学的书，在上海广学会的编译工作方面成就颇丰，有"多产作者"之称。李提摩太（Timothy Richard）于 1903 年曾说："我们应当对季理斐表示感谢，因为许多人若能在一生中翻译这么多书就已经很了不起了。"季理斐的翻译工作推动了中西文化的理解和交流，他在近代自然科学传播及翻译史上的贡献值得肯定。

1903 年《三光浅说》

原著为英国天文学家革笨，英国传教士华立熙（W.Gilbert Walshe）同孙治昌合作译述而成，上海广学会发行。全书共三卷一册，发行量较少。全书结构清晰，内容简洁明了。

1903 年《时学及时刻学》

范迪吉主持翻译，会文学社出版，原著作者为日本天文学家河村重固。这是"普通百科全书"丛书中讲述时间和历法的一本。与现今通俗意义上的百科全书不同，"普通百科全书"内容由浅入深，覆盖广泛，成丛书刊行，按政治、法律、哲学、历史、地理、数学、理学、工学、农学、经济学、山林学、教育学分为十二类，以"首编""中编""末编"三个系列由浅入深地加以编排。在 20 世纪西学涌入的背景下，翻译著作的种类与日俱增，对知识进行系统梳理和归纳整理引起中国有志之士的重视，"普通百科全书"是我国第一套以"百科全书"命名的成套图书，对近代学术史、科技史、翻译史、科普史都具有重要意义。

1903 年《天文问答》

德国传教士佘宾王（号懋卿，原名 Father Scherer，曾任上海南洋大学教员）编写，上海土山湾慈母堂印书馆出版，以问答的形式和丰富的插图介绍天文知识。佘宾王还编写过《代数问答》《数学习题》等教材。1847 年耶稣会入驻上海徐家汇区域后，在几十年时间内建成了以土山湾为中心的教会区。在教会区内修建了教堂、天文台、藏书楼、工艺院、印刷厂等，使徐家汇地区成为以宗教为中心的西方文化汇集地，在传播宗教的同时也传播了西方先进的科学知识。

1903 年《星学》

上海会文学社出版、范迪吉主持翻译的天文学教材，原作为日本须藤传次郎编写的天文学教材。这是"普通百科全书"丛书中讲述天文学分支的一本。

1906 年《最新天文图志》

由叶青翻译、山西大学堂译书院出版的天文图书。本书译自爱丁堡皇家天文台天文助理托马斯·希特（Thomas Heath）编著的 *The Twentieth Century Atlas of Popular Astronomy* 一书。全书共 14 章，配有 44 幅插图，内容丰富，印刷精美，是当时质量最好的天文科普图书。由时任译书院院长的英国传教士窦乐安（John Darroch）撰写弁言。著名学者李学勤在回忆此书时说道，"《天文图志》不仅使我在天文学知识方面得到启蒙，而且是我好读科学书籍的开端……"

1915 年《图解天文学》

中华民国中央观象台台长高鲁在《观象丛报》杂志上连载的作品，原作者为卢柏·贝尔（情况不详）。1915 年发行单行本，并经教育部在全国推行。这是民国时期第一本天文学引进版著作。

1915 年《观象岁书》

教育部中央观象台出版，在介绍行星知识的同时宣传普及阳历。引言中"融会中西。法乃大备。其制书以利民用……以及吉凶神煞临直宜忌等事"体现了民初废旧推新后，阳历、农历并用的社会状况。

1915 年《谈天》

中华书局的"学生丛书"之一，作者为两江师范学堂毕业的江苏省立第八师范教员丁锡华。内容包含对月球、太阳、地球、游星（行星）、彗星、流星、日月食、历法、恒星、动物圈（黄道带）等基础天文知识的介绍。涉及知识较为浅显，为已有出版物的汇编。介绍太阳的能量来源有三种：燃烧说、陨星说、收缩说。没有提及星系的概念。

1916 年《天空现象谈》

中华书局"通俗教育丛书"之一，丁锡华编，是其《谈天》一书的简写本。篇幅为前者的 1/3，内容包括日、月、地、星等基本天文学常识。

1917 年《中西星名图考》

赵元任著，最初发表于中国科学社出版的《科学》杂志第 3 卷第 3 期，1917 年为了方便观星者，曾刊单行本 1000 本。文中列表 8 种，即西座五文对照表、西座经纬度表、西中星座详表、中西对照表、个星西名表、二十明星表、宫宿对照表和行星与属星名称表，星图八幅，另附希腊字母表和星图凡例。

1919 年《天地辨》

京城印书局出版的天文图书，作者为赵挹芬，生平不详。作者在序言中提到他曾阅读《天文揭要》《天文图说》等多部近代作品，但仍在书中否定太阳为恒星之一，也不相信地球绕日转动。

1920 年《中西对照恒星录》

常福元著，中央观象台出版的天文类图书。主要内容是将中国星名与西方星名相统一，以更好地解释和介绍恒星知识。"兹编之作。专为会通中西星名。俾读西书者不剩隔阂。即读中书者。亦得兼识西名。名曰中西对照恒星录。"

1922 年《太阴图说》（佘山天文台原图）

佘山天文台台长蔡尚质（法国人）著，高均译，国立东南大学出版。该书为蔡尚质在佘山天文台的月球观测记录。

1923 年《汉译科学大纲　第一册》

该书为 1923 年商务印书馆发行，英国著名生物学家、博物学家兼科普作家约翰·阿瑟·汤姆生著，胡明复等翻译的综合科学图书。此书第一时间被译为中文，科学概念非常前沿，其中包括"吾人所居之大宇一旋涡星云也"等内容，反映了当时最先进的天文科学成果。

1923 年《历法》

商务印书馆发行的天文历法科普图书，作者为林炯。封面上有"百科小丛书"字样，内容主要为普及西方历法，介绍西法知识等。

1923 年《新历法》

商务印书馆将其所属的《东方杂志》上发表的历法相关文章结集成该书。内容包括太阳历与太阴历、改历法议、通历介绍、周本位新改历案、历法改革议、欧美各国计时法之改革等，是宣传阳历的科普类图书。

1925 年《太阳·月·星》

商务印书馆数理部编辑郑贞文、胡嘉诏参考日本吉田弘等所著的"自然界之话丛书"推出了面向青少年的"少年自然科学丛书"。此书为"少年自然科学丛书"中的一辑，作为青少年课外参考读物发行，内容生动翔实。

1925 年《宇宙》

黄家金译，武昌大学地学会出版发行。内容摘译自日本学者石井重美所著《宇宙生物及人类创成》一书中的"宇宙"一篇。由张资平校阅，作为中学理科辅助教材。

1926 年《宇宙论》

商务印书馆编辑周昌寿著，是"百科小丛书"中的一本，包括恒星、太阳和行星三章。

1928 年《均历法》

国民政府农商部工作人员虞和寅著。初稿曾在中国天文学会 1927 年年报中刊载，在该书中他详细阐述了自己的历法设计与主张。

1928 年《天界现象》

商务印书馆出版的天文科普图书，许心芸编译。此书参考自日本作者三泽力太郎的《天界之现象》一书，在原著基础上进行删改并加入新知识编辑而成。全书共五编，配以精美插图。书中侧重将天文现象用浅显的话语叙述出来，故"可供最初研究天文学者之用"。

1930 年《大众天文》

南洋书店出版发行的天文普及图书，作者为曹之彦。1934 年再版序中明确指出破除封建迷信、普及天文常识的迫切性。作为天文知识科普图书，全书内容浅显，覆盖全面，详细介绍了有关天文学（如日月运行、行星、星座、日月食等）科学知识。该书尤其适用于初学者或一般青少年学习。

1930 年《流星论》

国立中央研究院天文研究所出版发行的天文图书，专刊第三号，由时任国立中央研究院天文研究所专任研究员陈遵妫著，主要介绍流星常识、流星观测以及相关天文知识。全书共 9 章，详细介绍了流星相关的一系列天文知识，内容较为专业。

1930 年《梅氏表之覆测》

这是朱文鑫对留学美国期间工作的整理，是对著名的梅西叶星表天体的测量和证认。

1930 年《日球与月球》

商务印书馆发行的天文科普图书，作者李蕃。主要围绕月球与太阳进行天文知识的介绍，包括月地关系、月球运动、日地距离等内容。描写生动翔实，配以插图进行解释，很好地进行了天文知识的普及宣传。

1930 年《世界之成因》

日本石井重美著、林寿康译、商务印书馆出版的综合类自然科学图书。从宇宙太阳系开始讲起，继而描写了地球上的动植物及人类的活动状况，属于综合自然科普图书。

1930 年《太阳》

江苏省立教育学院研究实验部编，属"民众科学问答丛书"。这套丛书采用问答体的形式，对与民众有密切关系的日常问题用生动形象的语言进行解释和说明。

1930 年《太阳黑子》

青岛市观象台编，仅有一页，该书系该台天文报告第 1 号（1930 年 1 月至 6 月）。

1930 年《谈天》

商务印书馆"万有文库"第 1 集将著名的《谈天》一书重新出版。作为各机构、图书馆的基本馆藏，虽然该书距首次出版已有半个多世纪，但内容系统全面，仍有参考价值。

1930 年《谈天（1：科学常识）》

中华平民教育促进会出版的天文科普图书，作者李劭青。书面有"平民读物科学常识"字样，以丛书形式出版。此书以破除封建迷信、普及天文常识为目的，最大特征是以对话形式论述天文知识，语言生动活泼，内容浅显易懂。

1930 年《天体物理学》

商务印书馆"万有文库"第 1 集中的一本，商务印书馆编辑周昌寿编写。内容涵盖天体物理学的基础原则，简要介绍了测光学、光谱学、照相学等基本分支学科。

1930 年《月亮》

江苏省立教育学院研究实验部编，情况同《太阳》（1930 年）。

1931 年《日历指南续刊》

蒋留春著。蒋标（1865—1943）后改名士栋，号留春，无锡人。乡居则与族弟蒋士荣研求数学理化。光绪丙申年（1896 年）以算学、汽学二科录取入县学，历任东林学堂、作新学堂、荣新女校等校校长。曾自制改良日晷，月份牌（月历）、挂壁日历等多种。该书为其研学传统历算的心得。作者在序中提到"中国治历素主精细，自改用各国通行历后舍精细而为简便，便易密切以随粗疏，斯道恐将失隳。爰刊是编籍留梗概，亦是保存国粹之意也"。

1931 年《十三月新历法》

商务印书馆元老高梦旦所著历法相关文章的合集。他早在 1903 年就在梁启超创办的《新民丛报》第 26 号上发表过建议改历的《论纪年书后》和《改历私议》，这两篇文章都收入该书中。

1931 年《世界历法与历法革命》

作者谭云山，其为中印文化交流的先驱。在湖南省第一师范学校求学期间为毛泽东同学，曾参加毛泽东创办的新民学会。该书是他之前发表在《东方杂志》上一系列介绍各国历法的文章合集。

1931 年《新发明天文学》

黄翼之著，为著者主观臆测天文现象而发表的议论。

1932 年《行星的故事》（上下册）

作者宋易，现代书局出版的"儿童天文学"系列天文科普图书，包括《太阳的故事》、《月亮的故事》、《行星的故事》（上下册）四种。该书围绕行星开展知识普及，介绍了西方行星观测成果、星体运行、行星观测、行星命名等天文知识，同时穿插讲解古希腊神话与行星的关系，内容生动有趣。

1932 年《天空的神秘》

著者原田三夫为日本《少年科学》杂志主编，译者许达年为中华书局《小朋友》杂志编辑。该书为"通俗科学全集"中的第一集。全书共分 11 章，介绍了太阳、月球、行星、彗星、流星、恒星、星系乃至宇宙起源的相关知识。

1932 年《童子军星象专科》

少年用品供应社出版，是赵慰祖为童子军组织编写的训练教材。赵慰祖为上海中学校长，也是上海市童子军组织的领导人，1939 年被日伪特务杀害。

1932 年《星球和原子》

英国爱丁顿著，留法天文学博士张云翻译，国立中山大学校长邹鲁题写封面书名。作为国立中山大学理工学院丛书之一。*Stars and Atoms* 是爱丁顿的几次公开演讲的合集，包括星球的内部、最近的研究、星球的质量三讲，涵盖了恒星物理领域的基础理论和最新进展，是当时国内仅见的接轨一线科研的高级科普作品。

1932 年《宇宙及其进化》

物理学家张贻惠译自英国天文学家金斯（当时译为"琴斯"）所著 *The Stars in Their Course* 一书。张贻惠时任北京高等师范学院（现北京师范大学）校长。他认为在科学落后的中国，应把科学思想普及社会，于是率先发起编纂科学丛书的计划。译者在序中提到，他希望"用极平凡的名词，富有趣味的文句，叙述深奥的科学原理，使读者忘倦"。该书即为其中的第一本，1932 年由北平震亚书局出版。原版书于 1931 年出版，是金斯在广播电台节目中的讲稿。原计划"科学丛书"的第二册为金斯所著的《神秘的宇宙》，但因为张贻惠工作变动及时局动荡未能完成。

1933 年《陈振先文存》

曾任北洋农林总长的陈振先（字铎士）关于古天文的相关文章合集，包括《关于竹书纪年诗书春秋左传的几桩公案》《因诗书日食公案答客难》《秦末汉初之正朔闰法及其意义》3 篇文章。

1933 年《从星云说到现世界》

作者夏峛，号伯雨，嗜书好学。为宣传现代科学知识，他广泛搜集材料，写成了《从星云说到现世界》一书，个人刊行，向民众介绍现代科学知识，分为天空的现象、空气里水蒸气的变化、由气温变迁到历法、生理和性的知识、宗教等7 讲。

1933 年《地球和月球》

地质矿业学家黎锦耀和中华书局编辑许达年合作编著的"儿童常识丛书"中的一本，内容不详。

1933 年《地球之天体观》

国立中央大学教授张钰哲在该书中从天文学的角度诠释地球空间位置、形成历史和演化过程等问题。

1933 年《东洋天文学史研究》

日本京都大学校长新城新藏所著，由时任上海科学研究院物理与数学系系主任沈璿翻译。该书对中国汉代以前的天文学起源进行了系统探讨，对中国天文学史研究有较大影响。

1933 年《环绕我们的宇宙》

谭辅之译自英国著名天文学家金斯（当时译为"秦斯"）所著 *The Universe around Us* 一书，内分空间、原子、时间、宇宙、恒星、循环过程 6 章。

1933 年《普通天文学》

张云为中山大学数学天文系编写的天文教材。

1933 年《太阳》

作者凌履冰，新中国书局出版的"常识小丛书"之一，内容不详。

1933 年《天地形象图说》

良友图书公司根据日本朝日新闻社所编的科学图书编译而成，以丰富的照片介绍了宇宙、地球、陆地、水系和气象的相关知识。

1933 年《天界一瞥》

应观兴译自英国詹姆斯·雷夫·贝启（James Rev Baikie）所著 *Peeps at the Heavens* 一书，周建人校订。内收录《太阳月亮星》《看不见的太阳》《黄昏星》《月中人的家乡》《一个淡红色的世界》《一个巨大的世界》《天空的旅客》《星团和火云》等通俗知识短文。

1933 年《天文》

云南省立昆华民众教育馆将馆内所做科学常识讲座内容结集出版。第一位讲者即为云南著名自然科学家陈秉仁，内容包括"天有多高，地有多厚""民众生活中的时间问题""谈谈阴阳历法""牛郎织女相会吗？""怎么知道流星雨要出现"等多个与民众生活关系密切的话题，深入浅出，饶有趣味。

龚自知在省教育厅厅长任内，将设在昆明的文卫机构等均冠以"昆华"二字，如省立医院叫昆华医院，省立民众教育馆叫昆华民众教育馆，省立图书馆叫昆华图书馆。

云南省立昆华民众教育馆于 1932 年以正在筹建的省立图书馆为基础建立于昆明文庙内，为全省民众教育研究、实验、辅导示范机构。办有《民众生活》周刊、《民众画报》月刊以及《民众歌声》等不定期出版物，编辑出版《云南边地问题研究》《云南史地辑要》等图书。中华人民共和国成立后，更名为昆明市文化馆。

1933 年《天文考古录》

该书是朱文鑫对中国历史中日月食、彗星、客星、流星雨等问题所做的考证，1939 年再版。

1933 年《星》

商务印书馆编译所编辑林履彬所作，内容不详。

1933 年《星象统笺》

民国北京观象台第一任台长高鲁历时十余年为中国古代星象系统所做的考证笺注，由国立中央研究院天文研究所印行。蔡元培在序中评价道："不特古人观察之疏密，可以互相比较；而中西名系之异同，亦已发其凡，是诚观星象者所急需之佳书也。"

1933 年《应用天文学》

武汉大学测绘学院创始人之一、著名大地测量学家夏坚白所著的天文测量专著，属"大学丛书"。内容包括天球坐标、时间历法、经纬度测量等。该书在很长一段时间内都是这一学科的大学教材。作者初稿于付梓期间在淞沪事变中被毁，后又重写才得以问世。后经夏坚白、陈永龄、王之卓改编修订，于1953年由商务印书馆出版，书名改为《实用天文学》。

1933 年《中国人之宇宙观》

商务印书馆"国学小丛书"之一，由数学家崔朝庆所作，系统介绍中国古代天文历法相关知识，后收入"万有文库"。内分天地开辟论、盖天浑天宣夜、星座、日月五星之运行与十二次十二辰二十八宿、冬至点、北斗及南中星、岁首及闰月、观测之仪器、周髀算经之历法与数学、历朝历法10章。

1933 年《自然界中的太阳》

天津市教育局民众读物编审处印制的科普宣传小册子。

1933 年《自然界中的月亮》

天津市教育局民众读物编审处印制的科普宣传小册子，作者梁之麟。

1933 年《近代物理学中的宇宙观》

由时任暨南大学副教授严德炯译自著名德国物理学家马克斯·普朗克（Max Planck，当时译为柏伦克）所著的 *The Universe in the Light of Modern Physics* 一书。该书介绍了相对论、量子论等近代物理理论对基本宇宙观的影响。

1934 年《天文学论丛》

民国国立编译馆出版的天文科普图书，张钰哲编写。书中收录了作者近年来的天文相关文章，涉及领域广泛且大多为天文科普工作而做。序中写有"初学天文者，以此作为参考之籍，必多裨补；是不徒供茶余酒后之消遣，作自然常识之读物也。"

1934 年《NAGATA 彗星之轨道》

日方主导的上海自然科学研究所的工作报告，沈璇、今井湊著。

1934 年《历代日食考》

朱文鑫在该书中用现代天文学知识考证历代日食记录，辨正古籍记载中的疏漏讹误。

1934 年《历法通志》

朱文鑫在该书中综述中国古代自汉至清的历法沿革。

1934 年《青岛市观象台天文报告（第 7 号及第 10 号）》

青岛市观象台关于太阳黑子的观察报告。

1934 年《神秘的宇宙》

著名翻译家周煦良译自英国天体物理学家金斯（当时译为"琼司"）的 *The Mysterious Universe* 一书。该书是金斯的讲稿合集，内容涉及太阳系、放射性、量子论、相对论等。这是周煦良留英回国后的第一本译作，在这本 166 页的小册子中，仅译者序就占了 18 页。

1934 年《天体歌》

该书以韵文歌谣的形式讲述现代天文学知识。编者王净瑶自述"一是想试验用旧诗歌介绍新学术，二是想贡献一个化枯燥为趣味的法门"。虽流传不广，但也不失为一次有益的尝试。

1934 年《天文学名词》

国立编译馆编译，中国天文学会为规范统一天文学名词术语的中文名称而编撰的中、英、德、法、日五国语言对照词典。

1934 年《同历度量衡币略说》

钱理关于统一历法、度量衡、币制等的论著。原刊于《东方杂志》第 25 卷第 7—12 号。

1934 年《西汉时代的日晷》

作者刘复，即著名文学家、北京大学教授刘半农。该书是他根据两张汉代日晷拓片所做的研究考证，原载于北京大学《国学季刊》第 3 卷第 4 期。

1934 年《星空的巡礼》

由在浙江大学求学的王幼于翻译自英国天文学会资深会员欧内斯特·阿加·皮脱（Ernest Agar Beet）所著的 *A Guide to the Sky: A Practical Handbook for Beginners* 一书。该书漫谈星座及观天、摄影等基础天文知识，这是这位日后成为翻译家、出版家的试手之作。

1934 年《星体图说》

该书为时任国立中央研究院天文研究所研究员的陈遵妫以图解形式介绍星体、星座相关知识的科普作品，获中国天文学会专门奖掖科普活动的"隐名奖金"。

1934 年《星与原子》

英国艾丁顿著，张微夫译，是《星球和原子》一书的重译本。

1934 年《宇宙观发达史》

本书作者是 1903 年度诺贝尔化学奖得主、瑞典物理化学家斯万特·奥古斯特·阿勒里雅斯（Svante August Arrhenius）。原书为德语版 *Die Geschichte der Weltentstehungslehre*。译者危淑元根据寺田广彦的日译本转译而来。作为"科学丛书"中的一本，丛书弁言由辛垦书店经理杨伯恺亲自撰写。危淑元是杨伯恺的妻子，为辛垦书店编辑。该书系统介绍了人类文明发展史中宇宙观的演变过程，涵盖神话、哲学、天文学等诸多领域。

1935 年《从电子到宇宙》

该书为"民国时期中学生读本"之一，主要涉及物理和化学方面的知识，兼及气象学和天文学。

1935 年《从原子到银河》

在中山文化教育馆任职的翻译家严鸿瑶译自美国天文学家哈罗·沙普利所著的 *Flights from Chaos: A Survey of Material Systems from Atoms to Galaxies* 一书。该

书是沙普利在纽约系列讲座的整理，内容涵盖恒星、星团、星系乃至宇宙模型。

1935 年《秋之星》

时任复旦大学中文系教授的赵宋庆以笔名赵辜怀写就。他以亲切流畅的笔触将古今中外的掌故源流和天文新知融入一篇篇漫谈式的小品文中，是一本难得的原创科普佳作。文学家金克木就是在这本书的影响下对天文产生了兴趣。该书于2009 年由二十一世纪出版社再版。

1935 年《神秘的宇宙》

天津北洋工学院的郁光谟译自英国天文学家金斯的 *The Mysterious Universe* 一书。该书是金斯的讲稿合集，内容涉及太阳系、放射性、量子论、相对论等，收入"万有文库"第 2 集。

1935 年《天文浅说》

原作为美国天文学家加勒特·帕特南·赛尔韦士（Garrett Putman Serviss）所著的 *Astronomy with the Naked Eye* 一书，介绍了天球、地球、太阳系、恒星等基本天文学知识。译者许烺光后来赴美留学，成为国际知名的人类学家。

1935 年《天文学小史》（上下册）

该书是朱文鑫对中西方天文史的系统整理。上册为中西方古代天文学史，下册为 16 世纪以来的天文科学史。

1935 年《星图星云实测录》

该书是朱文鑫对 1930 年版《梅氏表之覆测》的修订再版。

1935 年《星座佳话》

作者黄石，原名黄华节，曾在广州协和神学院随校长龚约翰博士研究宗教史，后到燕京大学。在该书中，他从神话学的角度对星座的故事进行了系统的介绍，对我国的天文爱好者和文学爱好者产生了深远影响。2011 年，这本书以《星座神话》为书名由人民文学出版社再版。

1935 年《宇宙观之发展》

商务印书馆编辑冯雄（字翰飞，号疆斋）译自美国天文学家罗伯特·贝克尔（Robert Baker）所著的 *The Universe Unfolding: The Story of Man's Increasing Comprehension of the Universe around Him* 一书，该书介绍了人类历史上不同时期宇宙概念随着科学进步而发生的变化。

1935 年《宇宙之大》

清华大学电机工程系学生侯硕之（历史地理学家侯仁之胞弟）利用课余时间翻译自英国天文学家金斯（当时译为琴斯）的广播演讲稿 *The Stars in Their Courses*。该书内容全面又深入浅出，一时竟有三位译者不约而同地在翻译，分别是侯硕之翻译的《宇宙之大》、李光荫翻译的《闲话星空》、金克木翻译的《流转的星辰》。金克木认为这三个译本中侯硕之所译最佳。

1935 年《宇宙之物理的本性》

商务印书馆编辑殷佩斯翻译自英国科普作家苏里文（J.W.N.Sullivan）所著的 *The Physical Nature of the Universe*。该书不仅介绍了科学中的基本物理概念及其成功应用，还对当时最新的量子论、原子论、相对论做了解释和讨论。

1935 年《宇宙之展开》

美国贝克尔著，陈问路译，《宇宙观之发展》一书的独立译本。

1935 年《宇宙壮观》

陈遵妫编译自日本京都大学花山天文台台长山本一清的百科式巨著，商务印书馆分五册印行，内容涵盖当时已知的各类天体，对天体的相关特征、仪器设备、研究方法、最新理论、天文台站都有详尽的介绍，甚至有单独一章专门介绍中国的天文台和天文仪器。著名物理学家冯端即深受此书影响。

1935 年《民国二十五年六月十九日日全食》

作者陈遵妫，属于天文观测报告。

1935 年《原子及宇宙（上下册）》

德国汉斯·赖欣巴哈（Hans Reichenbach）著，陈岳生译。陈岳生之父陈鼎本为翰林院编修，因支持戊戌变法而被革职软禁，他在被囚期间得子，故为其取名岳生。陈岳生生平不详，不过因为陈家与商务印书馆编辑周昌寿的周家有世交，故在中华学艺社及上海出版界留下一些身影。该书译自德国科学哲学家汉斯·赖欣巴哈的广播演讲稿，讨论了空间与时间、光与物质等自然界的基本概念和相关的哲学问题。

1935 年《月亮》

"民众基本丛书"之一，作者熊卿云，内容不详。

1935 年《陨石》

日本加濑勉著，国立中央大学土木系教授陆志鸿翻译，该书系统地介绍了陨石的由来、组成分类等内容。

1935 年《自然现象的研究》

由新中国书局创始人计志中编著的面向小学生的科普读本，讲述太阳、云、月、星、风、雷、虹等自然知识。

1936 年《地球概论》

"新中学文库"丛书之一，燕京大学毕业生王安宅所作，"以推阐地球种种现象上之原理为主旨"。内容包括地球学说之演进，宇宙概说，数学及力学，地球之形状、构造及其自转与公转，月及行星与地球之关系，以及气象、历法等共 11 章。

1936 年《伽利略传》

原著为英国天文学家沃尔特·威廉·布莱安特（Walter William Bryant）所著 *Galileo* 一书，蔡实牟译，详述伽利略生平。

1936 年《高等天文学》

中山大学天文学教授张云编著的大学天文教材。

1936 年《交食经及其他三种》

商务印书馆"丛书集成"所影印古籍，张寀臣指授，欧阳斌元著法。

1936 年《历法概说》

司法院参事吴昆吾讲述历法之分类、阳历、阴历、阴阳历、改历运动的小册子，其中也包含作者对改历的意见。

1936 年《六经天文编》

商务印书馆"丛书集成"所影印古籍，作者为王应麟。

1936 年《民国二十五年六月十九日日全食北海道队观测报告》

作者为余青松、陈遵妫，属于观测报告。

1936 年《民国二十五年六月十九日日全食观测报告》

中国日食观测委员会的观测报告。

1936 年《趣味的天空》

日本原田三夫著，光明书局编辑单稼书译，夏丏尊校，是介绍四季星空及星座神话的入门读物。

1936 年《日食和月食》

江苏金坛中学王维克（华罗庚的老师）根据法国天文学家阿贝·莫勒（Abbé Moreux）所著 *Le Ciel et l'Univers* 一书中的相关章节编译而成。

1936 年《世界历》

该书是中央研究院天文研究所余青松对世界历的介绍和宣传。

1936 年《太阳》

"民众基本丛书"之一，作者熊卿云，内容不详。

1936 年《太阳研究之新纪元》

日本天文学家关口鲤吉关于太阳研究前沿的论著，由国民党中央政治学校的杨偮孙翻译。该书主要阐述太阳黑子、内部构造、光度变化及与地球气象的关系等。

1936 年《天步真原·春秋夏正》

商务印书馆"丛书集成"所影印古籍，王云五主编。

1936 年《天步真原（及其他一种）》

商务印书馆"丛书集成"所影印古籍，薛凤祚著。

1936 年《天文家名人传》（上下册）

陈遵妫译自英国鲍尔所著的 *Great Astronomers* 一书，为从古希腊的托勒玫到发现海王星的亚当斯共 18 位著名天文学家的传记。

1936 年《天文历数》

属"中国发明发现故事集"，由在国民党中央宣传部任职的王冠青编写，介绍中国传统的天文仪器和历法。

1936 年《天问略》

商务印书馆"丛书集成"所影印古籍。作者阳玛诺（Manuel Dias）为葡萄牙耶稣会传教士，明万历年间来华。

1936 年《天文学概论》

中华书局"基本英语文库"之一，基本英语研究会译，译自法国天文学会会员 S. L. 萨尔塞多（S. L. Salzedo）所著的 *A Basic Astronomy*。

1936 年《天文学概论》

作者张挺，背景不详，该书内容包括绪论、宇宙演进概观、星底世界、太阳系、宇宙往何处去 5 章共 196 页。

1936 年《五星行度解·历学答问·历学疑问补·二仪铭补注》

商务印书馆"丛书集成"所影印古籍，王锡阐、梅文鼎著。

1936 年《闲话星空》

The Stars in Their Courses 一书的另一译本，由紫金山天文台的李光荫翻译，商务印书馆出版。

1936 年《晓庵新法》

商务印书馆"丛书集成"所影印古籍，王锡阐著。

1936 年《新宇宙观》

巴金主编的"文化生活丛刊"中的一种。作者陈范予，本名陈昌标，浙江诸暨人，1941 年病逝。他在弁言中提到，"这本小册子是我几年来探究天文物理学的结果"。该书讨论了空间、时间、宇宙结构、宇宙命运、太阳系等方面的内容。

1936 年《星象指南》

国立中央大学体育科老师袁宗泽翻译自美国 H. L. 克莱曼斯（H. L. Clemans）及 F. E. 格雷（F. E. Gray）合著的 *The Star Guide* 一书，介绍星座的辨认方法。

1936 年《1936 年南京日偏食之观测》

作者为李铭忠、高平子，属于观测报告。

1936 年《宇冰本论》

水利专家李仪祉翻译自德国奥托·哀伯特（Otto Ebelt）所著的 *Die Grundzuge der Welteislehre* 一书，阐述并发挥奥地利工程师霍比克（Hanns Hörbiger）首倡的宇冰学说，认为宇宙空间散布着大量冰晶，随地球的运动而被吸入地球，并用此理论说明宇宙黑洞、地球上的天气、雷电、地磁、地震、火山、海流及气流等现象。该学说并无坚实的科学基础。

1936 年《远镜说·星经·星象考·经天该》

商务印书馆"丛书集成"所影印古籍，汤若望、甘宁、石申、邹淮、利玛窦著。

1936 年《月理初编》

曾负责东三省铁路事务的卢景贵在家赋闲期间翻译自英国天文学家厄恩斯特·威廉·布朗（Ernest William Brown）（当时译为卜朗）所著的讲述月球运行理论的 *An Introductory Treatise on The Lunar Theory* 一书。

1936 年《中国上古天文》

日本新城新藏著，沈璿译，《东洋天文学史研究》一书的缩编本。

1937 年《高等天文学》（上下册）

作者卢景贵是东北首批公费赴美留学生，修习机械工程专业，回国后在铁路交通部门任职。因他素来有志天文，又适逢政局动荡，事业失意，便在赋闲期间完成此书。他在自序中说："乃于退食之暇，复起研究学术之念。古既以天文为百政之首，余即以此为著作发轫之初。"该书是他参考十余本中外天文学著作编撰的系统性论著，由孙科和叶恭绰题序。上下两册共 50 万字，涵盖了球面天文、天体测量、历法计时、天文仪器、日月地研究，以及星座、潮汐掩食等众多方面的内容。

1937 年《恒星图表》

作者陈遵妫，商务印书馆出版，民国时期第一本全面的星图出版物，包括中国星图（天文图、四象图）、西方星图，以及中西星名对照和星座简说等。

1937 年《近世宇宙论》

原作为英国天文学家赫克托·科普兰·麦克罕森（Hector Copland Macpherson）所著的 *Modern Cosmologies*，朱文鑫译。该书是对宇宙结构相关理论和研究的回顾与梳理。

1937 年《天象谈话》

陶行知之子陶宏根据英译本 *The Heavens* 转译，分 25 课，讲述各种行星、恒星、地球大气以及几何学等知识。

1937 年《新仪象法要》

"万有文库"国学基本丛书。宋代天文学家苏颂记录水运仪象台用法和原理构成的作品。

1937 年《星的世界》

何润身根据哈佛天文台沙普利等的广播演讲稿 *The Universe of Stars* 整理而成，包括天文学的材料和方法、太阳系、星和星云、星的世界共四篇。

1937 年《宇宙之新观念》

中央研究院物理研究所研究员朱恩隆所译天文学史论文合集。内收哥白尼的《宇宙之新观念》、刻卜勒的（现译为"开普勒"）《论天文学原理》、伽利略的《天动与地动》3 篇知名论文。

1937 年《中西经星同异考》

"万有文库"国学基本丛书，作者梅文鼎为明末清初天文学家。在该书中，他对中西亮星进行了核验比对。

1937 年《膨胀的宇宙》

留日学生曹大同（曹汀）翻译自英国天文学家爱丁顿（当时译为艾丁顿）的 *The Expanding Universe* 一书。英文原版出版于 1933 年，是爱丁顿一次会议综述报告的扩充。1929 年哈勃发现宇宙膨胀，这本小册子集中反映了当时主流天文学界对这个现象的理解和思考。

1938 年《通俗天文学》

著名文学家金克木翻译自美国天文学会创始人西蒙·纽康的 *Popular Astronomy* 一书，商务印书馆出版。英文原版印行于 1878 年，概括了 19 世纪时的天文学知识。2006 年由当代世界出版社再版。

1939 年《空间和时间的巡礼》

中华书局"科学丛书"之一。王光煦译自英国天文学家金斯最具代表性的科普著作 *Through Space and Time* 一书。由近及远地介绍地球、空气、天空、月亮、行星、太阳、恒星、星云，共分为 8 章，提供了一幅全景式的宇宙图像。值得注意的是，之前的天文图书都是竖排本，该书为横排。

1939 年《天文学概论》

商务印书馆"自然科学小丛书"之一，由紫金山天文台的陈遵妫编著。该书"是以供中等学生课外阅读及失学青年自修研究之用"。

1939 年《天文学纲要》

舒新城主编的"中华百科丛书"之一，作者陈遵妫，为中等学校学生的课外读物。内容与商务印书馆出版的《天文学概论》相近。

1939 年《天与地的故事》

译自 *The Story of Earth and Sky* 一书，由刘维沂、谢立达译，由教育家陈鹤琴审阅。他在卷头语中评价道："这本书无疑地是中学生最好的科学读本，也可说是一般民众最好的科学故事。"

1939 年《中西经星同异考·史记天官书补目》

商务印书馆"丛书集成"所影印古籍，梅文鼎、孙星衍著。

1939 年《周公测景台调查报告》

国立中央研究院专刊。收录有董作宾的《周公测景台调查报告》、刘敦桢的《告成周公庙调查记》、高平子的《圭表测景论》三篇论文。

1940 年《普通军用天文学》

陈遵妫为支援抗日战争，将军事相关的方位计时等天文知识整理成此书。

1940 年《我们的宇宙》

文化供应社出版，内容不详。作者陈润泉，字宪，湖南长沙人。曾任职湖南省立一中、湖南省立第一师范学校、长郡中学、中华书局。抗日战争期间任湖南省文化界抗敌后援会驻会理事及总务部主任。

1940 年《宇宙奇观》

上海大同大学校长曹惠群的两个儿子曹友诚、曹有信根据美国多伦多大学天文学教授 C. A. 钱特（C. A. Chant）所著的 *Our Wonderful Universe* 一书编译而成。该书图文并茂，文字浅显。

1940 年《日食特辑》

由陕西省女子师范学校语文老师张遥青编的科普小册子，陕西省教育厅编审室发行，通俗地讲解日食的原理和观测，为 1941 年将要发生的日全食做知识科普准备。

1941 年《福建日全食》

1941 年 9 月 21 日亚洲日全食以福建省内食分为最大。福建气象局为此专门组织了日食观测委员会协调国内专家和机构的观测活动。时任气象局天文课课长沈文侯编写了这本手册介绍相关情况和背景。

1941 年《流转的星辰》

金克木翻译自英国天文学家金斯的广播演讲稿 *The Stars in Their Courses*。因为送交陈遵妫审阅，在同期三个译本中最晚出版，其他两个版本分别是 1935 年侯硕之译的《宇宙之大》和 1936 年李光荫译的《闲话星空》。2018 年由贵州人民出版社再版。

1941 年《民国三十年九月二十一日日全食观测报告》

中国日食观测委员会的观测报告。

1941 年《全国各地区日出日没时刻测定法》

军事委员会军令部编，"抗战参考丛书"之一，为供部队使用的工具手册。

1941 年《日食观测》

内容不详，作者李毅艇为陕西省水利局西安测候所暨陕西省日食观测队负责人。

1941 年《日食简说》

在该书中，陈遵妫对 1941 年日食的背景情况和观测目标及方法进行了详细介绍。于右任为该书题写书名。

1941 年《太阳系》

重庆大学数学教授李锐夫所著，是介绍太阳系结构、组成、演化和相关天体的概论性图书。

1941 年《星座指南》

航空委员会军政厅编译处发行，作者胡伯琴，介绍星座及相关神话。

1942 年《日月星辰》

立体出版社出版，作者何澄。该书内容浅显，包括开天辟地、满天星斗、太阳、月亮、地球、一年四季、日蚀月蚀和潮汐，以及地面的变动诸章节。

1942 年《十年来之天文学》

该书是刚回国的戴文赛教授对天文学前沿的总结。

1942 年《太阳和星球》

由陈鹤琴、陈选善主编的小学自然教材，上海工部局小学教员祝荪如编写。

1942 年《谈天说地》

作者为上梅中学物理教师袁泰（袁柏云）。该书先后在桂林实学书店、北平新中国书店、东北光华书店出版。文字生动有趣，如太阳系演化一节标题为"太阳生孩子的故事"，潮汐一节标题为"海洋肚子的起伏"，是一本面向青少年的科普佳作。

1942 年《天地人》

作者刘诚，内容不详。

1942 年《宇宙与天体》

作者陈雨旸为民国地理学教授，与薛良叔相熟。该书"仅在供给讲述地球的起源及天界地理学时的参考材料"，内容涵盖恒星、银河系、星团星云、聚星变星、太阳系、行星等各级天体。

1942 年《中国日食观测委员会报告（民国二十三年至民国卅一年）》

中国日食观测委员会的观测报告。

1943 年《宇宙射线浅说》

武汉大学教授胡乾善编著，是国内第一本系统介绍宇宙射线的著作。该书在胡乾善的博士学位论文及已发表论文的基础上，回顾并分析了 20 世纪 30 年代胡乾善在宇宙射线方面的研究工作，目的是使读者了解当时学界在此方面的研究进展。不过因为当时国内没有条件开展相关工作，胡乾善后来转行至机械领域。

1943 年《日蚀月蚀潮汐》

由陈鹤琴、陈选善主编的小学自然教材，上海工部局小学教员祝荪如编辑。内容不详。

1943 年《民国三十二年天象（东经 105 度平方时）》

中国天文学会的天象预告册页。

1943 年《日蚀和月》

商务印书馆"少年自然科学丛书"之一，作者郑贞文、胡嘉诏。内容不详。

1943 年《天文学》

"中国天文学会丛书"之二，作者陈遵妫。经张钰哲及李晓舫（李珩）审阅，作为大学天文学教材使用。

1943 年《天地人》

"新少年文库"之一，以高小及初中学生为对象，旨在"启发儿童智慧，主张学习精神，灌输科学知识，培养文学兴趣"，由时任广西大学教授张先辰所著。内容从宇宙起源讲到星云、恒星、太阳系、地球和月球，再到生命的起源、人类的进化。书中没有给出星系的概念，而认为星系是河外星云。

1945 年《建国历详解》

国民政府文化运动委员会委员徐文珊为宣传公历编著。

1945 年《世界最新历案十种》

实业家王禹卿之子王亢元对各国历法及改良的研究探讨。

1945 年《天文》

中国文化服务社"国民文库"丛书之一，作者陈遵妫，分绪论、太阳系、恒星界、宇宙论 4 章。

1945 年《晚殷长历》

四川华西大学教授刘朝阳整理的殷代历谱，属华西协合大学中国文化研究所专刊，有 7 页英文摘要。

1945 年《星象》

1941 年日军占领上海，进步诗人锡金因此蛰居四年。他在研究楚辞的过程中发现需要天文学方面的知识，便开始钻研天文，因此著有此书。在交代完必要的背景知识之后，该书是对北天极和冬季星空的介绍。不过因为 1945 年形势突变，他不得不前往解放区避难，书稿也于此戛然而止。

1945 年《殷历谱》

董作宾研究殷代历法的专著。

1945 年《宇宙丛谈》

时任中央研究院天文研究所所长的张钰哲将自己的演讲稿和报刊文章结集出版，希望"能够引起读者对于天文学的兴趣"。

1945 年《宇宙奇观》

中华书局"少年科学丛书"之一，译者余飒声。原著不明。该书图文并茂，内容全面。

1946 年《地球和宇宙》

作者陈大年，以少年之间对话讨论的方式讲述天文地理知识，形式新颖，文字通俗。出版后十年间在桂林、东安、哈尔滨、上海等多地印行，流传广泛。不过书中有不少科学错误，沈世武和钱伟长都曾撰文指出（《中国青年》第 73 期，1951 年）。

1946 年《天空的秘密》

该书是作者坚白于 1943 年写成的。因为当时忙于作战、忙于反"扫荡"，这本书没有出版的机会，1946 年才出版。该书主要介绍肉眼可见的日月星等天象和天气常识，在前言中写道："地方和军队的干部、中学生、高小学生、工人职员如能在这本小册子里得到一点天空的常识，起些破坏迷信的作用，作者就认为可以自慰了。"

1946 年《天文常识》

作者孙叔久在东北执教数学二十余年，"九一八事变"后赋闲在家，研习数学天文。抗日战争胜利后，相关书稿由其学生资助出版。《天文常识》即为其中一册。

1947 年《地球在宇宙间》

苏联龙盖维奇著，梁香译，由中苏文化协会支持，为"大众科学丛书"之八。该书主要讲述地球的形状、运动、昼夜、四季、日月蚀的成因等内容。

1947 年《民国三十七年五月九日日环食》

作者陈遵妫、李珩，为重大天象预报材料。

1947 年《民国三十七年五月九日日环食》

青岛市观象台的重大天象预报材料。

1947 年《星空巡礼》

作者戴文赛，全书 8 万多字，分为月光、繁星、朝阳、长庚、北斗、银河、宇宙 7 个部分，用散文体介绍了天文学最新成就。

1947 年《有趣的天象问题》

商务印书馆"新小学文库"之一，作者周建人。该书列出了 61 个天文气象问题，体例类似于《十万个为什么》。

1947 年《宇宙的构造》

苏联波拉克著，梁香译，梁香为翻译家陈冰夷的笔名。该书为"大众科学丛书"之一，由中苏文化协会支持，郭沫若作总序。该书包括太阳系的构造、星系的构造、伟大的超银河系三章。

1947 年《月及月蚀》

由青岛市观象台编撰。该书介绍月蚀常识及推算方法，附 1946 年月蚀观测纪实及新闻报道。

1947 年《月球旅行》

巴金选编其胞兄李林（原名李尧林，四川成都人）所译的科学小品文，其中第一篇为设想登陆月球的情景。原作不详。

1947 年《科学常识》

该书"主要是给文化程度较低的区村干部及在学校里念书的同学们和小学教师作参考用的"，内容主要为基础科学知识。在 34 个科学话题中，有 6 个是天文方向。

1948 年《日月星》

"中华文库"民众教育第一集，作者为中华书局编辑许达年、鲍维湘。该书以农民教育馆教师罗烈琪和村民的对话聊天场景讲解天文知识。

1948 年《谈天说地》

金陵大学学生会主席舒泽湖（教育家舒新城之子）编译自美国杰拉尔德·S. 克雷格（Gerald S. Craig）、玛格丽特·G. 康德里（Margaret G. Condry）、凯瑟琳·E. 希尔（Katherine E. Hill）三人合著的 *From Sun to Earth* 一书。全书 12 节，只有第一节为天文相关的宇宙。

1948 年《天文常识》

"中华文库"初中第一集，作者为上海国强中学教师顾仲超，内容涵盖了普通天文学的各个方面。

1948 年《天象漫谈》

戴文赛教授科普文章合集。

1948 年《宇宙漫话》

浙江嵊州一中语文教师钱眸莘所编，分为神秘的天空和伟大的地球两部分。

1949 年《地球靠什么维系着》

苏联沃格罗得尼科夫（K. X. Огородников）撰，亚天翻译，1949 年 10 月由辽宁人民出版社出版。该书通俗易懂，分六章和结语。书中引用古代传说介绍人类对地球形状的认识过程。比如，苏联人认为，大地像一块盾牌，由三条巨鲸用背驮着，漂游在海洋里。印度人认为驮着这块大地的，不是巨鲸，而是站在海龟背上的三头大象，大象动一动，就会引发地震。

1949 年《每月之星》

陶行知长子陶宏所著观星手册。该书源自 1932 年陶行知创设的儿童科学通讯学校的相关课程内容，1948 年曾在《中学生》杂志上连载，1949 年 9 月在开明书店出版。该书以明白晓畅的语言介绍了古今中外的星座和天文知识，是原创科普作品的杰出代表，有着广泛的社会影响。

1949 年《太阳与月亮》

生活·读书·新知三联书店"新中国百科小丛书"，作者日新，1949 年 6 月在上海出版，主要介绍太阳系的相关知识。1950 年再版。

1949 年《太阳月亮和地球》

1949 年 3 月冀南新华书店出版了一本天文科普小册子，由在中共中央宣传部工作的经济学家于光远和在华北联合大学任教的孙敬之合作编写。其中"太阳——一个大火球"和"月亮——死世界"两篇为于光远所写，"地球——人类的家乡"一篇由孙敬之撰写。

1950 年《千里眼》

"广益民众丛书"之一，作者方白。该书主要介绍千里眼（望远镜）、三星共照、牛郎织女等基础天文知识，不过最后附了两篇不相关的文章（治牛瘟和精卫填海）。

1950 年《梦游太阳系》

"新少年读物"之一，张然著，知识书店出版。中华人民共和国成立后，百废俱兴，科幻也与人们对美好生活的向往相伴来到中国。《梦游太阳系》是新中国出版的第一本科学幻想小说。全书约 35 000 字，共分 12 章，两大部分。前 9 章讲述主人公静儿与好友柏英一阵风似地离开了地球。七八秒后到了月球，之后到了太阳，经过一番曲折，又到了火星……实际上，这只不过是一场梦。后 3 章讲静儿梦游太阳系的故事在同学间传开后，老师针对静儿在梦游中遇到的种种奇迹，专门在自然课上比较全面地介绍了有关太阳系的知识。

1950 年《我们的宇宙》

生活·读书·新知三联书店"新中国百科小丛书"之一，由辅仁大学物理系毕业生赵东征所著。该书由近及远地介绍了宇宙中地球、月亮、太阳、太阳系、银河系等各级结构。

1951 年《地球和行星》

"苏联青年科学丛书"之一，巴叶夫等著，滕砥平译，开明书店出版。

1951 年《世界有无起源与末日》

"苏联自然科学丛书"之一，雪甫略柯夫著，重光翻译，作家书屋出版。书中介绍了关于世界起源与世界末日的各种学说、宇宙的无限和永恒性、星球和太阳的发展、地球究竟是什么样子、地球有无毁灭的可能等。

1951 年《太阳》

该书原为"苏联青年科学丛书"之一，亚里斯托夫著，滕砥平翻译，中国青年出版社出版。

1951 年《太阳》

"苏联自然科学丛书"之一，亚历斯托夫著，方垦译，作家书屋出版。这本书介绍了古人对太阳的认识过程，以及现代人对太阳的认识、太阳的物理性质与太阳的构造。该书还用图片介绍了地球、月球绕着太阳运行及月食的形成等。

1951 年《月蚀的故事》

山东人民出版社出版，作者君默。出版该书的目的是把科学道理用通俗浅显的文字介绍给广大群众，使科学的道理成为大众自己掌握的常识，达到科学大众化，以配合科学普及工作。该书不但解释现象，还注重指导现实。该书注意使用插图，内容平实易懂，比如太阳、地球、月球大小比较，地球与太阳、月球之间的距离都配有插图。该书注重故事化，比如引述天狗吃月亮的故事、天圆地方的故事，不但普及知识，还破除迷信。

1952 年《日月星辰》

速成识字班补充读物，王定、朱海等编写，华东人民出版社出版。

1952 年《恒星》

席泽宗编著，商务印书馆出版。该书包括 12 章，即天文和人生、研究宇宙的工具、星空巡礼、恒星的光谱型、恒星的物理性质、变星、双星、星际物质、星团、星云、银河漫步、河外星系·宇宙论。

1952 年《普通天文学》

苏联伐·格·费辛柯夫著，毕黎译，中华书局出版。该书是苏联天文学家费辛柯夫院士于 1946 年所写的《普通天文学》的中译本，是在我国出现的第一种苏联天文教科书的中文译本。此时，我国正在向苏联学习先进的科学技术，而且很多大学要办天文系或者设置天文课程。该书展示了作者的研究成果，并补充了天体和原子学说研究的最新进展。但是，该书翻译得还不够完美，出现了专有名词翻译错误或者未遵照公认的译法。

1952 年《谈谈星辰》

沈世武撰，商务印书馆出版。该书从中国古代牛郎织女的传说谈起，介绍了星的距离和运动、光度变化的星、星的生老病死、银河系的构造、无限而永恒的宇宙等，还介绍了人类观测星空的历程和中国古代浑仪等仪器。

1952 年《稀奇的天空现象》

"苏联青年科学丛书"之一，苏联诺维果娃著，龚朝辉译，开明书店出版。该书主要介绍了极光、彩虹、晕、海市蜃楼、天上的石头、日食、月食等天空现象，以满足人们的好奇心。

1952 年《宇宙间的小物体》

"苏联大众科学丛书"之一，苏联费顿斯基、阿斯塔波维奇著，周右泉译，商务印书馆出版。作者从不同国家"天上掉下来星星"的故事开始导入，介绍了地球与流星体的遇合、太阳系中的流星群、陨石、彗星、小行星等知识。

1952 年《宇宙是什么构成的》

"苏联大众科学丛书"之一，苏联柯列斯尼可夫著，庞川译，商务印书馆出版。该书介绍了原子、分子的知识，重点介绍了苏联在元素周期律方面的贡献、星是怎样构成的，以及现代元素周期表等。

1953 年《几颗著名的星》

英国天文学会会长斯马尔特著，陶宏译。该书不谈高深的理论，而是借助几颗比较著名的星，比如天鹅座 61 星、天狼星的伴星、"魔星"大陵五等，深入浅出地叙述一些天体观测的事实。这本书还补充了中国的一些天文情况，比如中国的天文观测成就。

1953 年《普通天文学教程》（上下册）

高等学校教学用书，苏联波拉克（И. Ф. Полак）撰，戴文赛、石延汉等翻译，商务印书馆出版。

1953 年《趣味天文学》

"苏联青年科学丛书"之一，别莱利曼（Я. И. Перельман）撰，滕砥平、唐克译，中国青年出版社出版。该书通俗易懂、妙趣横生，叙述了地球、月球、太阳和其他天体的运动规律，以及有关这些天体的各种现象，并解释了这些现象。

1953 年《实用天文学》

1933 年《应用天文学》一书的新版。经夏坚白、陈永龄、王之卓改编修订，书名改为《实用天文学》。2007 年由武汉大学出版社作为"武汉大学百年名典"丛书再版。

1953 年《太阳系的旅行》

杜道周著，益智书店出版。该书以谈话的形式，没有教条式的说理，活泼有趣地介绍了天文知识。比如介绍了旅行的准备工作、地球的卫星和太阳系的其他行星。作者相信随着科学的进步，星球之间的旅行是可能的，因此到太阳系旅行是可以实现的。

1953 年《星球上有生命吗》

苏联维·维·萨洛诺夫著，孙以萍译，中联书店出版。该书的主要内容包括生命都需要什么、行星的大家族、有人的行星与无人的行星，重点介绍了火星气候和大气层。

1953 年《星体的起源和演化》

陈彪撰，商务印书馆出版。该书的主要内容包括光谱分析所透露的秘密、恒星的物理性质和它们的空间分布、恒星的起源和演化、太阳系的起源问题、人类对宇宙认识的历程以及唯物宇宙观的建立。

1953 年《星系学》

"苏联科学专著译丛"之一，原著于 1946 年出版，由巴连那果（П. П.Паренаго）撰写，陈彪译，商务印书馆出版。当时苏联天文学正处于快速发展中，这个中译本的出版，可以让国人对苏联天文学的成就和苏联天文学家的观点有进一步的了解。

1953 年《一年四季》

"科学小文库"之一，卜德培编写，商务印书馆出版。该书介绍了为什么每天都有黑天和白天、一年为什么分为四季、阴历和阳历以及二十四节气、阴历的闰月等知识。

1953 年《宇宙》

"苏联大百科全书选译"丛书之一，苏联阿姆巴楚米扬著，何仙槎译，人民出版社出版。

1953 年《宇宙的构造》

"苏联青年科学丛书"之一，伏龙卓夫-维略明诺夫著，金乃学翻译，中国青年出版社出版。该书介绍了月球、日食和月食、火星、流星、太阳、恒星等天体知识，回答了我们如何知道地球在宇宙中的位置，从而鼓励读者树立信心，努力揭开奥妙星空的秘密。

1953 年《怎样认识星宿》

杜道周撰，益智书店出版。该书以王大嫂提问、作者回答的形式，广泛引用神话传说，配有大量图片，向读者介绍了如何认识星宿和星宿的特点。

1953 年《昼夜和四季》

王祥珩著，益智书店出版。该书内容包括：是天动还是地动呢，运动不息的地球，昼夜怎样划分，春夏秋冬的循环，一天的时间怎样计算，现在几点钟了，一天有两个不同的日期，谈谈历法，怎样推算 24 个节气等。

1954 年《北极星》

顾全甫著，少年儿童出版社出版。该书先从地球上的北极谈到天空的北极，再谈到天北极附近的北极星，以及如何利用北极星来测定地球上的方向。最后还谈到天北极附近的三个星座（大熊座、小熊座和仙后座）的位置，来说明它们与季节和时刻的关系。

1954 年《行星的改造》

苏联伊林著，原书于 1951 年在苏联出版，王汶翻译，中译本由中国青年出版社出版。该书主要分为三部分，第一部分是人和自然，第二部分是征服大自然，第三部分是行星的改造。随着科学技术的发展，作者鼓励人们科学地改造自己的行星。

1954 年《和暖的太阳》

石廷汉著，少年儿童出版社出版。该书的内容包括太阳有多大、多远、多重，太阳上有多热，太阳的构造，太阳能的利用等。

1954 年《日食和月食》

"少年儿童知识丛书"之一，卞德培著，少年儿童出版社出版。该书介绍了世界上最古老的日食和月食记录、日食和月食的迷信传说，阐释了形成日食和月食的条件以及如何观看日食，预测了今后将发生的日食和月食。川西、川北科学技术普及协会于 1953 年也出版了以《日食和月食》为名的小册子。

1954 年《太阳的工作》

高士其著，中国青年出版社出版。该书包括科学知识内容的诗 5 首，分别是太阳的工作、土壤——制造植物的工厂、手的进化、脚和交通工具、冬天老人的警告。

1954 年《太阳的故事》

"通俗科学小丛书"之一，祝贺编撰，通俗读物出版社出版。该书通俗地介绍了一些关于太阳的基本科学知识。比如，太阳是什么东西、太阳的光和热是从哪里来的、太阳和地球上一切生物的关系如何、太阳对人类有什么好处、如何利用太阳能等。

1955 年《恒星世界》

"天文基本知识"丛书之一，贺天健著，中华全国科学技术普及协会出版。该书告诉我们，恒星都是发光发热的"太阳"，而且很多恒星比太阳大、比太阳亮；然后介绍了恒星的情况，包括它的亮度、星等和光的类型；最后又介绍了星团，让读者对宇宙的基本构造有了一个基本的了解。

1955 年《普及式月地运行仪》

张俊德编著，江苏人民出版社出版。该书主要介绍了普及式月地运行仪。普及式月地运行仪给普及天文学知识、解决地理教学难点提供了形象直观的设备支持，可以解说太阳、地球、月球之间的关系，以及因地球、月球的运行而发生的昼夜、四季、日食、月食等现象，并对破除"天狗吃月亮"等迷信发挥了重要作用。

1955 年《人类怎样认识了宇宙》

苏联 C. K. 符谢赫斯维亚茨基著，郭正谊译，中华全国科学技术普及协会出版。该书介绍了人类对宇宙的认识历程，重点介绍了哥白尼、伽利略、罗蒙诺索夫等科学家的贡献，介绍了苏联科学家在唯物主义理论指导下在认识宇宙方面取得的重要成绩。

1955 年《时间》

"苏联百科大全书选译丛书"之一，苏联米哈伊洛夫著，何仙槎翻译，人民出版社出版。该书论述了时间是物质存在的基本形式之一。

1955 年《苏联天文学的成就》

苏联伏龙卓夫-维略明诺夫（Б. А. ВОРОНЧОВ-ВЕПЬЯМИНОВ）著，易瑾翻译，郭恕可校订，中华全国科学技术普及协会出版。该书比较全面地介绍了苏联天文学的成就。首先综合地介绍了苏联天文学的发展情况以及在世界上的地位，然后详细叙述了行星、彗星、太阳、宇宙构造、天体演化、应用天文学和仪器制造等方面的成就，最后指出唯物辩证法对天文学研究的指导作用。

1955 年《太阳的构造和演化》

苏联玛谢薇琪著，鲍永泉、王立文翻译，中华全国科学技术普及协会出版。该书介绍了太阳和恒星的年龄、恒星世界的规律性、恒星是怎样构成的、恒星的能源和太阳的演化等知识。

1955 年《太阳的光线》

苏联卡里金（Н.Н.Калитин）著，石燕译，王鹏飞校订，科学出版社出版。该书主要介绍了地球大气对太阳光线的影响、太阳的辐射以及在地球上的辐射强度、太阳辐射的光谱构成、太阳光对动植物的作用、太阳光的医疗作用、太阳辐射在工程和日常生活中的作用等科学知识。

1955 年《太阳探险记》

郑文光著，少年儿童出版社出版。该书为科学幻想小说，主要包括第二个月亮、征服月亮的人们、从地球到火星、太阳探险记 4 个部分。

1955 年《天上的星星》

"少年儿童知识丛书"之一，沈世武著，少年儿童出版社出版。该书从小朋友看到的流星谈起，谈到常见的北斗星、北极星、牛郎星、织女星，然后再谈到一般的恒星，它们有多远、多大、多热、多重，最后谈到太阳系是银河系的一分子，而银河系是宇宙的一分子，使读者对于宇宙之大有一个正确的认识。该书还介绍了浑仪等中国古代天文仪器。

1955 年《天上有多少星》

苏联奥高洛特尼可夫著，郭恕可译，卜德培担任责任编辑，中华全国科学技术普及协会出版。该书可以帮助我们正确地认识宇宙，告诉我们天文学家为什么要研究恒星，用什么方法研究恒星的运动、分布、光度和恒星世界的构造以及现代仪器还观测不到的恒星，最后回答了天上有多少星的问题。

1955 年《天体的起源和演化》

苏联费森科夫（В.Г.Хесенков）著，石燕译，戴文赛、席泽宗校订，科学出版社出版。该书用通俗的语言介绍了苏联在天体演化方面的成就，详细讨论了恒星的本质和起源，以及太阳系起源和气体尘埃云的发展。书中的大部分图片都是当时用苏联的望远镜最新拍摄的。

1955 年《天文常识》

"科学普及小丛书"之一，朱宏富著，江西人民出版社出版。

1955 年《天文学·天体照相学》

"苏联大百科全书选译"丛书之一，阿葛罗德尼科夫与捷依奇著，何仙槎译，人民出版社出版。该书介绍了天文学的分类和天文学的发展史，介绍了苏联的天文学成就，以及天体照相学的知识。书中一些插图就是苏联天文台拍摄的天文照片。

1955 年《小白兔游月亮》

"少年儿童知识丛书"之一，魏寅生著，严折西绘图，少年儿童出版社出版。

1955 年《宇宙到底有没有开端》

"苏联大众科学丛书"之一，库尼茨基（Р. В. Куницкий）著，程普、钟佐华译，商务印书馆出版。该书共分 5 章，第一章介绍了天文学的一些基本知识；第二章介绍了有关宇宙起源的古代神话；第三章叙述了从神话到科学的发展；第四章叙述了对宇宙起源科学解释的尝试；第五章对宇宙到底有没有开端进行了回答。

1955 年《月亮的故事》

徐青山著，少年儿童出版社出版。该书的主要内容包括关于月亮的神话，月亮有多大、离我们有多远，月亮上的"山"与"海"，看得见的半面和看不见的半面，月出月落为什么有早晚，月亮为什么绕着地球转，到月亮上去旅行等内容。

1955 年《中国古代天文学简史》

陈遵妫著，上海人民出版社出版。该书较为全面地介绍了中国古代的天文学成就。值得一提的是，该书还介绍了写作这本书的缘由。1937 年，陈遵妫收到日本天文学家、京都大学花山天文台台长山本一清的来信，说国际天文学联合会委托他主持收集中国古代天文学史料，希望中国的天文研究所予以帮助。陈遵妫认为收集中国古代天文史料，不应该让日本人来做，于是就开始创作《中国古代天文学简史》。

1956 年《别的星星上有生物吗？》

"儿童自然科学丛书"之一，郭正谊著，中国少年儿童出版社出版。

1956 年《到月亮上去》

少年儿童读物，鲁克编著，山东人民出版社出版。该书从后羿射日的神话开始，大胆幻想，讲述了从地球到月球上的旅途中发生的故事，介绍了月球为什么有圆缺等天文知识。

1956 年《地球的起源》

中俄文对照，北京地质学院苏联专家瓦·尼·帕夫林诺夫著，马万钧等译，地质出版社出版。该书是由帕夫林诺夫教授为讲授普通地质学的中国教师编写的，用于提供有关"地球在宇宙太空中的位置及地球的起源"的相关材料。书中详细阐述了关于宇宙起源、太阳系起源、行星及地球起源的各类学说和流变。

1956 年《地球在宇宙中》

王振鸿著，新知识出版社出版。该书介绍了地球在宇宙中的位置、地球的公转运动和四季的形成、地球的自转运动和昼夜长短的道理、月球的盈亏现象和出没时间、日食和月食、阳历和阴历等知识。

1956 年《彗星》

萧云编著，江苏人民出版社出版。该书通俗地讲解了彗星在天空中的运行情况，并介绍了彗星的形状、大小、质量和构造等。

1956 年《论火星上是否有生命》

苏联费森科夫、吉霍夫（Г. А. Тихов）著，宋惕冰译，科学出版社出版。该书是"科学译丛"之一，由两篇文章组成，分别是《论火星上的物理条件及生命存在的可能性》《论火星上生命存在的可能性》。

1956 年《普通实用天文学》

苏联波波夫（П. И. Попов）著，刘世楷译，科学出版社出版。该书叙述了天文学上确定方位和时间的简要方法。

1956 年《普通天文学实验》

程廷芳编著，商务印书馆出版。该书适用于师范院校或者综合大学的天文学专业学生阅读。一部分是实验室根据外文资料编写而成，一部分是作者自己所写的。

1956 年《认识宇宙》

"自然科学知识通俗讲话"第一讲，李杭讲，北京市科学技术普及协会编，中国青年出版社出版。该书的作者是李杭，而不是李杭，发现印刷错误后，出版社在图书封面张贴了更正，并请作者和读者原谅。

1956 年《日食和月食》

"自然科学知识小丛书"之一，解俊民编，吉林人民出版社出版。这本书主要是根据科学道理说明日食和月食发生的原因，有助于人们破除"天狗吃月亮""野月吃家月"等迷信思想。

1956 年《日月星辰》

科学知识读物之一，由新知识出版社编辑出版。该书由 18 篇有关宇宙现象的文章组成，读者可以从中获得一些天文学知识。该书分别说明了太阳、地球、月亮、天河、火星、金星、彗星、流星和其他星球的构造、运动，以及它们同人类生活和生产活动的关系。此书配图较多。

1956 年《太阳的家庭》

"通俗科学小丛书"之一，卞德培著，通俗读物出版社出版。这本书纠正了人们的一些错误认识，比如认为太阳绕着地球转等，介绍了太阳是什么、月亮是什么、地球是什么以及太阳月亮地球之间的关系，使读者对与地球密切相关的天体有了一些浅显的认识。

1956 年《太阳系结构学说发展简史》

苏联 P. B. 库尼茨基著，何明译，科学出版社出版。这是一部通俗的天文学史话，对苏联取得的天文学成就和当时的研究重点进行了特别介绍，不但介绍了哥白尼、布鲁诺、伽利略和开普勒等西方科学家，尤其值得一提的是，这本书还对东方国家取得的天文学成就给予了应有的介绍。

1956 年《太阳系起源论》

该书主要是讲述科学和科学家的故事，苏联柴里柯维奇著，陈铁心译，科学技术出版社出版。

1956 年《谈天说地》

文化补充读物，楚光著，江苏人民出版社出版。

1956 年《天文爱好者手册》

苏联库利考夫斯基著，中国科学院紫金山天文台译，科学出版社出版，繁体字印刷。该书中选录了大量的实用资料和知识，还有球面三角等数学方法以及若干实用天文学的内容。

1956 年《小路路游历太阳系》

儿童科学幻想故事图书，崔行健编著，山西人民出版社出版。

1956 年《宇宙间的生命》

苏联巴拉巴舍夫著，郭正谊、李洛童翻译，徐克明担任责任编辑，中华全国科学技术普及协会出版。

1956 年《宇宙是什么》

李杬著，通俗读物出版社出版。这本小册子介绍了关于宇宙的基本知识。首先谈到人类怎样认识宇宙，以及在认识宇宙的问题上科学和迷信所进行的长期斗争，然后谈到太阳家族中的九大行星（当时冥王星还位列九大行星之中）和各种不常见的现象，最后说明了星的世界和整个宇宙的构造。

1956 年《月亮的故事》

阮其著，通俗读物出版社出版。该书介绍了中国古代嫦娥奔月的故事，介绍了月亮有多大、距离我们有多远，月亮是怎么运动的，月亮为什么会有圆缺，月亮表面的情形，月食，并畅想我们要到月亮上去。

1956 年《在月球上》

苏联齐奥尔科夫斯基著，联星译，中国青年出版社出版。该书通过一个小朋友的梦境描写了在月球上观看地球和做实验的神奇景象。这本书附带的文章——《齐奥尔科夫斯基会见记》（伏洛比耶夫）介绍了齐奥尔科夫斯基的生平和成就，是了解齐奥尔科夫斯基这位苏联"航天之父"事迹的珍贵文献。

1957 年《春夏秋冬》

饶忠华编写，上海文化出版社出版。这是一本围绕四季天气变化介绍有关天文和气象知识的通俗读物，重点介绍了春夏秋冬四季比较重要的天气现象。

1957 年《大地和天空》

舒寿祺编著，河北人民出版社出版。该书插图形象生动，比如用图片描述以前人们在日食的时候恐怖的表情、麦哲伦航海证明地球是圆的、伽利略用望远镜观测天空、布鲁诺被火烧死等。

1957 年《地球与月亮》

王绶琯著，科学普及出版社出版。该书用文艺的笔调，轻松活泼地介绍了地球、月亮和太阳的质量，以及它们之间的影响，说明了地球和月亮的运动情况，以及发生昼夜、季节、月食、潮汐的原因。最后用嫦娥奔月的故事介绍了月面上的情况。

1957 年《国际地球物理年》

"自然知识丛书"之一，李珩著，上海科学普及出版社出版。《科学大众》曾于 1957 年 7 月提出专刊纪念国际地球物理年。

1957 年《什么是彗星》

"通俗科学小译丛"之一，苏联齐格尔著，赵云樽译，科学普及出版社出版。彗星一向被认为是不吉利的星，人们一度认为彗星一旦出现就会给人间带来灾祸，该书以通俗的语言介绍了什么是彗星，有利于破除迷信，普及天文知识。

1957 年《为人类服务的天文学》

赵却民著，科学普及出版社出版。该书告诉我们日历和时刻是怎样从天文现象中定出来的，阳历和农历是怎样发展起来的，还简要介绍了怎样用天文现象确定方向的办法，这对于航海、航空和野外作业十分有帮助。

1957 年《小行星》

"通俗科学小译丛"之一，苏联克里诺夫著，桑志治译，科学普及出版社出版。小行星是太阳系中为数很多的天体，该书简要介绍了小行星的发现史和观测方法，还讨论了小行星的物理性质和起源等问题。

1957 年《怎样识星》

程廷芳原著，南京大学天文系修订，江苏人民出版社出版。该书主要叙述了中国可见的星座、星图上常见名词的解释、室外观测星星，重点介绍了一年十二月的天象图，并附有两张四季星图。

1958 年《北京天文馆》

北野、再生编写，北京出版社出版。后期又出版了北京古代天文仪器陈列馆彩色折叠宣传册。

1958 年《到宇宙去旅行》

李杭著，北京出版社出版。该书由 11 篇通俗科学小品组成，介绍了有关日月星球的浅显知识，还谈到了苏联发射的人造地球卫星和未来的宇宙航行。该书是用旅行笔记的方式来写的，仿佛是两个好朋友之间拉家常或谈话。读了这些文章，就可以对宇宙的奥秘有一个大概的了解。

1958 年《河南星（星星的传说）》

盛森著，河南人民出版社出版。该书包括关于河南星、黄河星、梗河星和霹雳星等的四个故事。通过故事的形式，介绍了历史上所传说的上述四颗行星的来历，使读者不但增加了历史知识，而且增加了天文常识。

1958 年《天文测量学》

李必著，测绘出版社出版。该书除论述球面天文学的主要内容外，还在实用天文学方面，论述当时普遍采用的经纬仪及天文全能仪测量太阳方位角、测北极星定方位角等。

1958 年《天文常识问答》

陈晓中著，科学普及出版社出版。该书以问答形式介绍天文知识，包括太阳、月亮、星辰，以及日食、月食、历法等方面的内容。题目大部分是从紫金山天文台多年来的公众来信得来，还有一部分是从北京天文馆的公众来信中得来。

1958 年《天文学名词（俄英中对照试用本）》

俄英中对照试用本，中国科学院编译出版委员会名词室编订，科学出版社出版。该书由序例、检字表和正文组成。

1958 年《太阳活动》

龚树模著，科学普及出版社出版。太阳和人类生活有着密切的联系，因此该书主要论述了太阳的活动，以及对地球的重要影响。该书还附有太阳黑子观测方法，对于读者研究天文和观测太阳黑子具有指导意义。

1959 年《地球的故事》

"通俗科学小丛书"之一，常珏著，文字改革出版社出版，包括地球是什么、地球的运动、地球是怎么来的三节。

1959 年《科学技术名词解释——天文部分》

北京天文馆编，科学技术出版社出版。该书主要是解释天文名词，以解决读者学习天文知识路上的"拦路虎"，具有工具书的性质。

1959 年《日月交食基本原理》

胡继勤编著，商务印书馆出版。该书简要介绍了太阳和月球的运行规律与构成交食的各种情况。以几何学方法说明了基本原理，叙述了日月的物理概况和一些近代理论、观测方法。书中还附有 50 年内日全食表和月全食表，方便读者查询。

1959 年《太阳的故事》

祝贺著，文字改革出版社出版。该书通俗地介绍了关于太阳的一些科学知识。比如，太阳是什么，太阳的光和热是从哪里来的，太阳和地球上生物的关系，太阳对人类有什么好处，以及如何让太阳替我们干活等。

1959 年《宇宙》

解放军战士社出版。该书根据《宇宙是什么》《太阳和太阳系》《宇宙》等书改编而成。

1959 年《宇宙的故事》

李元著，文字改革出版社出版。该书告诉我们人类是如何揭示宇宙的秘密的，让我们对宇宙有个大概了解。该书是注音本，有利于文化程度低的读者学习天文知识，也有利于认识汉字。

1959 年《宇宙是什么》

苏联古列夫著，马广志译，科学技术出版社出版。该书说明了天文学在帮助公众树立正确的世界观方面的重要意义，揭露了各种宗教和唯心主义派别对天象的幼稚观念与错误看法，然后着重说明了宇宙的构造和演化，以及太阳系和地球将来的命运。该书对于破除迷信、解放思想、树立唯物主义观点有一些帮助。

1959 年《宇宙物质》

苏联依德里斯著，李竞翻译，科学出版社出版。该书介绍了人类对太阳系的认识，以及通过银河系认识宇宙的道路。

1959 年《月亮的故事》

"通俗科学小丛书"之一，阮其著，文字改革出版社出版。该书主要由 7 部分组成：嫦娥奔月的故事，月亮有多大、多远，月亮是怎样转动的，月亮为什么会有圆缺，月食，月亮表面的情形，到月亮上去。

1959 年《自然知识问题解答 5》

鲁文等编写，河北人民出版社出版。该书通过解答问题的方式，浅明且系统地介绍了天文与历法方面的一般科学知识，如什么是太阳系、月亮上的黑影是什么、为什么会从天上掉下石头来等 90 个问题，并附有多幅照片和插图。

1961 年《揭开火星的秘密》

张翼轸著，少年儿童出版社出版。该书深入浅出地介绍了有关火星的科学知识，介绍了人类是如何逐步揭开火星秘密的。对于读者比较关心的几个问题，如火星上究竟有没有生物、火星的卫星是不是人造卫星、将来人类怎样去征服火星做了比较详细的回答。

1963 年《哥白尼》

李珩编著，商务印书馆出版。该书主要介绍了哥白尼之前的天文学、哥白尼的生活与工作、哥白尼学说的胜利和影响。

1964 年《太阳壮观》

"自然科学小丛书"之一，史忠先著，北京出版社出版。该书介绍了太阳并不是一片火海，还有着数不尽的壮丽风光。通过阅读该书，读者可以了解太阳和恒星的基本知识。

1965 年《大众天文学 第一分册 地球·月亮》和《大众天文学 第二分册 太阳·行星世界·彗星·流星与陨星》

苏联 C. 弗拉马利翁著，李珩译，科学出版社出版。《大众天文学》是法国著名天文学家弗拉马利翁为读者写的一本中级科普读物。作者以流畅的文笔、生动的语言、大量精美的插图，将奇妙的宇宙展现在读者面前，原书共分 7 篇，分别介绍了地球、太阳、月亮、行星世界、彗星、流星与陨星、恒星宇宙及天文仪器。出版之际，根据天文学的最新发展，又增加了一些译者注，方便读者理解。

1965 年《你知道吗？ 天文气象（1）》

卞德培、陶世龙著，中国青年出版社出版。该书讲的是天文方面的知识，解释了有关星星、太阳、月亮、地球、历法、节气、时间等方面的问题。

1965 年《新星》

"自然科学小丛书"之一，戴文赛著，北京出版社出版。该书介绍了新星的种类、新星的亮度变化和光谱变化、新星的面貌和新星的爆发，以及研究新星的意义。

1965 年《银河漫游》

"自然科学小丛书"之一，翁士达著，北京出版社出版。该书介绍了银河系的结构和运动，揭示了银河系的面貌，向读者介绍了研究银河系的意义。

1965 年《宇宙概念的发展》

苏联别列里著，马广志译，科学出版社出版。该书介绍了宇宙概念发展的历史，从远古的观点谈到现在的科学成果。重点介绍了 18 世纪、19 世纪以及现代关于宇宙构造和演化方面的观点的发展，并介绍了一些天文学家，对读者了解宇宙有帮助。

1972 年《天文、地质、古生物资料摘要（初稿）》

李四光著，科学出版社出版。毛泽东曾请李四光帮他收集有关地质科学的资料，并提出想读他写的书。在该书中，李四光引用了大量的天文、地质、古生物等方面的资料，阐述了地质科学在其发展过程中所存在的一些问题，提出了他的一些独特见解。

1973 年《杰出的天文学家哥白尼》

"历史小丛书"之一，钟山行著，北京人民出版社出版。该书介绍了哥白尼所处的历史时代、哥白尼提出日心说的历程以及人类对宇宙认识的不断进步。

1973 年《天体运行论》

哥白尼著，李启斌翻译，科学出版社出版。该书原文为拉丁文，于 1543 年出版，是波兰天文学家哥白尼阐述日心说的不朽著作，概括了日心说的基本思想和主要论据，包括日心说的主要内容。

1973 年《宇宙的秘密》

朱志尧著,辽宁人民出版社出版。该书介绍了宇宙是什么、人类的老家——地球、离我们最近的天体——月球以及热和光的源泉——太阳、气象万千的恒星世界等知识。

1974 年《天体的来龙去脉》

"自然辩证法丛书"之一,余衡泰著,上海人民出版社出版。该书以唯物辩证法为指导,通俗地阐述了天体的起源和演化问题,介绍了恒星的生死转化过程、太阳系的诞生和发展、地球的形成和演化等知识。

1975 年《彗星漫谈》

徐登里等编著,科学出版社出版。该书是一本中级科普读物,对彗星是什么样的天体、它是由什么组成的、为什么它有尾巴、观测彗星有什么意义、怎样寻找彗星等问题都有概括的介绍。

1975 年《银河系》

"自然科学小丛书"之一,翁士达著,北京人民出版社出版。该书由银河的面貌、银河系、银河系的"居民"、银河系的运动、遥望河外星系、研究银河系的意义等部分组成。

1976 年《地球自转》

W. H. 芒克、G. J. F. 麦克唐纳著,李启斌等译,科学出版社出版。该书从动力学、固体力学、洛夫数的基本理论出发,研究了地球自转变化和各种地球物理因素的联系。全书对自转速度在地质年代的变化、有史以来的变化、长期变化、不规则变化、周年变化、突变和地极的长期漂移等现象给予了地球物理解释。

1976 年《日食和月食》

"自然科学小丛书"之一,北京天文馆、上海自然博物馆天文组编写,北京人民出版社出版。

1976 年《太阳和太阳能》

中学生课外读物，尤异编，吉林人民出版社出版。

1976 年《天文知识》

"青年自学丛书"之一，南京大学天文系《天文知识》编写组编写，上海人民出版社出版。该书由天文学与社会实践、星空与望远镜、地球、月亮、太阳、太阳的家族等部分组成，内有大量插图，黑白、彩色照片众多。

1976 年《天文知识》

上海市少年宫编文，上海人民出版社出版。该书为连环画，用形象化的方法向青少年介绍天文知识，如春夏秋冬、地球公转等。

1979 年《天体是怎样演化的》

李启斌著，中国青年出版社出版。该书通俗地介绍了现代天文学所认识的宇宙间各种重要天体和天体系统的基本特性，以及有关它们的起源和演化历史的各种学说，并力求用唯物辩证观点对各种学说进行分析和评价。读者从这本书中不仅可以获得有关天体演化的最新知识，而且可以获得有关科学研究的方法论方面的某些启示。

1979 年《正在变化的宇宙——新天文学》

英国约翰·格里宾著，董泰译，科学技术文献出版社出版。射电天文学的建立为研究宇宙提供了新的手段，天文学家因此做出了大量具有深远科学意义的研究，如类星体、脉冲星、星际分子、宇宙背景辐射等。尤其是近年来人造地球卫星和宇宙飞船的翱翔，使天文观测的谱段大大扩充，揭示了 X 射线、伽马射线源的存在。此书突出介绍了 20 世纪 70 年代以来新天文学中 16 个重大领域的研究概况，值得广大天文爱好者一阅，也可供大专院校有关专业师生参考。

1980 年《星星离我们多远》

卞毓麟编著，科学普及出版社出版。作者把历代天文学家创造"量天尺"的过程娓娓道来，介绍了从近处的月亮到极远处的类星体的距离的量估，包括大量的天文知识和历史知识。作品文笔流畅，故事性强，是难得的天文科普佳作。

1981 年《最初三分钟——宇宙起源的现代观点》

美国 S. 温伯格著，原作名：*The First Three Minutes：A Modern View of the Origin of the Universe*，科学出版社出版，冼鼎钧译。这本科普读物为 1979 年诺贝尔物理学奖得主、美国物理学家和宇宙学家 S. 温伯格在 1977 年写的一本畅销书，被公认为科普读物的里程碑。作为一位知名的权威专家，温伯格在书中向世人描绘了一幅完全令人信服的宇宙起源图，包括在大爆炸之后仅仅数秒或几分钟内出现的详细过程。

1983 年《宇宙黑洞的秘密》

美国阿西莫夫著，李立昂译，知识出版社出版。黑洞在天文学中还是一个较新的名词，美国著名科学幻想小说家阿西莫夫用通俗的语言介绍了星空中这个奇特的现象，他从原子的内核一直到宇宙的极限，纵谈黑洞的由来及其意义。

1985 年《哈雷彗星——天文知识趣谈》

卞德培著，新蕾出版社出版。20 世纪 80 年代初世界各国的科学家、业余天文爱好者和各国人民，特别是青少年，正像迎接远方亲人似的，等待着哈雷彗星的回归，翘首仰望长空，希望有朝一日自己能先睹哈雷彗星为快。在这种情况下，这本小册子打算赶在 1985 年底哈雷彗星逐渐接近地球之前，先为大家提供一些关于哈雷彗星和一般彗星的知识。

1985 年《欢迎您！哈雷彗星》

万籁编著，知识出版社出版。举世闻名的、76 年才回归一次的哈雷彗星，于 1985 年底飞临地球。该书以通俗流畅的笔法，着重介绍了彗星的结构形态，观测彗星的目的、意义和观测方法，以及这次哈雷彗星回归时的旅程表，各国为了监测哈雷彗星所发射的飞船，另外还有业余天文爱好者观测记录表，以便将记录表寄往天文台或有关国际组织。该书还附有近 50 幅插图，其中有 10 幅珍贵的彩色插图，是读者了解和观测哈雷彗星的好向导。

1987 年《新太阳系》

卡尔·萨根等著，张钰哲、王绶琯等译，上海科学技术出版社出版。该书由

21 位著名学者执笔，全书 20 章，一个引言，一个附录。每章都由一位（或两位）本领域的权威学者撰写，其中包括历次发射宇宙飞船计划的主持人和主要科学家。原书附有三百多幅照片和插图，半数为近几年由宇宙飞船和探测器拍摄到的彩色照片。

1989 年《当代天文学和物理学探索》

F. 霍伊尔、J. 纳里卡著，何香涛、赵君亮译，科学出版社出版。霍伊尔写过大量天文科普著作，在当代天文学界具有卓越地位。《当代天文学和物理学探索》一书以物理学的四种作用力为框架，系统地介绍了天体物理学的知识，其中包括近代天文学的历史和研究成果，以及作者自己创立的学说。

1991 年《天学真原》

江晓原著，辽宁教育出版社出版。该书不是传统意义上阐述中国古代天文学成就的著作，也不是一部中国天文学史，而是一部带有科学社会学和文化人类学色彩的专论，旨在揭示中国古代"天学"的政治性质、文化功能和社会角色——而所有这些都与现代的天文学毫无共同之处。在此基础上，该书对中国古代社会一系列以前不易理解或长期被误解的现象，给出了全新而富有说服力的解释。

1992 年《时间简史——从大爆炸到黑洞》

史蒂芬·霍金著，许明贤、吴忠超译，湖南科学技术出版社出版。时间有初始吗？它又将在何地终结呢？宇宙是无限的还是有限的？霍金教授遨游到外层空间奇异领域，对遥远星系、黑洞、夸克、大统一理论、"带味"粒子和"自旋"粒子、反物质、"时间箭头"等进行了深入探讨——其出乎意料的含义引起了人们的极大兴趣。他揭示了当日益膨胀的宇宙崩溃时，时间倒溯引起人们不安的可能性，那时宇宙分裂成 11 维空间，一种"没有边界"的宇宙理论可能取代大爆炸理论和上帝。《时间简史》对我们这些喜用言语表达甚于方程式表达的读者而言是一本里程碑式的佳书。它出于一个对人类思想有杰出贡献者之手，这是一本对知识无限追求之作，是对时空本质之谜不懈探讨之作。

1992 年《一千亿颗太阳——恒星的诞生、演化和死亡》

鲁道夫·基彭哈恩著，赵君亮、朱圣源译，上海远东出版社出版。该书以银河系恒星为主要对象，对恒星的诞生、演化和死亡做了精彩、透彻的描写。该书论述了当时所知的恒星演化方面的主要事实，提出了有待进一步研究的方向。该书不仅涉及这些天体物理学理论的基本方面，同时还告诉读者科学家是如何工作的。因此该书既是一本关于天文学的书，又是一本关于天文学家的书。

1994 年《霍金讲演录——黑洞、婴儿、宇宙及其他》

史蒂芬·霍金著，杜欣欣、吴忠超译，湖南科学技术出版社出版。这是一本有关宇宙和它的一位探索者的书。这位探索者不是别人，正是作者本人，剑桥大学的史蒂芬·霍金。他惊天动地的学说彻底改变了人类的宇宙观。宇宙的演化孕育出生命、思维和智慧，宇宙之于生命，犹如母亲之于婴儿。只要我们生活得稍微抽象一些，暂且忘却一下世界的无聊，就能从宇宙这本大书中读到真善美。

1995 年《万古奇观——彗木大碰撞及其留给人类的思考》

卞德培编著，科学普及出版社出版。该书对 1994 年发生的"彗木大碰撞"事件进行了介绍，在描述这次碰撞的前因后果、科学家对此的预测和研究的同时，深入探讨了人类该采取怎样的有效对策和措施。该书文风朴素，深入浅出，风格独特，是一部普及天文学知识的佳作。

1997 年《探求上帝的秘密——从哥白尼到爱因斯坦》

赵峥著，北京师范大学出版社出版。该书特别介绍了地球上文明的起源和进步，介绍了自然科学的诞生和发展。该书以哥白尼、伽利略、牛顿和爱因斯坦的贡献为主线，描述自然科学的重大成就和重要思想；以霍金和彭罗斯的贡献为核心，阐述当代的时空理论，介绍相对论研究的最新成果。书中还包括作者本人的一些研究心得。

1999 年《天文学的明天》

李竞著，广西教育出版社出版。该书首先回顾了 20 世纪天文学领域的四项划时代的成就——宇宙探索从光学波段到全波波段的延伸、太阳和太阳系天体的空间探测、恒星从诞生到消亡的演化历程、宇宙的大尺度结构和动向特征，进而展望 21 世纪对尚未洞悉的天文奥秘和疑难的研究前景。书中配有精选插图近 70 幅，其中大部分太空美术作品属首次与读者见面。

1999 年《银河系之外》

何香涛、李冰著，广西教育出版社出版。人人都向往了解宇宙的奥秘。该书系统而生动地描述了宇宙的现在、过去和未来。宇宙是在一次大爆炸中诞生的，宇宙中分布着大大小小与银河系相似的河外星系，有正常星系也有活动星系……这些在书中一一娓娓道来。

2000 年《黑洞与时间弯曲——爱因斯坦的幽灵》

基普·S.索恩著，李泳译，湖南科学技术出版社出版。这本书讲的是我们在空间和时间上的革命及其重要结果，有些现在还不明朗。它也是一个迷人的故事，作者曾亲历过为认识黑洞这一也许是宇宙间最神秘事物的奋斗和成功。1915年，爱因斯坦提出一个理论，把时间和空间结合为一种叫"时空"的东西，它不是平直的，而是被其中的物质和能量弯曲（或卷曲）了。在我们邻近，时空几乎是平直的，在正常情况下不会出现曲率带来的差异。但在宇宙更远的地方，时空弯曲的某些结果比爱因斯坦认识的更加惊人。一个结果是，恒星可能在自身作用下坍缩，使周围空间弯曲从而将自己同宇宙其他部分分裂开来。如何证明这个结果？如何发现坍缩在空间下的黑洞的奇异性质？这正是本书的主题。

2000 年《霍金的宇宙》

美国戴维·费尔津著，赵复垣译，海南出版社出版。自从宇宙学家发现河外星系正在纷纷以非同寻常的速度相互远离以来，人们对于宇宙问题的兴趣就达到了空前的程度。对于星系相互远离运动的理解使科学家建立起了一种关于宇宙诞生的理论——大爆炸理论。从这个理论出发，斯蒂芬·霍金与其他物理学家感到在处理一些关于宇宙的基本问题如"宇宙的本质是什么"时，遭遇到了挑战。《霍金的宇宙》一书演绎了他们这方面的工作，并对一些引起了我们极大好奇心的现象给出了简明的解释。

附录二　近现代中国天文科普书目列表

本书所统计的近现代天文科普书目，主要取自：《近代译书目》（王韬、顾燮光等编，北京图书馆出版社，2003 年 10 月第 1 版）、《近代汉译西学书目提要（明末至 1919）》（张晓编著，北京大学出版社，2012 年 9 月）、《民国时期总书目：自然科学·医药卫生（1911—1949）》（北京图书馆编，书目文献出版社，1995 年 11 月第 1 版）以及中华人民共和国成立后各年的《全国总书目》。

清末民初书目，主要参考（按优先级排序）：《近代汉译西学书目提要（明末至 1919）》、《近代译书目》、《西学东渐与晚清社会》（熊月之著，上海人民出版社，1994 年第 1 版）、《中国近代民众科普史》（王伦信、陈洪杰、唐颖、王春秋著，科学普及出版社，2007 年第 1 版）。

民国时期书目，主要参考（按优先级排序）：《民国时期总书目：自然科学·医药卫生（1911—1949）》以及《全国总书目 1949—1954》（新华书店总店编印，1955 年第 1 版）中补录的民国时期图书。

中华人民共和国成立后书目，主要参照新华书店发行的《全国总书目》进行选择性录入：《全国总书目 1949—1954》中，录入天文类与少年儿童读物自然科学类。1949 年 10 月 1 日前出版的图书、图片、画册，在本年内重印的也编入在内。1949 年 10 月 1 日至 1954 年底出版的图书，在本年内重印的不编入。1955—1965 年《全国总书目》改为每年发行一册。对于 1965 年《全国总书目》和 1970年《全国总书目》未收录的图书，一律补入《全国总书目 1966—1969》。

随着《中国图书馆分类法》的不断完善，《全国总书目》的分类也越来越细化，天文科普图书分布在各类学科及类别中，如 B（反迷信）、N（自然科学科普）、V（太空）等，在录入表格时也一并检索。相关学科中侧重天文内容的也一并计入。例如，地球科学中讲述地球在空间中的位置、运行而非地质演化的图书；航空航天中侧重空间环境和轨道计算的图书；气象学中讲述季节和节气天文起源的图书；太空科幻文学中知识性强于故事性的图书；等等。

在筛选科普图书时，不包括教材、教辅、教具、挂图、日历年历等类别的图书。同一著作、同一译著者的不同版次，不同出版社，不同少数民族语言的书目视为同一版本，不再单独列出。综合类图书中天文部分未独立成卷的，如《十万个为什么》，未注明天文类的自然科学名人传记，以及未正式出版发行的手册、讲稿、抄本和宣传材料等也未收录在内。

我们也收录了部分从书名上看不易分辨的非科普类图书，并加以注明，如研究专著、大学教材、占星命理、未解之谜、一家之言等。这部分图书没有用作统计分析，但仍列入书目中，并在编号上以*标示，以便读者甄别参考。故总共列出的书目有1444条，其中有1282种被认定为天文科普图书进行统计分析。

在整理过程中，我们尽可能核对了原书，检查各项信息数据，以真实记录编译著者及出版信息。因此，部分信息可能会与最初收录来源中的信息有所出入。

编号	书名	出版时间	作译者	出版单位
1	天文略论	1849	〔英〕合信著	墨海书馆
2	天文问答	1849	〔美〕哈巴安德著	华花圣经书房
3	日食图说	1852	〔美〕玛高温著	华花圣经书房
4	天文问答	1854	〔美〕卢公明著	福州
5	谈天	1859	〔英〕J. F. 赫歇耳著，〔英〕伟烈亚力、李善兰译	墨海书馆
6	天文浅说	1869	〔美〕薛承恩著	福州美华书局
7	天文启蒙	1880	〔英〕骆克优著，林乐知、郑昌棪译	江南制造局
8	日月星真解	1882	〔英〕杨格非著	汉口圣教书局
9	天文图说	1882	〔美〕柯雅各著，〔美〕摩嘉立、薛承恩译	益智书会
10	天文启蒙	1886	〔英〕赫德著，〔英〕艾约瑟译	上海总税务司署
11	天文须知	1887	〔英〕傅兰雅著	格致书室
12	西国天学源流	1890	〔英〕J. F. 赫歇耳著，〔英〕伟烈亚力口译，王韬笔录	墨海书馆
13	星学发轫引说	1894	〔英〕罗密士著，〔英〕骆三畏述，熙章等录	京师同文馆
14	天文略解	1896	〔美〕李安德，刘海澜订	京都汇文书院
15	天文歌略	1897	叶澜著	贵阳大文书局
16	格土星	1898	〔英〕登林著，陈寿彭译	求是报
17	天文揭要	1898	〔美〕赫士口译，周文源笔述	益智书会
18	天文初阶	1899	〔美〕赫士口译，刘荣桂笔述	上海美华书馆

续表

编号	书名	出版时间	作译者	出版单位
19	天文歌略图释	1899	不详	不详
20	天文问答	1902	王亨统著	美华书馆
21	地球与彗星之冲突	1903	〔日〕横山又次郎著，广智书局译	广智书局
22	日月蚀节要	1903	〔加〕季理斐摘录	上海广学会
23	日月蚀节要	1903	庆白士著	上海商务印书馆
24	三光浅说	1903	〔英〕革笨著，〔英〕华立熙、孙治昌译	广学会
25	时学及时刻学	1903	〔日〕河村重固著，范迪吉等译	会文学社
26	天文问答	1903	〔德〕佘宾王著	土山湾慈母堂印书馆
27	星学	1903	〔日〕须藤传次郎著，范迪吉译	会文学社
28	最新天文图志	1906	〔英〕希特著，叶青译	山西大学堂译书院
29	图解天文学	1915	卢柏·贝尔著，高鲁译	中央观象台
30*	观象岁书	1915	教育部中央观象台著	京华印书局
31	谈天	1915	丁锡华编译	中华书局
32	天空现象谈	1916	丁锡华编	中华书局
33*	天地新学说	1917	苏中宣、姜公羽、张毓祥著	奉天关东印书馆
34	中西星名图考	1917	赵元任著	中国科学社
35	天地辨	1919	赵挹芬著	京城印书局
36	中西对照恒星录	1920	常福元著	中央观象台
37	太阴图说（佘山天文台原图）	1922	〔法〕蔡尚质著，高均译	国立东南大学
38	汉译科学大纲 第一册	1923	〔英〕汤姆生著，胡明复等译	商务印书馆
39	历法	1923	林炯著	商务印书馆
40	新历法	1923	东方杂志社编纂	商务印书馆
41	太阳·月·星	1925	〔日〕吉田弘著，郑贞文、胡嘉诏编	商务印书馆
42	宇宙	1925	〔日〕石井重美著，黄家金译	武昌大学地学会
43*	天文学	1926	王华隆编	商务印书馆
44	宇宙论	1926	周昌寿著	商务印书馆
45*	史记天官书恒星图考	1927	朱文鑫著	商务印书馆
46	均历法	1928	虞和寅著	北京北华印刷局
47	天界现象	1928	许心芸编译，杜亚泉校	商务印书馆
48	大众天文	1930	曹之彦编译	南洋书店
49	流星论	1930	陈遵妫著	国立中央研究院天文研究所
50*	梅氏表之覆测	1930	朱文鑫著	江苏省土地局

续表

编号	书名	出版时间	作译者	出版单位
51	日球与月球	1930	李蕃著	商务印书馆
52	世界之成因	1930	〔日〕石井重美著，林寿康译	商务印书馆
53	太阳	1930	江苏省立教育学院研究实验部编	江苏省立教育学院
54	太阳黑子	1930	青岛市观象台编	青岛市观象台
55	谈天	1930	〔英〕侯失勒著，〔英〕伟烈亚力、李善兰译	商务印书馆
56	谈天（1：科学常识）	1930	李劭青著	中华平民教育促进会
57	天体物理学	1930	周昌寿著	商务印书馆
58	月亮	1930	江苏省立教育学院研究实验部编	江苏省立教育学院
59	诸天讲	1930	康有为著	中华书局
60	日历指南续刊	1931	蒋留春著	思枣室
61	十三月新历法	1931	高梦旦著	商务印书馆
62	世界历法与历法革命	1931	谭云山著	大陆印书馆
63*	新发明天文学	1931	黄翼之著	世界书局
64	行星的故事（上下册）	1932	宋易著	现代书局
65	月亮的故事	1932	宋易著	现代书局
66	太阳的故事	1932	宋易著	现代书局
67	天空的神秘	1932	〔日〕原田三夫著，许达年译	中华书局
68	童子军星象专科	1932	赵慰祖编	少年用品供应社
69	星球和原子	1932	〔英〕爱丁顿著，张云译	中山大学
70	宇宙及其进化	1932	〔英〕琴斯著，张贻惠译	震亚书局
71*	陈振先文存	1933	陈振先著	著者刊
72	从星云说到现世界	1933	夏岂著	个人刊
73	地球和月球	1933	黎锦耀、许达年编	中华书局
74	地球之天体观	1933	张钰哲著	钟山书局
75	东洋天文学史研究	1933	〔日〕新城新藏著，沈璿译	中华学艺社
76	环绕我们的宇宙	1933	〔英〕秦斯著，谭辅之译	辛垦书店
77*	普通天文学	1933	张云编著	国立中山大学出版部
78	太阳	1933	凌履冰编	新中国书局
79	天地形象图说	1933	亦英编译	良友图书公司
80	天界一瞥	1933	〔英〕贝启著，应观兴译	商务印书馆
81	天文	1933	云南省立昆华民众教育馆编	云南省立昆华民众教育馆
82	天文考古录	1933	朱文鑫著	商务印书馆
83	星	1933	林履彬编著	良友图书印刷公司

编号	书名	出版时间	作译者	出版单位
84	星象统笺	1933	高鲁著	国立中央研究院天文研究所
85	应用天文学	1933	夏坚白著	商务印书馆
86	中国人之宇宙观	1933	崔朝庆著	商务印书馆
87	自然界中的太阳	1933	天津市教育局编	天津市教育局
88	自然界中的月亮	1933	梁之麟编	天津市教育局
89	近代物理学中的宇宙观	1933	〔德〕柏伦克著，严德炯译	商务印书馆
90	天文学论丛	1934	张钰哲著	国立编译馆
91*	NAGATA 彗星之轨道	1934	沈璇、今井溱著，张微夫译	自然科学研究所
92	历代日食考	1934	朱文鑫著	商务印书馆
93	历法通志	1934	朱文鑫著	商务印书馆
94*	青岛市观象台天文报告（第 7 号及第 10 号）	1934	青岛市观象台编	青岛市观象台
95	神秘的宇宙	1934	〔英〕琼司著，周煦良译	开明书店
96	天体歌	1934	王净瑶著	晋新书社
97*	天文学名词	1934	国立编译馆编订	商务印书馆
98	同历度量衡币略说	1934	钱理著	著者刊
99	物理世界之本质	1934	〔英〕爱丁顿著，谭辅之译	辛垦书店
100*	西汉时代的日晷	1934	刘复著	国立北京大学
101	星空的巡礼	1934	〔英〕皮脱著，王幼于译	开明书店
102	星体图说	1934	陈遵妫著	国立编译馆
103	星与原子	1934	〔英〕艾丁顿著，张微夫译	辛垦书店
104	宇宙观发达史	1934	〔瑞典〕阿勒里雅斯著，危淑元译	辛垦书店
105	从电子到宇宙	1935	中学生社编	开明书店
106	从原子到银河	1935	〔美〕H. Shapley 著，严鸿瑶译	商务印书馆
107	秋之星	1935	赵辜怀著	开明书店
108	神秘的宇宙	1935	〔英〕James Jeans 著，邰光谟译	商务印书馆
109	天文浅说	1935	〔英〕赛尔韦士著，许煜光译	商务印书馆
110	天文学小史（上册）	1935	朱文鑫著	商务印书馆
111	天文学小史（下册）	1935	朱文鑫著	商务印书馆
112	星图星云实测录	1935	朱文鑫著	商务印书馆
113	星座佳话	1935	黄石著	开明书店
114	宇宙观之发展	1935	〔美〕贝克尔著，冯雄译	商务印书馆
115	宇宙之大	1935	〔英〕J. Jeans 著，侯硕之译	开明书店

续表

编号	书名	出版时间	作译者	出版单位
116	宇宙之物理的本性	1935	〔英〕J. W. N. Sullivan 著，殷佩斯译	商务印书馆
117	宇宙之展开	1935	〔美〕贝克尔著，陈问路译	中外语文协会
118	宇宙壮观	1935	〔日〕山本一清著，陈遵妫编译	商务印书馆
119	民国二十五年六月十九日日全食	1935	陈遵妫著	中国日食观测委员会
120	原子及宇宙（上）	1935	〔德〕H. Reichenbach 著，陈岳生译	商务印书馆
121	原子及宇宙（下）	1935	〔德〕H. Reichenbach 著，陈岳生译	商务印书馆
122	月亮	1935	熊卿云编	商务印书馆
123	陨石	1935	〔日〕加濑勉著，陆志鸿译	商务印书馆
124	自然现象的研究	1935	计志中著	新中国书局
125	地球概论	1936	王安宅著	商务印书馆
126	伽利略传	1936	〔英〕W. W. Bryant 著，蔡实牟译	商务印书馆
127*	高等天文学	1936	张云著	国立编译馆
128*	交食经及其他三种	1936	张寀臣指授，欧阳斌元著法	商务印书馆
129	历法概说	1936	吴昆吾著	著者刊
130*	六经天文编	1936	王应麟著	商务印书馆
131*	民国二十五年六月十九日日全食北海道队观测报告	1936	余青松、陈遵妫著	国立中央研究院天文研究所
132*	民国二十五年六月十九日日全食观测报告	1936	中国日食观测委员会著	中国日食观测委员会
133*	夏小正经传集解·夏小正解·唐月令注·月令七十二候集解·月令气候图说	1936	王云五主编	商务印书馆
134	趣味的天空	1936	〔日〕原田三夫著，单稼书译	光明书局
135	日食和月食	1936	王维克编译	商务印书馆
136	世界历	1936	余青松编	国立中央研究院天文研究所
137	太阳	1936	熊卿云著	商务印书馆
138	太阳研究之新纪元	1936	〔日〕关口鲤吉著，杨倬孙译	商务印书馆
139*	天步真原·春秋夏正	1936	王云五主编	商务印书馆
140*	天步真原（及其他一种）	1936	薛凤祚著	商务印书馆
141	天文家名人传（上册）	1936	〔爱尔兰〕R. Ball 著，陈遵妫译	商务印书馆
142	天文家名人传（下册）	1936	〔爱尔兰〕R. Ball 著，陈遵妫译	商务印书馆
143	天文历数	1936	王冠青编著	正中书局

续表

编号	书名	出版时间	作译者	出版单位
144	天问略	1936	〔葡〕阳玛诺著	商务印书馆
145	天文学概论	1936	〔法〕S. L. Salzedo 著，基本英语研究会译	中华书局
146	天文学概论	1936	张挺著	辛垦书店
147*	五星行度解·历学答问·历学疑问补·二仪铭补注	1936	王锡阐、梅文鼎著	商务印书馆
148	闲话星空	1936	〔英〕J. H. Jeans 著，李光荫译	商务印书馆
149*	晓庵新法	1936	王锡阐著	商务印书馆
150	新宇宙观	1936	陈范予著	文化生活出版社
151	星象指南	1936	袁宗泽译	国立中央大学体育科
152*	1936年南京日偏食之观测	1936	李铭忠、高平子著	国立中央研究院天文研究所
153	宇冰本论	1936	〔德〕哀伯特著，李仪祉译	中国科学图书仪器公司
154*	远镜说·星经·星象考·经天该	1936	〔德〕汤若望、甘宁、石申、邹淮、〔意〕利玛窦著	商务印书馆
155	月理初编	1936	〔英〕卜朗著，卢景贵译	天津译百城书局
156	中国上古天文	1936	〔日〕新城新藏著，沈璿译	商务印书馆
157	高等天文学（上册）	1937	卢景贵著	中华书局
158	高等天文学（下册）	1937	卢景贵著	中华书局
159	恒星图表	1937	陈遵妫著	商务印书馆
160	近世宇宙论	1937	〔英〕麦克罕森著，朱文鑫译	商务印书馆
161	天象谈话	1937	〔法〕法布尔著，陶宏译	商务印书馆
162*	新仪象法要	1937	苏颂著	商务印书馆
163	星的世界	1937	〔美〕沙普利等著，何润身译	商务印书馆
164	宇宙之新观念	1937	〔波兰〕哥白尼等著，朱恩隆译	商务印书馆
165*	中西经星同异考	1937	梅文鼎著	商务印书馆
166	膨胀的宇宙	1937	〔英〕艾丁顿著，曹大同译	商务印书馆
167	通俗天文学	1938	〔美〕纽康著，金克木译	商务印书馆
168	空间和时间的巡礼	1939	〔英〕J. H. Jeans 著，王光煦译	中华书局
169	天文学概论	1939	陈遵妫编著	商务印书馆
170	天文学纲要	1939	陈遵妫编	中华书局
171	天与地的故事	1939	〔美〕华盛朋、〔美〕利特著，刘维沂、谢立达译	世界书局
172*	中西经星同异考·史记天官书补目	1939	梅文鼎、孙星衍著	商务印书馆

编号	书名	出版时间	作译者	出版单位
173*	周公测景台调查报告	1939	董作宾、刘敦桢、高平子编著	商务印书馆
174*	普通军用天文学	1940	陈遵妫编	国立编译馆
175	我们的宇宙	1940	陈润泉著	文化供应社
176	宇宙奇观	1940	曹友诚、曹有信编	中国科学图书仪器公司
177*	天文学名词	1940	国立编译馆编订	国立编译馆
178	日食特辑	1941	张遥青编	陕西省教育厅编审室
179	福建日全食	1941	沈文侯编	福建省气象局日食观测委员会
180	流转的星辰	1941	〔英〕James Jeans 著，金克木译	中华书局
181*	民国三十年九月二十一日日全食观测报告	1941	中国日食观测委员会编印	中国日食观测委员会
182*	全国各地区日出日没时刻测定法	1941	军事委员会军令部编	军事委员会军令部
183	日食观测	1941	李毅艇编著	陕西省水利局西安测候所暨陕西省日食观测队
184	日食简说	1941	陈遵妫编著	正中书局
185	太阳系	1941	李锐夫著	正中书局
186*	天文学名词（增订本初稿）	1941	国立编译馆编订	国立编译馆
187	星座指南	1941	胡伯琴著	航空委员会军政厅编译处
188	日月星辰	1942	何澄著	立体出版社
189	十年来之天文学	1942	戴文赛著	国立中央研究院
190	太阳和星球	1942	祝苏如编	世界书局
191	谈天说地	1942	袁泰编著	实学书店
192	天地人	1942	刘诚著	改进出版社
193	宇宙与天体	1942	陈雨旸著	正中书局
194*	中国日食观测委员会报告（民国二十三年至民国卅一年）	1942	中国日食观测委员会编	中国日食观测委员会
195	宇宙射线浅说	1943	胡乾善编著	正中书局
196	日蚀月蚀潮汐	1943	陈鹤琴、陈选善主编，祝苏如编辑	世界书局
197*	民国三十二年天象（东经 105 度平方时）	1943	中国天文学会编	中国天文学会
198	日蚀和月	1943	郑贞文、胡嘉诏著	商务印书馆
199	天地人	1943	张先辰著	文风书局
200	天文学	1943	陈遵妫编	文通书局

续表

编号	书名	出版时间	作译者	出版单位
201	星	1943	郑贞文、胡嘉诏著	商务印书馆
202	建国历详解	1945	徐文珊编著	中国文化服务社
203	世界最新历案十种	1945	王亢元著	新纪元出版社
204	天文	1945	陈遵妫著	中国文化服务社
205*	晚殷长历	1945	刘朝阳著	华西协和大学
206	星象	1945	锡金著	永祥印书馆
207*	殷历谱	1945	董作宾著	国立中央研究院历史语言研究所
208	宇宙丛谈	1945	张钰哲著	正中书局
209	宇宙奇观	1945	余飒声译	中华书局
210	日蚀和月蚀	1946	〔苏〕米海洛夫著，毕黎译	中华书局
211	地球和宇宙	1946	陈大年著	文化供应社
212	天空的秘密	1946	坚白著	冀鲁豫出版社
213	天文常识	1946	孙叔久著	东北前锋日报社沈阳师范同学会
214	地球在宇宙间	1947	〔苏〕龙盖维奇著，梁香译	天下图书公司
215*	民国三十七年五月九日日环食	1947	陈遵妫、李珩著	国立中央研究院天文研究所
216*	民国三十七年五月九日日环食	1947	青岛市观象台著	青岛市观象台
217	星空巡礼	1947	戴文赛著	西风社
218	有趣的天象问题	1947	周建人译编	商务印书馆
219	宇宙的构造	1947	〔苏〕波拉克著，梁香译	天下图书公司
220	月及月蚀	1947	青岛市观象台编	青岛市观象台
221	月球旅行	1947	李林译	文化生活出版社
222	科学常识	1947	夏川、海风著	山东新华书店总店
223	太阳的故事	1947	吴湘渔著	永祥印书馆
224	日月星	1948	许达年、鲍维湘编	中华书局
225	谈天说地	1948	舒泽湖编译	中华书局
226	天文常识	1948	顾仲超著	中华书局
227	天象漫谈	1948	戴文赛著	文通书局
228	宇宙漫话	1948	钱畊莘著	文光书店
229	神秘的天空	1949	钱畊莘著	文光书店
230	地球靠什么维系着	1949	〔苏〕沃格罗得尼科夫著，亚天译	辽宁人民出版社
231	每月之星	1949	陶宏著	开明书店

续表

编号	书名	出版时间	作译者	出版单位
232	太阳与月亮	1949	日新著	生活·读书·新知三联书店
233	太阳月亮和地球	1949	于光远、孙敬之著	冀南新华书店
234	千里眼	1950	方白编	广益书局
235	日月星辰	1950	叶至善、叶至美译述	开明书店
236	梦游太阳系	1950	张然著	知识书店
237	我们的宇宙	1950	赵东征著	生活·读书·新知三联书店
238	昼夜和四季	1950	袁泰原著，黄炜改编	新华书店
239	地球和行星	1951	〔苏〕巴叶夫、奥格洛尼柯夫著，滕砥平译	开明书店、中国青年出版社
240	地球站在那里	1951	〔苏〕奥高罗德尼科夫著，李肇放、徐义涵译	天下出版社
241	行星上有生命吗	1951	〔苏〕伏龙凑夫·维俩米诺夫著，穆木天译	中华书局
242	世界有无起源与末日	1951	〔苏〕雪甫略柯夫著，重光译	作家书屋
243	太阳	1951	〔苏〕亚里斯托夫著，滕砥平译	中国青年出版社
244	太阳	1951	〔苏〕阿历斯托夫著，方垦译	作家书屋
245	太阳和太阳系	1951	戴文赛著	商务印书馆
246	谈天说地	1951	科学普及局主编，陈励著	工人出版社
247	天地世界（下册：太阳·月亮·空气·水）	1951	北京书店上海编辑部编辑，王企玟绘	北京书店
248	天体上有生命吗	1951	〔苏〕塞金斯卡娅著，方垦译	作家书屋
249	天与地	1951	胡琦玮编写	求知出版社
250	月蚀的故事	1951	君默编写	山东人民出版社
251	日月星辰	1952	王定、朱海等编写	华东人民出版社
252	恒星	1952	席泽宗编著	商务印书馆
253*	普通天文学	1952	〔苏〕费辛柯夫著，毕黎译	中华书局
254	日蚀是怎么回事	1952	文庄编写	河北人民出版社
255*	实用天文测量学	1952	张树森著	中国科学图书仪器公司
256	太阳	1952	赵咸著	东北人民出版社
257	谈谈星辰	1952	沈世武著	商务印书馆
258	稀奇的天空现象	1952	〔苏〕诺维果娃著，龚朝辉译	开明书店、中国青年出版社
259	宇宙间的小物体	1952	〔苏〕费顿斯基、阿斯塔波维奇著，周右泉译	商务印书馆
260	宇宙是什么构成的	1952	〔苏〕柯列斯尼可夫著，庞川译	商务印书馆
261	征服宇宙	1952	〔苏〕良普洛夫著，匡敏译	启明书局

续表

编号	书名	出版时间	作译者	出版单位
262	哥白尼在近代科学上的贡献	1953	竺可桢著	中华全国科学技术普及协会
263	几颗著名的星	1953	〔英〕斯马尔特著，陶宏译	开明书店
264*	普通天文学教程（上册）	1953	〔苏〕波拉克著，戴文赛、石延汉等译	商务印书馆
265*	普通天文学教程（下册）	1953	〔苏〕波拉克著，戴文赛、石延汉等译	商务印书馆
266	趣味天文学	1953	〔苏〕别莱利曼著，滕砥平、唐克译	中国青年出版社
267	日食和月食	1953	川西川北科学技术普及协会筹备委员会联合办事处编	四川人民出版社
268	日食	1953	段奇莹、戴淑芳著	东北人民出版社
269*	实用天文学	1953	夏坚白、陈永龄、王之卓编	商务印书馆
270	太阳系的旅行	1953	杜道周著	益智书店
271	天文知识	1953	戴文赛著	中华全国科学技术普及协会
272	同温层中宇宙线的研究	1953	〔苏〕格里戈洛夫著，黄祖洽译	中国科学院
273	为天文学中的唯物主义世界观而斗争	1953	〔苏〕亚里斯托夫著，郑文光译	中国青年出版社
274	星球上有生命吗	1953	〔苏〕维·维·萨洛诺夫著，孙以萍译	中联书店
275	星体的起源和演化	1953	陈彪著	商务印书馆
276	星系学	1953	〔苏〕巴连那果著，陈彪译	商务印书馆
277	一九五三年春节的日偏食	1953	中华全国科学技术普及协会编辑	中华全国科学技术普及协会
278	一年四季	1953	卞德培编写	商务印书馆
279	宇宙	1953	〔苏〕阿姆巴楚米扬著，何仙槎译	人民出版社
280	宇宙的构造	1953	〔苏〕伏龙卓夫-维略明诺夫著，金乃学译	中国青年出版社
281	月亮和月食	1953	李杭著	中华全国科学技术普及协会
282	怎样认识星宿	1953	杜道周著	益智书店
283	昼夜和四季	1953	王祥珩著	益智书店
284	北极星	1954	顾全甫著	少年儿童出版社
285	行星的改造	1954	〔苏〕伊林著，王汶译	中国青年出版社
286	和暖的太阳	1954	石延汉著	少年儿童出版社
287*	球面天文学教程	1954	〔苏〕勃拉日哥著，易照华、杨梅寿译	高等教育出版社

续表

编号	书名	出版时间	作译者	出版单位
288	日食和月食	1954	卞德培著	少年儿童出版社
289	太阳的工作	1954	高士其著	中国青年出版社
290	太阳的故事	1954	祝贺编撰	通俗读物出版社
291	天文航海学	1954	何景星、周建洪、卢敏树编著	中国科学图书仪器公司
292	天文学图集	1954	李杭、卞德培编辑	新亚书店
293	实用天文学教程（上册）	1954	〔苏〕勃拉日哥著，夏坚白等译	高等教育出版社
294	卓越的俄罗斯天文学家布列基兴	1954	〔苏〕齐格尔著，郭恕可译	中华全国科学技术普及协会
295	地球	1954	〔苏〕玛格尼茨基等著，郑文光译	人民出版社
296	地球的运动	1955	王祥珩著	新知识出版社
297	恒星世界	1955	贺天健著	中华全国科学技术普及协会
298	回历纲要	1955	马坚编译	中华书局
299	普及式月地运行仪	1955	张俊德编著	江苏人民出版社
300	人类怎样认识了宇宙	1955	〔苏〕符谢赫斯维亚茨基著，郭正谊译	中华全国科学技术普及协会
301	日月星辰	1955	上海儿童读物出版社编辑	儿童读物出版社
302	时间	1955	〔苏〕米哈伊洛夫著，何仙槎译	人民出版社
303*	实用天文学教程（下册）	1955	〔苏〕C. H. 勃拉日哥著，夏坚白、李春生译	高等教育出版社
304	苏联天文学的成就	1955	〔苏〕伏龙卓夫-维略明诺夫著，易瑾译	中华全国科学技术普及协会
305*	太阳的构造和演化	1955	〔苏〕玛谢薇琪著，鲍永泉、王立文译	中华全国科学技术普及协会
306	太阳的光线	1955	〔苏〕H. H. 卡里金著，石燕译	科学出版社
307	太阳的家族	1955	〔苏〕鲁布错瓦著，王汶译	天津人民出版社
308	太阳探险记	1955	郑文光著	少年儿童出版社
309	太阳系	1955	沈世武编著	新知识出版社
310	太阳月亮地球月食和日食是怎么回事？	1955	胡维菁著	云南人民出版社
311	天球仪	1955	李杭、卞德培著	五一文教用品社
312	天上的星星	1955	沈世武著	少年儿童出版社
313	天上有多少星	1955	〔苏〕奥高洛特尼可夫著，郭恕可译	中华全国科学技术普及协会
314	天体的起源和演化	1955	〔苏〕费森科夫著，石燕译	科学出版社
315	天文常识	1955	朱宏富著，江西省科学普及协会编辑	江西人民出版社

续表

编号	书名	出版时间	作译者	出版单位
316	天文台	1955	〔苏〕巴连那果著，李竞译	中华全国科学技术普及协会
317*	天文学	1955	〔苏〕斯克伏尔错夫著，萧云、康民译	高等教育出版社
318*	天文学·天体照相学	1955	〔苏〕阿葛罗德尼科夫、捷依奇著，何仙槎译	人民出版社
319	小白兔游月亮	1955	魏寅生著	少年儿童出版社
320	新星和超新星	1955	〔苏〕伏龙卓夫-维略明诺夫著，郭恕可译	中华全国科学技术普及协会
321	一年四季	1955	刘海云编著	湖南人民出版社
322	宇宙到底有没有开端	1955	〔苏〕库尼茨基著，程普、钟佐华译	商务印书馆
323	月亮的故事	1955	徐青山著	少年儿童出版社
324	中国古代天文学的成就	1955	陈遵妫著	中华全国科学技术普及协会
325	中国古代天文学简史	1955	陈遵妫著	上海人民出版社
326	日月星	1955	吴翰云、赵蓝天著	儿童读物出版社
327	到宇宙旅行去	1955	青年报社编	上海文化出版社
328	一年四季	1956	顾全甫著	浙江人民出版社
329	别的星星上有生物吗?	1956	郭正谊著	中国少年儿童出版社
330	春夏秋冬	1956	姜云辉著	江苏人民出版社
331	到火星去	1956	中国青年出版社编辑	中国青年出版社
332	到月亮上去	1956	鲁克编著	山东人民出版社
333	地球的起源	1956	〔苏〕帕夫林诺夫著，马万钧等译	地质出版社
334	地球太阳和月亮	1956	赵伯礼著	四川省科学技术普及协会
335	地球在宇宙中	1956	王振鸿著	新知识出版社
336	彗星	1956	萧云编著	江苏人民出版社
337*	理论天体物理学	1956	〔苏〕B.A.阿姆巴楚米扬等著，戴文赛、席宗泽译	科学出版社
338	论火星上是否有生命	1956	〔苏〕费森科夫、〔苏〕吉霍夫著，宋惕冰译	科学出版社
339*	普通实用天文学	1956	〔苏〕波波夫著，刘世楷译	科学出版社
340*	普通天文学实验	1956	程廷芳编著	商务印书馆
341	清朝天文仪器解说	1956	陈遵妫著	中华全国科学技术普及协会
342	认识宇宙	1956	李杭讲，北京市科学技术普及协会编	中国青年出版社
343	日食和月食	1956	解俊民编	吉林人民出版社
344	日月星辰	1956	新知识出版社编辑	新知识出版社

续表

编号	书名	出版时间	作译者	出版单位
345*	实用天文学	1956	〔苏〕茨维特考夫著，卢光巨译	测绘出版社
346	太阳	1956	龚树模著	中华全国科学技术普及协会
347	太阳的家庭	1956	卞德培著	通俗读物出版社
348	星际旅行	1956	戴文赛著	科学普及出版社
349*	太阳系结构学说发展简史	1956	〔苏〕库尼茨基著，何明译	科学出版社
350*	太阳系起源论	1956	〔苏〕柴里柯维奇著，陈铁心译	科学技术出版社
351	谈天说地	1956	楚光著	江苏人民出版社
352	谈天说地	1956	天津人民出版社著	天津人民出版社
353	天文爱好者手册	1956	〔苏〕库利考夫斯基著，中国科学院紫金山天文台译	科学出版社
354	天文望远镜	1956	张家骧编著	少年儿童出版社
355	为近代科学服务的宇宙线	1956	〔苏〕日丹诺夫著，汪镇藩译	科学普及出版社
356	小路路游历太阳系	1956	崔行健编著	山西人民出版社
357	星星的故事	1956	何一平编著	四川人民出版社
358	星星的世界	1956	上海人民广播电台编	上海文化出版社
359	宇宙	1956	陈本敬、冯雅如、吴又麟合写，吉林省科学技术普及协会编	吉林人民出版社
360	宇宙的地球中心说 宇宙的太阳中心说 哥白尼	1956	〔苏〕伊捷里松等著，何仙槎译	生活·读书·新知三联书店
361	宇宙间的生命	1956	〔苏〕巴拉巴舍夫著，郭正谊、李洛童译	中华全国科学技术普及协会
362	宇宙是什么	1956	李杬著	通俗读物出版社
363	宇宙现象	1956	罗定江编著	新知识出版社
364	月亮的故事	1956	阮其著	通俗读物出版社
365	在月球上	1956	〔苏〕齐奥尔科夫斯基著，联星译	中国青年出版社
366	中国在计时器方面的发明	1956	刘仙洲著	中国科学院
367	昼夜和四季	1956	〔苏〕库尼茨基著，祝尧仁译	新知识出版社
368	自然现象常识问答	1956	陕西省科学普及协会、陕西青年报编	陕西人民出版社
369	春夏秋冬	1957	饶忠华编写	上海文化出版社
370	大地和天空	1957	舒寿祺编著	河北人民出版社
371	到火星上去	1957	徐青山著	浙江人民出版社
372	地球和四季	1957	李有华编著	安徽人民出版社
373	地球与月亮	1957	王绥琯著	科学普及出版社
374	国际地球物理年	1957	李珩著	上海科学普及出版社

编号	书名	出版时间	作译者	出版单位
375*	航海天文学	1957	金吉伦、陆绍鑫著	人民交通出版社
376	简明星图	1957	卞德培、李杭、沈良照著	科学普及出版社
377	美丽的星空	1957	王祥珩著	广东人民出版社
378	其他行星上有生命吗?	1957	〔苏〕柯兹洛娃著，吴伟译	科学技术出版社
379	什么是彗星	1957	〔苏〕齐格尔著，赵云樽译	科学普及出版社
380	苏联天文学的辉煌成就	1957	北京天文馆编	科学普及出版社
381	太阳、月亮、星	1957	叶至善著	科学普及出版社
382	太阳月亮和日食月食	1957	李有华编著	安徽人民出版社
383	天落石	1957	〔苏〕克林诺夫著，吴伟译	科学技术出版社
384	天文常识	1957	张洁群、温怡让编	甘肃人民出版社
385	天文学	1957	〔苏〕伏龙佐夫-维耳耶米诺夫著，胡挹刚等译	人民教育出版社
386	天文学	1957	阎咮辛编	山东师范学院教务处
387	天文学量时法基础	1957	〔苏〕库兹明著，韩天苞、孙永庠译	科学出版社
388	为人类服务的天文学	1957	赵却民著	科学普及出版社
389	小行星	1957	〔苏〕克里诺夫著，桑志治译	科学普及出版社
390	阴历、阳历、阴阳历	1957	陈自悟著	科学普及出版社
391	阴历和阳历怎样来的	1957	周志强编著	少年儿童出版社
392	宇宙	1957	李珩著	上海科学普及出版社
393*	宇宙射线	1957	〔苏〕日丹诺夫著，林德成、李志誉译	国防工业出版社
394	宇宙是无穷尽的	1957	〔苏〕阿利斯托夫著，蔡华五译	科学技术出版社
395*	月球和行星上物理条件的研究	1957	〔苏〕H. II. 巴拉巴谢夫著，杨海寿译	科学出版社
396	陨星和流星	1957	胡继勤编著	新知识出版社
397	在星空里航行	1957	〔苏〕马尔腾诺夫著，金坚译	少年儿童出版社
398	怎样识星	1957	程廷芳著	江苏人民出版社
399	星的传说	1957	盛森著	浙江人民出版社
400	怎样观察星座	1958	胡继勤著	广东科学技术普及协会
401	北京天文馆	1958	北野、再生编写	北京出版社
402	北京天文馆附北京古代天文仪器陈列馆	1958	北京天文馆编	北京出版社
403	到宇宙去旅行	1958	李杭著	北京出版社
404	地球和行星的起源	1958	〔苏〕列文著，李竞译	科学普及出版社

续表

编号	书名	出版时间	作译者	出版单位
405*	航空天文学	1958	〔苏〕H. Я. 康德拉契耶夫著，刘世楷译	科学出版社
406	河南星（星星的传说）	1958	盛森著	河南人民出版社
407	历法与节气	1958	张凯恩编写	河北人民出版社
408*	球面天文学	1958	〔苏〕M. K. 文采尔著，朱裕栋、张先觉译	高等教育出版社
409	日晷	1958	刘福昌著	新知识出版社
410	日食和月食	1958	卞德培、徐青山著	少年儿童出版社
411	少年天文学家	1958	〔苏〕齐格尔著，滕砥平、蒋芝英译	科学普及出版社
412	实用天文测量	1958	〔苏〕吉日茨基著，张大刚译	测绘出版社
413	太阳	1958	朱宏富著	江西人民出版社
414	太阳和太阳系	1958	石辰生编著	江苏人民出版社
415	天文爱好者的望远镜	1958	林尧喜编	科学技术出版社
416	天文测量学	1958	李必著	测绘出版社
417	天文常识问答	1958	陈晓中著	科学普及出版社
418*	天文学名词（俄英中对照试用本）	1958	中国科学院编译出版委员会名词室编订	科学出版社
419	万有引力	1958	〔苏〕巴叶夫、西沙科夫著，尚田译	科学普及出版社
420	万有引力和地球引力	1958	余元镇编写	科学普及出版社
421	我们的太阳系	1958	石辰生编写	河北人民出版社
422*	无线电天文学	1958	〔苏〕什克洛夫斯基著，王绶琯等译	科学出版社
423	星星的故事	1958	盛森著	中国少年儿童出版社
424	阳历和农历	1958	钟山编	辽宁人民出版社
425	宇宙	1958	〔苏〕伏龙卓夫著，郑文光译	中国青年出版社
426	宇宙是创造出来的吗?	1958	〔苏〕格·阿·古列夫著，孙占通译	上海人民出版社
427	月球	1958	肖翔编	江西人民出版社
428	中国古历析疑	1958	章鸿剑著	科学出版社
429*	子午仪测时	1958	〔苏〕达尔果夫著，邹仪新等译	科学出版社
430	春夏秋冬	1958	马巨贤著	江西人民出版社
431	太阳活动	1958	龚树模著	科学普及出版社
432	宇宙	1958	孙乘风编著	江西人民出版社

续表

编号	书名	出版时间	作译者	出版单位
433	怎样用日月星辰定方向和时刻	1958	朱宏富著	科学普及出版社
434	北京天文馆	1959	北京天文馆编	上海人民美术出版社
435*	春秋历学三种	1959	王韬著	中华书局
436	地球的故事	1959	常珏著	文字改革出版社
437*	恒星天文学教程	1959	〔苏〕Г.Г.巴连拿哥著，戴文赛等译	人民教育出版社
438	火星	1959	龚志权编写	湖北人民出版社
439	科学技术名词解释——天文部分	1959	北京天文馆编	科学技术出版社
440	趣味的星空	1959	李杭著	科学技术出版社
441*	人造地球卫星的目视观测	1959	〔苏〕阿斯塔包维契、卡布兰著，陈晓中等译	科学出版社
442*	日月交食基本原理	1959	胡继勤编著	商务印书馆
443*	日月食及其计算概要	1959	唐汉良、余宗宽编著	江苏人民出版社
444	时间和历法	1959	胡继勤编著	商务印书馆
445	时间和历法	1959	陈自悟编	上海科技出版社
446	太阳的故事	1959	祝贺著	文字改革出版社
447	太阳和它的家属	1959	〔苏〕伊凡诺夫斯基著，叶黎译	科学普及出版社
448	天文学简史	1959	〔法〕伏古勒尔著，李晓舫译	上海科学技术出版社
449*	天文学名词（中俄英对照试用本）	1959	中国科学院编译出版委员会名词室编订	科学出版社
450*	天文学名词（英俄中对照试用本）	1959	中国科学院编译出版委员会名词室编订	科学出版社
451	宇宙	1959	解放军战士社编	解放军战士社
452	宇宙的故事	1959	李元著	文字改革出版社
453	宇宙是什么	1959	〔苏〕古列夫著，马广志译	科学技术出版社
454	宇宙物质	1959	〔苏〕依德里斯著，李竟译	科学出版社
455	宇宙知识名词浅释	1959	北京天文台筹备处编	河北人民出版社
456	月亮的故事	1959	阮其著	文字改革出版社
457	怎样认识星座	1959	沈世武著	科学技术出版社
458	红色小月亮	1959	朱宏富著	科学技术出版社
459	自然知识问题解答5	1959	鲁文等编写	河北人民出版社
460	自制天文仪器	1959	〔苏〕诺维科夫、希沙科夫著，华涵译	中国青年出版社
461	行星世界旅行记	1960	徐青山编著	青海人民出版社

编号	书名	出版时间	作译者	出版单位
462*	人造卫星的观测和预报	1960	紫金山天文台编	科学出版社
463*	太阳物理学	1960	〔苏〕谢维尔内著，李竞译	科学出版社
464*	天文测量学（上册）	1960	北京测绘学院天文教研室编	人民教育出版社
465	天文常识	1960	学文化文库编委会编	上海科学技术出版社
466	天文望远镜	1960	南京市少年之家编著	少年儿童出版社
467	公元干支推算表	1961	汤有恩编	文物出版社
468	揭开火星的秘密	1961	张翼轸著	少年儿童出版社
469*	三体问题	1961	汪家訸编著	科学出版社
470	天地之大	1961	福建人民教育出版社编	福建人民教育出版社
471*	天体力学教程	1961	易照华编著	上海科学技术出版社
472*	天文学教程（上册）	1961	南京大学数学天文学系天文专业编	上海科学技术出版社
473*	天文学教程（下册）	1961	南京大学数学天文学系天文专业编	上海科学技术出版社
474	日食和月食	1962	胡继勤编著	商务印书馆
475	山西星的传说	1962	盛森整理	山西人民出版社
476	太阳辐射能	1962	〔苏〕К.Я.康德拉捷夫著，李怀瑾等译	科学出版社
477	天体物理学方法	1962	南京大学数学天文学系天体物理学教研室编	上海科学技术出版社
478	天文漫话	1962	陈自悟著	上海科学技术出版社
479*	宇宙生能原	1962	谢益显著	不详
480	哥白尼	1963	李珩编著	商务印书馆
481	日地关系	1963	杨鉴初著	科学普及出版社
482	天空中的为什么	1963	少年儿童出版社编	少年儿童出版社
483	天文简说	1963	李珩编	上海科学技术出版社
484	答幻想飞向星星的孩子	1964	文有仁著	中国少年儿童出版社
485*	理论天文学基础	1964	〔苏〕M.K.文采尔著，王昆杰、王瑛译	中国工业出版社
486*	普通天体物理学	1964	〔法〕J.C.佩克尔、E.夏茨曼著，李珩译	科学出版社
487	太阳壮观	1964	史忠先著	北京出版社
488	唐代天文学家张遂（一行）	1964	李迪著	上海人民出版社
489	大众天文学 第一分册 地球·月亮	1965	〔法〕弗拉马利翁著，李珩译	科学出版社
490	大众天文学 第二分册 太阳·行星世界·彗星·流星与陨星	1965	〔法〕弗拉马利翁著，李珩译	科学出版社

编号	书名	出版时间	作译者	出版单位
491	恒星天文学	1965	戴文赛编著	科学出版社
492	科学知识普及资料（农业、气象、天文、地理）	1965	武汉市科学技术协会编	武汉市科学技术协会
493	你知道吗？天文气象（1）	1965	卞德培、陶世龙著	中国青年出版社
494	青年天文气象常识（1）	1965	卞德培、陶世龙著	中国青年出版社
495	新星	1965	戴文赛著	北京出版社
496	银河漫游	1965	翁士达著	北京出版社
497	宇宙概念的发展	1965	〔苏〕别列里著，马广志译	科学出版社
498	月球	1965	杨建编著	科学普及出版社
499	谈天说地	1966	四川省科学技术普及协会编	四川人民出版社
500*	天文学名词	1970	陈可忠编	正中书局
501	人造地球卫星	1970	中国科学院上海天文台编	上海市出版革命组
502	飞向月球	1970	〔德〕J. 普特卡梅德著，张锡声等译	科学出版社
503	太空世界与太空飞行	1971	许照、张绍昌著	幼狮书局
504	天体、地球、生命和人类的起源	1972	上海人民出版社著	上海人民出版社
505	天文、地质、古生物资料摘要（初稿）	1972	李四光著	科学出版社
506	哥白尼和日心说	1973	辛可著	上海人民出版社
507	杰出的天文学家哥白尼	1973	钟山行著	北京人民出版社
508*	射电天体物理学	1973	〔苏〕A. G. 帕考尔楚克著，王绶琯、郭成光译	科学出版社
509*	太阳射电辐射理论	1973	〔苏〕V. V. 日列兹尼亚科夫著，王绶琯、郭成光译	科学出版社
510	天体运行论	1973	〔波兰〕哥白尼著，李启斌译	科学出版社
511	宇宙的秘密	1973	朱志尧著	辽宁人民出版社
512	关于托勒密和哥白尼两大世界体系的对话	1974	〔意〕伽利略著，上海外国自然科学哲学著作编译组译	上海人民出版社
513	行星物理	1974	〔苏〕B. B. 沙罗诺夫著，张钰哲等译	科学出版社
514	日心说和地心说的斗争	1974	李迪著	人民出版社
515	天体的来龙去脉	1974	余衡泰著	上海人民出版社
516	天文知识问答	1974	云南大学物理系选辑	云南人民出版社
517*	宇宙电动力学（基本原理）	1974	〔瑞典〕H·阿尔芬、C. G. 菲尔塔玛著，戴世强译	科学出版社

续表

编号	书名	出版时间	作译者	出版单位
518	定方向	1975	刘南威编	广东人民出版社
519	彗星漫谈	1975	徐登里等编著	科学出版社
520	北斗七星	1975	刘拓主编，毛光兴译	徐氏基金会
521	假如你在月亮上	1975	刘拓主编，黄文岳译	徐氏基金会
522	为什么有白天和夜晚	1975	刘拓主编，黄文岳译	徐氏基金会
523	银河系	1975	翁士达著	北京人民出版社
524	地球自转	1976	〔英〕W. H. 芒克、G. J. F. 麦克唐纳著，李启斌等译	科学出版社
525	日食和月食	1976	北京天文馆、上海自然博物馆天文组著	北京人民出版社
526	太阳和太阳能	1976	尤异编	吉林人民出版社
527	天文知识	1976	南京大学天文系《天文知识》编写组著	上海人民出版社
528	天文知识	1976	上海市少年宫编文	上海人民出版社
529*	物理量和天体物理量	1976	〔英〕C. W. 艾伦编，杨建译	上海人民出版社
530	中国天文学史话	1976	尊为编	香港青年出版社
531	宇宙、地球和大气	1976	〔美〕I. 阿西莫夫著，王涛、黔冬等译	科学出版社
532	农历及其编算	1977	唐汉良编著	江苏人民出版社
533*	射电望远镜	1977	〔澳〕W. N. 克里斯琴森、〔瑞典〕J. A. 霍格玻姆著，陈建生译	科学出版社
534	天体的演化	1977	戴文赛编著	科学出版社
535	小行星漫谈	1977	张钰哲著	科学出版社
536	星系螺旋结构理论	1977	林家翘著，胡文瑞、韩念国译	科学出版社
537	宇宙时代的常识	1977	〔日〕猪木正文著，刘禾山译	成文出版社
538	宇宙天体和地球	1977	王谦编著	商务印书馆
539	宇宙璇玑	1977	仕会著	香港捷艺出版社
540	月质学研究进展	1977	中国科学院贵阳地球化学研究所编	科学出版社
541	地球的故事	1978	莫再勤、胡荣卿等编著	云南人民出版社
542*	地球概论	1978	金祖孟编著	人民教育出版社
543	恒星世界	1978	彭秋和等编写	北京出版社
544*	火星气象学	1978	〔苏〕К.Я.康德拉捷夫、А. М. 布那果娃著，王跃山译	科学出版社
545	科技史文集（一）（天文学史专辑）	1978	中国天文学史整理研究小组编	上海科学技术出版社
546	脉冲星	1978	文天编著	科学出版社

续表

编号	书名	出版时间	作译者	出版单位
547	日历漫谈	1978	徐振韬著	科学出版社
548	时间和历法	1978	钱景奎等编写	北京出版社
549	太空探秘	1978	高瞻编著	万里书店
550	太阳辐射浅说	1978	李玉海、狄勉祖著	农业出版社
551	太阳系	1978	魏宝忠等著	北京出版社
552	天体的磁场	1978	叶式辉编著	科学出版社
553*	天体力学引论	1978	易照华等编著	科学出版社
554	天文集刊	1978	中国天文学会著	科学出版社
555	西方宇宙理论评述	1978	中国科学技术大学天体物理组编	科学出版社
556	星空世界	1978	科技世界丛书编委会编	科技世界出版社
557	宇宙的奥秘从诞生到死亡	1978	〔美〕莫茨·L 著，陈志聪译	成文出版社
558	宇宙射电	1978	赵仁扬编著	科学出版社
559*	宇宙体系论	1978	〔法〕拉普拉斯著，李珩译	上海译文出版社
560	中国天文学史文集	1978	《中国天文学史文集》编辑组著	科学出版社
561	行星恒星星系	1979	〔美〕S. J. 英格利斯著，李致森等译	科学出版社
562	混沌初开：行星和生命的起源（澳大利亚科学院庆祝哥白尼诞生 500 周年纪念论文集）	1979	〔澳〕J. P. 怀尔特著，赵寿元、李汝铿、黄绍元译校	上海科学技术出版社
563	日食和月食	1979	崔振华著	河北人民出版社
564	数学在天文学中的运用	1979	刘步林编著	科学出版社
565*	太阳系演化学（上册）	1979	戴文赛著	上海科学技术出版社
566	太阳元素的发现	1979	郭正谊编写	中国少年儿童出版社
567	天体是怎样演化的	1979	李启斌著	中国青年出版社
568	天文漫谈	1979	沈君山著	台湾中华书局
569	天文漫谈	1979	中央人民广播电台科技组、科学普及出版社辑部编	科学普及出版社
570	小小科学家：时间	1979	洛海璇著	香港新雅儿童教育出版社
571	有趣的地球	1979	夏彦民著	河北人民出版社
572	宇宙科学导论	1979	吕金骏著	天工书局
573	宇宙漫谈	1979	黄敏行、王新坚著	湖南科学技术出版社
574	宇宙探索	1979	〔英〕罗依·伍维著，楼世正译	陕西人民出版社
575	正在变化的宇宙——新天文学	1979	〔英〕约翰·格里宾著，董泰译	科学技术文献出版社

续表

编号	书名	出版时间	作译者	出版单位
576	中国天文古迹	1979	崔振华、徐登里编著	科学普及出版社
577	中国天文学简史	1979	《中国天文学简史》编写组著	天津科学技术出版社
578	中国天文学源流	1979	郑文光著	科学出版社
579*	60 厘米试验天文反射望远镜专集	1980	龚祖同主编	科学出版社
580	从哥白尼到牛顿	1980	陈自悟著	科学普及出版社
581	戴文赛科普创作选集	1980	戴文赛著	科学普及出版社
582	飞碟与宇宙人	1980	〔日〕中岗俊哉著，于明学译	吉林人民出版社
583	行星新探	1980	李竞著	北京出版社
584*	基础天文学	1980	〔英〕P. 穆尔著，《基础》翻译组译	科学出版社
585	简易天体观测	1980	董恩明编著	万里书店
586	今日天体物理	1980	中国科技大学天体物理研究室著	上海科学技术出版社
587	科学的探索（第一辑：宇宙科学和天文学）	1980	陆廷卫、盛曾安等译	上海科学技术出版社
588	你了解时间吗？	1980	卢平安、周连亨编	河北人民出版社
589	年月日的来历	1980	李镇业著	中国少年儿童出版社
590*	球面天文学和天体力学引论	1980	〔法〕A. 丹容著，李珩译	科学出版社
591	日月食计算	1980	唐汉良、余宗宽、沈昌钧编著	江苏科学技术出版社
592	生命和宇宙之谜	1980	〔美〕安德鲁·托马斯著，张文庭、谷岳云译	湖南科学技术出版社
593	十万个为什么：天文 1	1980	少年儿童出版社编	少年儿童出版社
594	四季星座	1980	石雨著	中国少年儿童出版社
595	太阳系的未来	1980	〔苏〕弗·格·杰明著，苏寿祁、方福娟译	江苏人民出版社
596	谈天干地支	1980	唐汉良著	陕西科学技术出版社
597	谈天说地集（科学小品选）	1980	郑文光著	科学普及出版社
598	天体和宇宙	1980	〔日〕日下实男著，李季安译	北京出版社
599	天文学史和天体史概述	1980	李宗云、宣焕灿著	人民教育出版社
600	图解星座手册	1980	仕会编译	万里书店
601	星空剪影	1980	翁士达著	江苏科学技术出版社
602	星星的世界	1980	陆卫国著	广东人民出版社
603	星星离我们多远	1980	卞毓麟编著	科学普及出版社
604	星座与希腊神话	1980	力强编著	科学普及出版社

编号	书名	出版时间	作译者	出版单位
605	宇宙来客——陨石	1980	李方正著	地质出版社
606	宇宙与气象	1980	根据日本讲谈社《少年儿童知识文库》中国科学普及出版社·美国时代-生活丛书出版社改编	科学普及出版社
607	中国大百科全书：天文学	1980	中国大百科全书总编辑委员会《天文学》编辑委员会著	中国大百科全书出版社
608	中国天文学史：第一册	1980	陈遵妫著	上海人民出版社
609	自然常识辅导员：第一册（天文）	1980	周舜武著	科学普及出版社
610	太阳和他的一家	1980	舒昉著	内蒙古人民出版社
611	天文学散谈	1980	翁士达著	江苏科学技术出版社
612	到行星世界去	1981	徐青山著	四川人民出版社
613	高能天体的奥秘	1981	卢炬甫著	北京出版社
614	古往今来巧安排——时间与历法知识	1981	张敏、崔振华编著	山西人民出版社
615	黑洞之谜	1981	王火、东游编	吉林人民出版社
616*	恒星方位天文学	1981	〔美〕H. 艾科恩著，任江平等译	测绘出版社
617*	恒星光球的观测和分析	1981	〔加〕D. F. 格雷著，黄磷等译	科学出版社
618	开启宇宙的钥匙	1981	〔美〕奈杰尔·考尔德著，李小源译	科学普及出版社
619	宁静太阳	1981	〔美〕E. G. 吉布森著，林元章等译	科学出版社
620	千万个为什么：4 天文气象篇	1981	徐桂峰主编	金色年代出版社
621	射电星系	1981	〔苏〕A. G. 帕考尔楚克著，钱善谐等译	科学出版社
622	摄动理论	1981	易照华、孙义燧编著	科学出版社
623	生活自然文库：行星	1981	时代-生活丛书著	时代公司
624	生活自然文库：人与太空	1981	时代-生活丛书著	时代公司
625	生活自然文库：宇宙	1981	时代-生活丛书著	时代公司
626	世界之最：天文分册	1981	陈载璋、张明昌、钱承统著	江苏少年儿童出版社
627	太阳家族	1981	罗枢运著	陕西科学技术出版社
628	太阳系	1981	〔美〕C. 萨根等著，张钰哲等译	科学出版社
629	太阳之谜	1981	张锡昌编著	安徽人民出版社
630	探索太空开发宇宙	1981	陈丹、崔振华编著	山西人民出版社
631	天火之谜	1981	〔美〕约翰·巴克斯特、托马斯·阿特金斯著，毕克明译	江苏人民出版社

续表

编号	书名	出版时间	作译者	出版单位
632	天体的演化	1981	上海自然博物馆编	上海科学技术出版社
633	天体物理学概念	1981	〔美〕马丁·哈威特著，万籁、赵君亮、朱圣源译	科学出版社
634	天外来客	1981	〔瑞士〕埃利希·冯·丹尼肯著，郭伟强译	辽宁人民出版社
635	天外有天	1981	朱志尧编著	黑龙江人民出版社
636	天文漫谈（续集一）	1981	中央人民广播电台科技组、科学普及出版社辑部编	科学普及出版社
637	天文史话	1981	中国天文学史整理研究小组《天文史话》编写组著	上海科学技术出版社
638	外星球文明的探索	1981	〔美〕卡尔·萨根著，张彦斌、王士先、金纬译	上海科学技术文献出版社
639	蟹状星云	1981	何香涛编著	科学普及出版社
640	宇宙人之谜	1981	陈洪水、李玉祥编	广西人民出版社
641*	宇宙物理学	1981	〔日〕林忠四郎、早川幸男主编，师华译	科学出版社
642	中国天文学史	1981	中国天文学史整理研究小组编著	科学出版社
643	中国天文学史文集（第二集）	1981	《中国天文学史文集》编辑组著	科学出版社
644	走向宇宙的尽头	1981	〔美〕艾·阿西莫夫著，卞毓麟、唐小英译	江苏科学技术出版社
645	最初三分钟——宇宙起源的现代观点	1981	〔美〕S. 温伯格著，冼鼎钧译	科学出版社
646*	等离子体天体物理	1982	〔苏〕S. A. 卡普兰、V. N. 齐托维奇著，章振大、李晓卿译	科学出版社
647	地球的故事	1982	张庆麟编著	上海教育出版社
648	洞察宇宙的眼睛——望远镜的历史	1982	〔美〕I. 阿西莫夫著，黄群、卞毓麟译	科学出版社
649	哈雷彗星今昔	1982	张钰哲著	知识出版社
650	节气计算	1982	唐汉良编著	陕西科学技术出版社
651	历史超新星	1982	〔英〕D. H. 克拉克、F. R. 斯蒂芬森著，王德昌、徐振韬等编译	江苏科学技术出版社
652	脉冲星	1982	〔英〕F. G. 施密斯著，李启斌译	科学出版社
653	农历及其编算	1982	唐汉良编著	江苏科学技术出版社
654	神奇的太阳	1982	郭志仁编写	山西人民出版社
655	时间的知识	1982	沈德谦著	湖北人民出版社
656	塌缩中的宇宙	1982	〔美〕I. 阿西莫夫著，钟元昭、钟世舟译	科学普及出版社

编号	书名	出版时间	作译者	出版单位
657	太阳	1982	叶式辉著	科学普及出版社
658	太阳系的发现	1982	张淑莉、周继中著	测绘出版社
659	天体物理学前沿	1982	〔美〕E. H. 阿弗雷特主编，李致森等译	科学出版社
660	天文万花筒	1982	卢炬甫著	中国少年儿童出版社
661	万古趣话	1982	王清廉著	河北人民出版社
662	星座与传说	1982	〔日〕小尾信弥著，李季安译	北京出版社
663	银河世界	1982	孙逊著	陕西科学技术出版社
664	宇宙奥秘	1982	赵家炳、崔连竖著	四川人民出版社
665	宇宙旅行见闻	1982	崔振华、陈丹著	测绘出版社
666	宇宙与地球	1982	金昌斗编著	黑龙江科学技术出版社
667	宇宙中的黑洞	1982	〔英〕P. 穆尔、I. 尼科尔森著，刘金铭、贾宗淑译	科学出版社
668	中国天文学史（第二册）	1982	陈遵妫著	上海人民出版社
669	大地古今谈	1983	刘征天著	测绘出版社
670	地球的伙伴——天文知识趣谈	1983	叶黎译，卞德培、佘克德改编	新蕾出版社
671	地球以外的文明世界	1983	〔美〕I. 阿西莫夫著，王静萍、王世纲、孙乃修译	知识出版社
672	地球运行趣谈	1983	夏彦民著	中国青年出版社
673	黑洞和白洞	1983	仕会编著	明天出版社
674	恒星的演化：诞生与衰亡	1983	〔日〕林忠四郎编，〔日〕佐藤文隆、蓬茨灵运、中野武宣著，赵南生、丁之平译	科学出版社
675	球面天文学	1983	苗永宽编著	科学出版社
676	时间测量	1983	吴守贤、漆贯荣、边玉敬编著	科学出版社
677	时间争夺战	1983	郭治编著	北京出版社
678	太空中有智慧生物吗?——地外文明（上篇）	1983	〔美〕I. 阿西莫夫著，卞毓麟、黄群译	科学出版社
679	太阳的一家	1983	朱志尧著	中国少年儿童出版社
680	太阳耀斑	1983	胡文瑞、林元章、吴林襄等编著	科学出版社
681	天空中的运动	1983	〔美〕杰拉尔德·霍尔顿、F. 詹姆士·卢瑟福、弗莱彻·G. 沃编，王以廉译	文化教育出版社
682	天体力学	1983	赵进义编著	上海科学技术出版社
683*	天体物理公式	1983	〔美〕K. R. 兰编，杨建译	上海科学技术出版社

续表

编号	书名	出版时间	作译者	出版单位
684*	天体物理中的辐射机制	1983	尤峻汉编著	科学出版社
685	天文 200 问	1983	张明昌、周洪楠、苗永宽著	陕西科学技术出版社
686*	天文学导论（上册）	1983	陈载璋、胡中为、尹素英编著	科学出版社
687*	天文学导论（下册）	1983	黄克谅、胡中为、陈载璋编著	科学出版社
688	天文学的新进展	1983	胡文瑞、李竞、乔国俊主编	科学出版社
689	天文知识	1983	〔法〕罗斯·W、G. 艾姆斯著，顾嘉琛译	山东科学技术出版社
690	星空、地球和太阳——天文知识趣谈	1983	叶黎译、卞德培、佘克德改编	新蕾出版社
691	星座和神话	1983	姚惠祺编	上海教育出版社
692*	一九八〇年二月十六日中国云南日全食观测文集	1983	《全食观测文集》编辑组著	科学出版社
693	宇宙概说（通俗天文百科）	1983	〔苏〕沃隆佐夫-维利亚米诺夫著，苏寿祁译	江苏科学技术出版社
694	宇宙黑洞的秘密	1983	〔美〕I. 阿西莫夫著，李立昂译	知识出版社
695	找星星	1983	〔美〕H. A. 雷原著，卞毓麟、隋竹梅编译	中国少年儿童出版社
696	100 个天文趣问	1984	王岚编著	香港上海书局
697	历法·节气·传统节日	1984	冉学溱著	重庆出版社
698	历法漫谈	1984	唐汉良、舒英发编著	陕西科学技术出版社
699*	球面天文学	1984	〔美〕E. W. 伍拉德、G. M. 克莱门斯著，全和钧、赵君亮、朱圣源译	测绘出版社
700	时间之谜——从日规到原子钟	1984	〔美〕詹姆斯·杰斯珀森、简·菲茨-伦道夫著，曾稳盛译	计量出版社
701	四季变化	1984	林之光著	民族出版社
702	太阳·天气·气候	1984	〔美〕J. R. Herman、R. A. Goldberg 著，盛承禹、蒋窈窕、徐振韬译	气象出版社
703	天空奇观	1984	陈天昌著	民族出版社
704*	天体力学浅谈	1984	〔苏〕尤·阿·里亚波夫著，李珩、陈晓中译	科学普及出版社
705*	天体力学引论	1984	〔苏〕J. 柯瓦列夫斯基著，黄坤仪译	科学出版社
706*	天体微波激射	1984	〔英〕A. H. 库克著，周震浦、吴洪敖译	科学出版社
707	天文地理点线面	1984	百科知识编辑委员会编著	商务印书馆香港分馆
708	天文基础知识问答	1984	曾晔光编著	重庆出版社
709	天文学和哲学	1984	中国自然辩证法研究会天文学专业组编	中国社会科学出版社

续表

编号	书名	出版时间	作译者	出版单位
710	天文学及其历史	1984	刘金沂、杜升云、宣焕灿著	北京出版社
711	天问	1984	张钰哲主编	江苏科学技术出版社
712	通向宇宙的新窗口	1984	何一平编著	北京出版社
713	我们怎样发现了——黑洞	1984	〔美〕艾萨克·阿西莫夫著，卜毓麟译	地质出版社
714	我们怎样发现了——彗星	1984	〔美〕艾萨克·阿西莫夫著，周平生、李元译	地质出版社
715	我们怎样发现了——外层空间	1984	〔美〕艾萨克·阿西莫夫著，吴湘舟译	地质出版社
716	现代宇宙学的哲学问题	1984	孙显元著	人民出版社
717	小行星趣谈	1984	张明昌、郑家庆著	科学普及出版社
718	星图手册	1984	〔美〕A. P. 诺顿著，李珩、李杭译	科学出版社
719	星辰	1984	刘金沂著	民族出版社
720	星体与数学——中学数学在天文中的应用	1984	张元东编	人民教育出版社
721	寻访人类的太空之友——地外文明（下篇）	1984	〔美〕I. 阿西莫夫著，卜毓麟、黄群译	科学出版社
722	宇宙——从天圆地方到类星体	1984	〔美〕I. 阿西莫夫著，何笑松、叶悦译	科学出版社
723	宇宙科学传奇	1984	〔美〕卡尔·萨根著，陈增林译	河北人民出版社
724	宇宙奇观	1984	陈丹、寅虎编著	新时代出版社
725	宇宙生命智慧	1984	〔苏〕и.C. 什克洛夫斯基著，延军译	科学普及出版社
726*	宇宙探索	1984	时波、铁山主编	科学普及出版社
727	宇宙之路	1984	〔苏〕B. A. 沙塔洛夫著，赫崇骥、郭昭熹译	新时代出版社
728*	宇宙之谜	1984	时波、铁山主编	科学普及出版社
729	中国天文学史（第三册）	1984	陈遵妫著	上海人民出版社
730	中国天文学史文集（第三集）	1984	《中国天文学史文集》编辑组著	科学出版社
731	椭圆和行星卫星的轨道	1984	杨纪珂、黄吉虎编	人民教育出版社
732	我们怎样发现了——地球是圆的	1984	〔美〕艾萨克·阿西莫夫著，边学愚译	地质出版社
733*	42 个疏散星团成员表	1985	赵君亮、田凯平、经嘉云、殷明官著	上海科学技术出版社
734	白洞——宇宙中的喷射源	1985	〔英〕J. 格里宾著，刘金铭译	科学出版社
735	地球在宇宙中	1985	成松林编著	地质出版社

续表

编号	书名	出版时间	作译者	出版单位
736	动脑筋信箱（三）——天文·历法常识问答	1985	武汉人民广播电台少年儿童节目组编	湖北少年儿童出版社
737	哈雷彗星——天文知识趣谈	1985	卞德培著	新蕾出版社
738	哈雷彗星的来龙去脉	1985	中国天文学会编著	江苏科学技术出版社
739	黑洞趣谈	1985	科技文库编辑小组主编，王国铨编著	台湾：世茂出版社
740	欢迎您！哈雷彗星	1985	万籁编著	知识出版社
741	揭开星光的奥秘——天文学探测方法	1985	宣焕灿、刘金沂著	科学普及出版社
742*	能物演变论	1985	谭琪添著	精细印刷公司
743*	日汉天文学词汇：日中天文学用语集	1985	冯克嘉、都祖尧、堵锦生编	科学出版社
744	时间——人类对它的认识和测量	1985	漆贯荣编著	科学出版社
745	太阳	1985	朱光华著	民族出版社
746	太阳系与希腊神话	1985	力强编著	科学普及出版社
747	天文七巧——少年天文制作	1985	闵乃世编	上海教育出版社
748	天文学	1985	〔日〕荻原雄祐著，赵仲三、卢汉鎏译	科学出版社
749	天文学简史	1985	陈久金编著	科学出版社
750	天文学手册	1985	〔德〕G. D. 罗思主编，汤崇源、彭时俊、张一鸣译	科学出版社
751	天涯来客——哈雷彗星	1985	何桂生、铁玥、苏林编著	农村读物出版社
752	通俗天文学	1985	〔美〕F. N. 巴什著，王鸣阳、张大卫译	科学普及出版社
753	星——观察与识别	1985	〔美〕赫伯特·齐姆、罗伯特·贝克著，李森译	黑龙江科学技术出版社
754	星空奇观——哈雷彗星	1985	李启斌编	上海科学技术出版社
755	星系和类星体	1985	〔美〕W. J. 卡夫曼著，何妙福、朱圣源译	科学出版社
756	星星之友——怎样认识星座	1985	〔美〕M. E. 马丁、D. H. 门泽尔著，陈平章译	人民教育出版社
757	学"历"	1985	贾炎、全龙浩著	黑龙江人民出版社
758	宇宙	1985	曾宪惠著	民族出版社
759	宇宙化学	1985	赵南生编著	科学出版社

续表

编号	书名	出版时间	作译者	出版单位
760	宇宙演化——天文学入门	1985	〔美〕G. B. 菲尔德、G. L. 弗舒尔、C. 波纳佩鲁马合著，欧阳珽、王华、赵南生译	科学出版社
761	月亮	1985	卞德培著	民族出版社
762*	地球自转参数的重新归算（根据 1962.0—1982.0 光学天文观测）	1986	李正心著	上海科学技术出版社
763	繁星似尘	1986	〔美〕I. 阿西莫夫著，雷川、克昌译	中国友谊出版公司
764	恒星大气理论	1986	黄润乾编著	云南人民出版社
765	恒星的诞生、发展和死亡	1986	〔苏〕I. S. 什克洛夫斯基著，黄磷、蔡贤德译	科学出版社
766	恒星的结构和演化	1986	黄润乾编著	科学出版社
767	恒星天文学	1986	容建湘编著	高等教育出版社
768	彗星和流星	1986	卞德培著	民族出版社
769	彗星十讲	1986	胡中为、徐登里编著	科学出版社
770*	简明天文学词典	1986	叶叔华主编	上海辞书出版社
771	简明天文学手册	1986	刘步林、成松林编著	科学出版社
772	可见光外天文学	1986	黄天祥、邹惠成、徐春娴编著	科学出版社
773	历书百问百答	1986	唐汉良、林淑英编著	江苏科学技术出版社
774	日食和月食	1986	高汉庭著	民族出版社
775	太阳黑子与人类	1986	徐振韬、蒋窈窕编著	天津科学技术出版社
776*	太阳系演化学（下册）	1986	戴文赛、胡中为、阎林山、朱志祥著	上海科学技术出版社
777	太阳与地球	1986	李良编著	湖南教育出版社
778	谈天说地话美景	1986	谢秉松著	地质出版社
779	探求宇宙之谜	1986	沈英甲编译	世界知识出版社
780	天地人——宇宙的简史	1986	〔美〕克劳德著，黄开年等译	地质出版社
781	天体力学方法	1986	〔美〕布劳威尔、克莱门斯著，刘林、丁华译	科学出版社
782	天外天	1986	丹心著	黑龙江人民出版社
783	天文漫谈（续集二）	1986	中央人民广播电台科技组、科学普及出版社辑部编	科学普及出版社
784	天文学哲学问题论集	1986	殷登祥	人民出版社
785	天文与气象	1986	广西科协青少部主编	广西人民出版社
786*	现代相对论及黑洞物理学	1986	张镇九编著	华中师范大学出版社

编号	书名	出版时间	作译者	出版单位
787	现代宇宙学的观念和理论	1986	〔印〕辛格著，马星垣等译	科学出版社
788	星空观测原理与方法	1986	陈平章编著	重庆出版社
789	星球考察记	1986	孙怀川著	青海人民出版社
790*	英汉天文学词汇	1986	许邦信主编	科学出版社
791	宇宙星体漫谈	1986	〔德〕迪特富特著，郑家炯译	地震出版社
792	宇宙与天体	1986	阳兆祥编	广西人民出版社
793	陨石的奥秘	1986	倪集众著	贵州人民出版社
794	中国天文学史文集（第四集）	1986	《中国天文学史》编辑组编	科学出版社
795	中学天文知识	1986	杨正宗编	人民教育出版社
796	自然科学入门：天文学	1986	〔苏〕克劳斯科普夫、贝舍著，张卫民译	知识出版社
797	打开宇宙的禁区	1987	崔石竹、司徒冬、寅虎编著	湖南教育出版社
798*	大地天文学	1987	陆锴书、吴家让主编	测绘出版社
799	地球概论	1987	刘南编著	高等教育出版社
800	哈雷彗星观测手册	1987	王德昌编著	四川科学技术出版社
801	行星和卫星	1987	〔美〕卡夫曼著，马星垣、王鸣阳译	科学出版社
802	河外天文学	1987	〔阿根廷〕J. L. 塞锡克著，李宗云译	科学出版社
803	黑洞、类星体和宇宙	1987	〔美〕西普门著，黄克谅、彭秋和译	科学出版社
804	黑洞与弯曲时空	1987	〔美〕卡夫曼著，何妙福、车饱印译	科学出版社
805	火星——红色的行星	1987	卜毓麟、余伟才编著	科学出版社
806	火星景色	1987	罗来中等编译	科学普及出版社
807	青少年天文实验	1987	祝平、章朝云编译	北京科学技术出版社
808	神秘的宇宙	1987	彭秋和、黄克谅编著	科学出版社
809	时间历法	1987	赵世英著	民族出版社
810	实测天体物理学	1987	黄佑然等编著	科学出版社
811	太阳十讲	1987	胡文瑞、赵学溥编著	科学出版社
812	太阳系化学	1987	柳志青编著	浙江大学出版社
813	探索宇宙的黄金时代——六十年代以来天文学的重大发现和进展	1987	李竞等著	知识出版社
814	天文·地理	1987	陈志明、易正享编	气象出版社

编号	书名	出版时间	作译者	出版单位
815*	天文学概论	1987	吴延涪、肖兴华主编	中国人民大学出版社
816*	天文学教程（上册）	1987	张明昌、肖耐园编	高等教育出版社
817*	天文学教程（中册）	1987	朱慈墫编	高等教育出版社
818*	天文学名词（1987）	1987	天文学名词审定委员会编	科学出版社
819	我们的行星地球	1987	〔苏〕比亚尔科著，程仁泉译	地震出版社
820	相对论和黑洞的奇迹	1987	〔美〕威廉·J.考夫曼著，卞毓麟等译	知识出版社
821	小小天文家	1987	佘克德、励艺夫著	科学普及出版社
822	新太阳系	1987	〔美〕卡尔·萨根等著，张钰哲、王绶琯等译	上海科学技术出版社
823	星球探测	1987	李钟伯、易元坚编著	宇航出版社
824	引人入胜的天文学	1987	吴智仁、曹恒兴著	上海教育出版社
825*	英汉天文学辞典	1987	陈福来	五洲出版社
826*	宇宙磁流体力学	1987	胡文瑞著	科学出版社
827*	宇宙电动力学导论	1987	许敖敖、唐玉华编著	高等教育出版社
828	中国古代天文学成就	1987	北京天文馆编	北京科学技术出版社
829	全天星图（历元2000年）	1988	北京天文馆编	北京科学技术出版社
830	恒星和星云	1988	〔美〕卡夫曼著，马星垣、杨建译	科学出版社
831	火星：我的第二家园	1988	〔美〕巴里·E.齐曼尔曼、戴维·J.齐默尔默著，段斐然等译	江苏人民出版社
832	人类和星星	1988	〔澳〕罗·汉·布朗著，叶式辉等译	江苏科学技术出版社
833*	射电天文方法	1988	王绶琯等编著	科学出版社
834	神秘的宇宙	1988	卞德培著	福建教育出版社
835	天地奥秘的探索历程	1988	周桂钿著	中国社会科学出版社
836*	天体化学	1988	欧阳自远著	科学出版社
837	天文爱好者望远镜的制作	1988	刘家萌、罗蓉枝著	科学普及出版社
838	天文史话	1988	〔英〕穆尔著，张大卫译	科学出版社
839*	天文学教程（下册）	1988	周洪楠、张承志、肖耐园编	高等教育出版社
840*	现代行星物理学	1988	陈道汉、刘麟仲著	上海科学技术出版社
841*	星际介质物理学	1988	〔美〕斯必泽著，蔡贤德译	科学出版社
842*	星体运动与长期天气、地震预报	1988	栾巨庆著	北京师范大学出版社
843	宇宙的结局	1988	〔美〕伊斯拉姆著，周爱华、杨建译	科学出版社

编号	书名	出版时间	作译者	出版单位
844	宇宙的起源与演化——大爆炸	1988	〔美〕希尔科著，邹振隆译	科学普及出版社
845	宇宙的四十二级台阶	1988	〔美〕莫里森著，李泽清译	科学技术文献出版社
846	宇宙之谜	1988	吴智仁、杨建、赵君亮编	文汇出版社
847	中国古代的计时科学	1988	郭盛炽编著	科学出版社
848	中国古代天象记录总集	1988	北京天文台主编	江苏科学技术出版社
849	当代天文学和物理学探索	1989	〔英〕F. 霍伊尔、〔印〕J. 纳里卡著，何香涛、赵君亮译	科学出版社
850	古经天象考	1989	雷学淇撰	江苏广陵古籍刻印社
851*	哈雷彗星（1986Ⅰ）观测研究文集	1989	《哈雷彗星文集》编委会编	科学出版社
852	美丽的星空	1989	成松林编著	广东教育出版社
853	瞧，太阳一家子	1989	成松林、王薇编著	广东教育出版社
854	日地关系	1989	曾治权等编著	地震出版社
855	神秘的宇宙	1989	〔苏〕科舒尔尼科娃著，徐荣乐译	北京体育学院出版社
856	太阳黑子	1989	张元东、李维宝著	中国华侨出版社
857	天体光度测量	1989	胡景耀、董怡荪编著	科学普及出版社
858	天体力学和天文学动力	1989	郑学塘、倪彩霞编著	北京师范大学出版社
859	天体中的剧烈活动现象	1989	夏晓阳、邓祖淦著	人民教育出版社
860	天文地震学引论	1989	杜品仁、徐道一编著	地震出版社
861	天文探奇记	1989	李元编著	新蕾出版社
862	天文五千年	1989	程戈林编著	湖北少年儿童出版社
863*	天文学词典	1989	南京大学《天文学词典》编写组编	科学出版社
864	天文学理论的发展	1989	〔美〕罗杰斯著，卢央译	科学出版社
865	天文学名著选	1989	宣焕灿选编	知识出版社
866	天文知识百问	1989	石公编	学苑出版社
867	现代天文学简明教程	1989	韩正忠、崔连竖编	东南大学出版社
868	星座与你：西方星占小百科	1989	〔法〕奥朗卡·德韦尔著，赵克勇、尚敏、邹雪聪译	辽宁人民出版社
869	幼儿十万个为什么（四）：太阳、月亮和风雨	1989	王国忠著	四川少年儿童出版社
870	宇宙	1989	〔美〕卡尔·萨根著，周秋麟、吴依俤等译	海洋出版社
871	宇宙的演化	1989	〔苏〕诺维可夫著，黄无量、陈定栋、张梅译	科学出版社
872*	宇宙的真理	1989	吴锦宁著	科学普及出版社

编号	书名	出版时间	作译者	出版单位
873	宇宙奇观	1989	卜德培编著	湖北少年儿童出版社
874	宇宙生命探索	1989	张庆麟著	上海科技教育出版社
875	陨石·地球·太阳系	1989	〔法〕阿莱格尔著，鲍道崇译	地质出版社
876	中国古代天文历法基础知识	1989	丁緜孙著	天津古籍出版社
877	中国恒星观测史	1989	潘鼐著	学译林出版社
878	中国天文史料汇编第一卷	1989	中国科学院北京天文台主编	科学出版社
879	中国天文学史（第四册）	1989	陈遵妫著	上海人民出版社
880	中国天文学史文集（第五集）	1989	《中国天文学史文集》编写组编	科学出版社
881	戴文赛文集	1990	南京大学档案馆编	南京大学出版社
882	管窥辑要	1990	黄鼎撰	江苏广陵古籍刻印社
883*	恒星振动理论	1990	黄润乾、李焱编著	科学出版社
884	活动星盘	1990	李代明制作	江苏教育出版社
885	基本星表和天球参考系	1990	冒蔚等著	科学出版社
886	吉林陨石雨	1990	宗普和、周小霞著	吉林科学技术出版社
887	简明天文学	1990	周体健编	高等教育出版社
888*	普通天文学	1990	朱光华、冯克嘉、彭望琭编著	北京师范大学出版社
889	趣味天文学	1990	杭之著	吉林教育出版社
890*	射电天文观测	1990	向德琳编著	科学出版社
891*	随州陨石综合研究	1990	王人镜、李肇辉主编	中国地质大学出版社
892	太阳家族的故事	1990	周日新编写	浙江少年儿童出版社
893	谈天说地	1990	孔宪璋著	河南科学技术出版社
894	唐代的历	1990	〔日〕平冈武夫编	上海古籍出版社
895*	天体物理方法	1990	胡景耀著	科学出版社
896	天文爱好者观测手册	1990	经历编	学苑出版社
897*	天文测量数据的处理方法	1990	丁月蓉、郑大伟编著	南京大学出版社
898	天文学及其应用	1990	喻传赞等编著	云南大学出版社
899	通书民俗知识	1990	池尚英、郭宏、荣智庮编	广西教育出版社
900	为何星星会闪闪发亮	1990	鲁易、诗境主编	沈阳出版社
901	新十万个为什么图画本：天空与地球	1990	郭廉夫等编文	少年儿童出版社
902	星空漫步	1990	卢世斌著	自然科学文化事业公司

续表

编号	书名	出版时间	作译者	出版单位
903	一九八七年九月二十三日中国日环食观测研究文集	1990	《中国日环食观测研究文集》编委会编	科学出版社
904	银河	1990	〔美〕B J. 博克、P F. 博克著，胡文瑞等译	科学出版社
905	宇宙奥秘之一窥	1990	陈惟澈著	科学技术文献出版社
906	宇宙探谜	1990	苏文芳、田冬梅编著	四川教育出版社
907	中国的天文·历法·数学	1990	薛蔚原编	山西教育出版社
908	中国古代天文学史略	1990	刘金沂、赵澄秋著	河北科学技术出版社
909	自然宇宙之谜	1990	〔美〕卡尔·赫斯著，张丁周、宋忻译	明天出版社
910	走向空间——探索空间的昨天、今天、明天	1990	中国空间科学学会著	吉林教育出版社
911	时间的简明历史——从大爆炸到黑洞	1990	〔英〕斯梯芬·郝京著，张礼译	清华大学出版社
912	时间简史	1990	〔英〕斯蒂芬·霍金著，入梦译	河北教育出版社
913	时间简史——从大爆炸到黑洞	1991	〔英〕S. W. 霍金著，李青、白晶译	陕西科学技术出版社
914	999 问与答——环宇搜奇	1991	储礼悌等编	新蕾出版社
915	奔向太空	1991	不详	科学普及出版社
916	大环境地理学	1991	〔美〕邹豹君著	中国友谊出版公司
917	当代国外天文学哲学	1991	殷登祥、卞毓麟主编	知识出版社
918	地球：在劫难逃？	1991	〔美〕约翰·怀特著，沈英甲、吕萍萍编译	海潮出版社
919	广漠的文明摇篮：天地遨游	1991	沈定编著	知识出版社
920	牛顿力学与星际航行	1991	查有梁编著	四川科学技术出版社
921	全球地震活动性与太阳活动及大气过程的关系	1991	〔苏〕瑟京斯基著，赵洪声译	地震出版社
922	人类征服太空的历程	1991	樊和著	南昌二十一世纪出版社
923	神秘的星宿文化与游戏	1991	王红旗著	解放军文艺出版社
924	时间史之谜：从大爆炸到黑洞	1991	〔英〕斯蒂芬·霍金著，张星岩、刘建华译	上海人民出版社
925*	苏颂与《新仪象法要》研究	1991	管成学、杨荣垓、苏克福著	吉林文史出版社
926	探索星空的足迹	1991	卞德培著	中国少年儿童出版社
927	天文博士	1991	赵世英编	知识出版社

续表

编号	书名	出版时间	作译者	出版单位
928	天文观测	1991	〔日〕藤井旭著，张台英译	银禾文化事业有限公司
929	天文与自然灾害	1991	《天文与自然灾害》编委会编	地震出版社
930	我国的纪年纪月纪日法	1991	戴兴华编	安徽教育出版社
931	现代宇宙学	1991	〔英〕D. W. 席艾玛著，侯德彭译	商务印书馆
932	新编十万个为什么：天文卷	1991	王国忠、郑延慧、卞毓麟主编	广西科学技术出版社
933	星空探秘	1991	卞德培著	福建教育出版社
934	星星的故事	1991	弓启瑞编著	延边人民出版社
935	一万个世界之谜：宇宙分册	1991	卞德培主编	湖北少年儿童出版社
936	银河绿洲之旅	1991	〔日〕多湖辉著，张力实译	科学普及出版社
937	宇宙与太阳系	1991	不详	科学普及出版社
938	宇宙真奇妙	1991	江苹编译	科学普及出版社
939*	天文地质假说——月亮起源于地球爆炸	1991	冯宜全著	海洋出版社
940	月亮之谜	1991	〔美〕顿·威尔逊著，沈英甲、吕萍萍译	海潮出版社
941	中国传统天文历法通书	1991	黄世平编著	三环出版社
942	中国古代的天文与历法	1991	陈久金、杨怡著	山东教育出版社
943	中国古代天文历法	1991	徐传武著	山东教育出版社
944	中国古人论天	1991	周桂钿著	新华出版社
945	中国古宇宙论	1991	金祖孟著	华东师范大学出版社
946	天学真原	1991	江晓原著	辽宁教育出版社
947	时间简史——从大爆炸到黑洞	1992	〔英〕史蒂芬·霍金著，许明贤、吴忠超译	湖南科学技术出版社
948	遨游太空的"旅行者"	1992	董翰卿等编著	吉林教育出版社
949	大宇宙与小宇宙	1992	张端明著	湖北教育出版社
950	地球真的是梨形的吗	1992	陈长至译	北京科学技术出版社
951	第十大行星之谜	1992	卞德培著	希望出版社
952	二百五十年阴阳合历	1992	朱悦等编	湖南科学技术出版社
953	飞越黑洞——谈天说地话宇宙	1992	董艳英、伍树人主编	武汉测绘科技大学出版社
954	开拓大视野——生存空间	1992	范伟丽等编著	济南出版社
955*	流体力学与吸积盘理论	1992	杨兰田编著	科学出版社
956	论宇宙本相	1992	天力著	香港中华文化出版社

续表

编号	书名	出版时间	作译者	出版单位
957	普通天体物理学	1992	李宗伟、肖兴华编著	高等教育出版社
958	人和宇宙的对话	1992	王怀中著	湖南师范大学出版社
959	神秘的天宇	1992	王奉安著	新蕾出版社
960	神秘的宇宙：从大爆炸到毁灭	1992	〔德〕哈拉尔德·弗里切著，倪永华译	宇航出版社
961	太阳20和21周大耀斑资料汇编	1992	侯叔明等编	云南科技出版社
962	太阳物理学	1992	章振大编著	科学出版社
963	天（最新科学知识）	1992	陈善敏、卞毓麟、廖春发著	湖南少年儿童出版社
964	天体运行论	1992	〔波兰〕哥白尼著，叶式辉译	武汉出版社
965	天文历数	1992	杜升云、陈久金主编	山东科学技术出版社
966	天文学史	1992	宣焕灿编	高等教育出版社
967	土星的光环是怎样形成的	1992	蒋哮海译	北京科学技术出版社
968	外行星的秘密	1992	董翰卿等编著	吉林教育出版社
969	星空之谜	1992	沈瑞芬、瞿容成、叶所安编著	海天出版社
970	星星告诉我	1992	郭夫先、寒一瑞编	河南教育出版社
971	一千亿颗太阳——恒星的诞生、演化和死亡	1992	〔德〕鲁道夫·基彭哈恩著，赵君亮、朱圣源译	上海远东出版社
972	宇宙的奥秘	1992	〔美〕卡尔·萨根著，史宁中等译	东北师范大学出版社
973	宇宙的生命科学	1992	〔日〕实藤远著，李小青译	上海中医学院出版社
974	月亮太阳的引力对人类生老病死的影响	1992	刘新亭等著	地震出版社
975	中国古代历法	1992	崔振华、李东生著	新华出版社
976	暴胀宇宙论和宇宙弦	1993	蒋元方、刘辽、钱振华编著	华东师范大学出版社
977	陈久金集	1993	陈久金著	黑龙江教育出版社
978	飞向太空	1993	朱毅麟、朱伟瑜、毕华编著	河北教育出版社
979	恒星大气物理	1993	汪珍茹、曲钦岳著	高等教育出版社
980	恒星世界	1993	罗永筠著	福建教育出版社
981	红外天文学导论	1993	郝允祥、陈增生、周克平编著	北京大学出版社
982	彗星与流星	1993	庄天山著	福建教育出版社
983	计时与惜时	1993	单志清著	河北教育出版社
984	科学小文库（天文·气象）	1993	金树仁等编	长春出版社
985	历法大典	1993	蒋廷锡等编	上海文艺出版社
986	历法通书——历法常识·农民四时杂字四字经	1993	石丁、亦乐著	四川民族出版社

续表

编号	书名	出版时间	作译者	出版单位
987	漫游太阳系	1993	陈福生著	福建教育出版社
988	认识星星	1993	张元东著	福建教育出版社
989	时间与历法	1993	郑莹、余宗宽著	福建教育出版社
990	太空·地球·人类	1993	王大珩、潘厚任主编	广西科学技术出版社
991	太空探索博览	1993	彤宇著	湖北教育出版社
992	太阳壮观	1993	张敏著	福建教育出版社
993	探索宇宙的航天技术	1993	刘绍球、郭金基编著	北京工业大学出版社
994	天干地支纪历与预测	1993	翁文波、张清编著	石油工业出版社
995	天文台与望远镜	1993	林正山著	福建教育出版社
996	天文学入门	1993	姚林著	山西高校联合出版社
997	天象阴阳汇录	1993	蒋廷锡著	上海文艺出版社
998	无边界宇宙	1993	吴忠超主编	湖南科学技术出版社
999	星光灿烂	1993	卞德培编著	人民邮电出版社
1000	星系世界	1993	马騳、陈秉乾著	湖南教育出版社
1001	星星是我们的好朋友	1993	卞毓麟著	河北教育出版社
1002	遥访神秘的外行星	1993	董翰卿著	广东教育出版社
1003	宇宙地球	1993	赵庆哲编	黑龙江朝鲜民族出版社
1004	宇宙·航空·航天	1993	于今昌著	长春出版社
1005	宇宙的奥秘	1993	吴锦程、王峰、张成文、褚波著	山东大学出版社
1006	宇宙电波探索	1993	王绥琯著	福建教育出版社
1007	宇宙起源之谜	1993	王满厚编著	陕西师范大学出版社
1008	中国陨石导论	1993	王道德等著	科学出版社
1009	坐地日行八万里——谈"天"说"地"	1993	付宝军编著	海南出版社
1010	中国业余天文学家手册	1993	冯克嘉、杜升云、堵锦生著	高等教育出版社
1011*	斥力在宇宙学中的应用	1994	冯天岳著	文津出版社
1012	从太阳到地球	1994	宋礼庭著	湖南教育出版社
1013	地球和宇宙	1994	牟刚等编绘	吉林美术出版社
1014	儿童科学世界大观：宇宙探秘	1994	王立科、张中良主编	重庆出版社
1015	廿四节气小知识	1994	美然、丹丹编写	希望出版社
1016	放眼天地之间	1994	李广平编著	沈阳出版社
1017	飞碟没有终结	1994	张柏林、徐建平编著	河南科学技术出版社
1018	飞向太空——探索天体奥秘	1994	吴守贤著	陕西人民出版社

续表

编号	书名	出版时间	作译者	出版单位
1019	干支纪法详解	1994	唐汉良、林淑英编著	陕西科学技术出版社
1020	古历论稿	1994	饶尚宽著	新疆科技卫生出版社
1021	行星地球力学引论	1994	钱维宏著	气象出版社
1022	行星和星际间旅行	1994	杜智林、谷峰著	陕西人民教育出版社
1023	航天——奔向宇宙之路	1994	石水荣编著	上海科学普及出版社
1024	恒星起源动力学	1994	张邦固著	科学出版社
1025	霍金讲演录——黑洞、婴儿、宇宙及其他	1994	〔英〕史蒂芬·霍金著，杜欣欣、吴忠超译	湖南科学技术出版社
1026	揭开星球的真相	1994	〔英〕加夫著，孙筱珍译	明天出版社
1027	神秘的星海漫游太空探索	1994	赵华昌等著	吉林教育出版社
1028	神奇的星球	1994	刘秋群著	辽宁民族出版社
1029	太阳、地球和月亮……	1994	冯瑞编文	新蕾出版社
1030	天文地理趣闻	1994	蔡欣奇编	华南理工大学出版社
1031	星光灿烂的宇宙——天文	1994	邵志勇、肖天生、周德钧编著	南昌二十一世纪出版社
1032	引力、宇宙学和宇宙线物理学	1994	〔美〕引力、宇宙学和宇宙线物理学专门小组等著，赵志强译	科学出版社
1033	宇宙：物理学的最大研究对象	1994	陆埱著	湖南教育出版社
1034	宇宙学引论	1994	冯麟保著	科学出版社
1035	宇宙灾变	1994	赵君亮编著	上海科技教育出版社
1036	月球存有液态	1994	噶然朗巴·平措汪杰著	四川科学技术出版社
1037	中国天文学史文集（第六集）	1994	《中国天文学史文集》编辑组编	科学出版社
1038	大爆炸宇宙学	1995	俞允强著	高等教育出版社
1039	地球的自转与公转	1995	徐永煊著	知识出版社
1040	地位独尊的古代天学	1995	江晓原、钮卫星、卢仙文著	辽宁古籍出版社
1041	儿童启蒙百科2：天空与地球	1995	〔英〕克里斯托弗·梅兰德著，靳琼译	少年儿童出版社
1042*	古代天文历法论集	1995	张闻玉著	贵州人民出版社
1043*	古代天文历法研究	1995	郑慧生著	河南大学出版社
1044	古历新探	1995	陈美东著	辽宁教育出版社
1045	来自太空的报告：鲜为人知的宇宙奥秘	1995	丁家祯著	四川人民出版社
1046	流星雨奇观	1995	冯占良著	知识出版社
1047	气象·天文的故事	1995	林之光、张辉华、李元编著	明天出版社
1048	球面天文学	1995	马文章著	北京师范大学出版社

续表

编号	书名	出版时间	作译者	出版单位
1049	趣味天文气象辞典	1995	阎林山主编	上海辞书出版社
1050	人类共有的家	1995	王晶、隋郁编著	明天出版社
1051	人是怎样飞上月球的	1995	徐永煌著	知识出版社
1052	少年自然百科辞典——天文·气象·地理·地质	1995	王国忠主编	少年儿童出版社
1053	神奥的宇宙与天外来客	1995	陈功富主编	哈尔滨工业大学出版社
1054	神秘的宇宙趣闻	1995	于今昌主编	吉林大学出版社
1055	太空之谜	1995	舒理等编	暨南大学出版社
1056*	太阳射电辐射理论	1995	赵仁扬著	科学出版社
1057	谈天说地	1995	曹琦、金树仁主编	东北师范大学出版社
1058	天窗怎样打开——探索星空的奥秘	1995	卞德培著	广东教育出版社
1059	天文博物馆	1995	崔振华主编	河南教育出版社
1060	万古奇观——彗木大碰撞及其留给人类的思考	1995	卞德培编著	科学普及出版社
1061	我和星星交朋友	1995	冯占良著	重庆出版社
1062	星	1995	李芝萍著	湖南少年儿童出版社
1063	有趣的时间	1995	姚大均、唐书林著	安徽少年儿童出版社
1064	宇宙的起源	1995	〔英〕约翰·D.巴罗著，卞毓麟译	上海科学技术出版社
1065	宇宙的最后三分钟：关于宇宙归宿的最新观念	1995	〔澳〕保罗·戴维斯著，傅承启译	上海科学技术出版社
1066	宇宙探秘	1995	张明昌著	江苏少年儿童出版社
1067	宇宙天体交响曲	1995	曹盛林编著	中国华侨出版社
1068	月	1995	卞德培著	湖南少年儿童出版社
1069	月球探秘	1995	王满厚编著	知识出版社
1070	中国古代天文历法	1995	李东生编著	北京科学技术出版社
1071	中华五千年科技瑰宝故事天文气象篇　上	1995	刘玉瑛著	北京科学技术出版社
1072	追踪日月星辰	1995	崔石竹等著	人民日报出版社
1073	90年代天体物理学	1996	李启斌、李宗伟、汲培文编	高等教育出版社
1074	大霹雳	1996	〔英〕约翰·D.巴罗著，叶李华译	天下远见出版股份有限公司
1075*	大预测	1996	〔法〕伊丽莎白·泰西埃著，白巨译	作家出版社
1076	飞出太阳系	1996	沈宁华著	陕西人民教育出版社
1077	飞上太空看星星	1996	李元著	知识出版社

续表

编号	书名	出版时间	作译者	出版单位
1078	小机灵探天问地：考考爸爸妈妈	1996	忻昀、马小玲编	上海远东出版社
1079	叩开天宇之门	1996	石磊等著	宇航出版社
1080	历法	1996	〔法〕保罗·库代克著，刘王俐译	商务印书馆
1081	普通天文学	1996	敖力布编	内蒙古人民出版社
1082	奇妙的天地世界	1996	段小雨、解明主编	甘肃教育出版社
1083	千亿个太阳——恒星的诞生、演变和衰亡	1996	〔德〕鲁道夫·基彭哈恩著，沈良照、黄润乾译	湖南科学技术出版社
1084	少年智慧画库：天文地理卷	1996	王敬东、于启斋编著	明天出版社
1085	神秘的宇宙天体	1996	文淑东、潘晓明主编	辽宁民族出版社
1086	沈阳古陨石	1996	张海亭著	东北大学出版社
1087	时空通道中的机遇与挑战——趣味宇宙科学	1996	卞德培、李良编著	江西教育出版社
1088	太空遨游	1996	刘绍球、陆浄、徐仕兰编著	广西科学技术出版社
1089	谈天	1996	黄征编著	广西民族出版社
1090	天文和地理的故事	1996	吴胜明编著	新蕾出版社
1091	天文学基础	1996	聂清香、苏宜、杭贵生编著	中国人事出版社
1092	天象趣话	1996	徐永煊编写	东方出版中心
1093	天涯何处是尽头	1996	杜梦纲、洪京陵编译	中国环境科学出版社
1094	外星人，你在哪里——地球外智慧生命探索	1996	李龙臣编著	明天出版社
1095	为了地球的明天	1996	周鸿编著	安徽科学技术出版社
1096	星汉流年——中国天文考古录	1996	冯时著	四川教育出版社
1097	星空的诱惑：人类怎样认识了宇宙	1996	郭英、陈丹著	湖南少年儿童出版社
1098	星座观赏	1996	〔日〕藤井旭著，王国铨译	银禾文化事业有限公司
1099	宇宙奥秘	1996	胡莲娟编写	上海教育出版社
1100	宇宙的观念	1996	肖巍著	中国社会科学出版社
1101	宇宙空间	1996	崔利玲主编	江苏科学技术出版社
1102	宇宙探秘	1996	刘以林主编	北京燕山出版社
1103	宇宙新感觉	1996	何一平、何玉森编著	安徽科学技术出版社
1104	宇宙新论——天文、地理与人类	1996	段廷文著	中国科学技术出版社
1105	宇宙星空	1996	刘以林主编	北京燕山出版社

续表

编号	书名	出版时间	作译者	出版单位
1106	宇宙星球之谜	1996	刘洁编	山东科学技术出版社
1107	宇宙之谜与探解	1996	陈功富主编	哈尔滨工业大学出版社
1108	眨眼的星空	1996	王会、王旭光主编	河北少年儿童出版社
1109	中国天文学史	1996	薄树人著	文津出版社
1110	时间简史——从大爆炸到黑洞	1996	〔英〕史蒂芬·霍金著，许明贤、吴忠超译	湖南科学技术出版社
1111	1999 人类在劫难逃吗？——诺查丹玛斯大预言真相昭揭	1997	卞德培著	华龄出版社
1112	春去春又回——地球上的周期性现象探秘	1997	代敏编著	武汉测绘科技大学出版社
1113	聪明屋：天体、生命篇	1997	王凤生、燕子编	北京燕山出版社
1114	打开天窗：天文学家的故事	1997	赵世英编著	泰山出版社、中华工商联合出版社
1115	地球·彗星·月球	1997	陈惟澈著	辽宁人民出版社
1116*	地球大揭秘	1997	雷兴元著	天地出版社
1117	地球与宇宙	1997	晨光编	接力出版社
1118	儿童百问百答：金星篇	1997	周童、黎灏编著	上海少年儿童出版社
1119	观测天体物理学	1997	刘学富编著	北京师范大学出版社
1120	光的追问：星云之卷	1997	徐刚著	湖南科学技术出版社
1121	海尔－波普彗星观测图片集锦	1997	海尔－波普彗星观测研究协调组、中国科学院上海天文台编	上海科技教育出版社
1122	黑洞	1997	〔法〕约翰-皮尔·卢米涅著，卢炬甫译	湖南科学技术出版社
1123	话说星星	1997	张明昌著	河海大学出版社
1124	科学万花筒：天文地理分册	1997	王定海等主编	武汉大学出版社
1125*	论宇宙、生命和美的本质——世界三大根本问题初探	1997	韩世纪编著	上海交通大学出版社
1126	能源的希望——天体剧烈活动的多波段观测和研究	1997	李启斌主编	湖南科学技术出版社
1127	奇妙的天文气象景观	1997	申继章、何蔚编	教育科学出版社
1128	神秘的宇宙	1997	卞德培著	福建教育出版社
1129	生活中的天文学	1997	卞德培、张元东编著	人民出版社

编号	书名	出版时间	作译者	出版单位
1130	数算大师：梅文鼎与天文历算	1997	刘洪涛著	辽宁人民出版社
1131	太阳射电微波爆发	1997	赵仁杨、金声震、傅其骏著	科学出版社
1132	太阳系的奥秘	1997	温学诗编著	教育科学出版社
1133	谈天说地一分钟	1997	汤发龙著	广东省地图出版社
1134	探求上帝的秘密——从哥白尼到爱因斯坦	1997	赵峥著	北京师范大学出版社
1135	探索宇宙的奥秘	1997	谭徽松主编	晨光出版社
1136	天体演化	1997	张明昌著	南京大学出版社
1137	天体宇宙	1997	蒋楚麟、赵得见主编	北京图书馆出版社
1138	天文爱好者手册	1997	洪韵芳主编	四川辞书出版社
1139	无处不在的朋友——时间	1997	王波波、曹振国主编	北京科学技术出版社
1140	小学生知识画库：宇宙卷	1997	孙怀川著	黑龙江少年儿童出版社
1141	星际太空	1997	盛叶著	少年儿童出版社
1142	宇宙大搜秘	1997	姜东雷著	上海远东出版社
1143	宇宙风采	1997	卞毓麟著	江苏教育出版社
1144	宇宙探奇	1997	邹鲁义著	湖北少年儿童出版社
1145	宇宙星空探秘	1997	温学诗编著	教育科学出版社
1146	宇宙寻踪	1997	张国栋、张元东著	中国少年儿童出版社
1147	宇宙之谜	1997	王宇光编	经济科学出版社
1148	走向太空	1997	林千等著	浙江教育出版社
1149	21世纪从何开始？	1998	王以铭著	中国标准出版社
1150	不知道的世界：天文篇 千古天问	1998	卞毓麟著	中国少年儿童出版社
1151	彩图中国青少年自然科学丛书·天文卷6	1998	林亨国主编	辽宁人民出版社
1152	穿越时空	1998	〔英〕詹姆士·金斯著，刘乐亭等译	江苏人民出版社
1153	从数字到星空遨游	1998	堵锦生著	天津科技翻译出版公司
1154	大宇宙探秘	1998	龙彼德著	宁夏人民出版社
1155	地球的邻居	1998	李晖编著	湖南少年儿童出版社
1156	地球的卫士——月亮	1998	冯占良、赵之珩编著	济南出版社
1157	儿童百问百答：海王星篇	1998	王霞梅著	少年儿童出版社
1158	儿童百问百答：天王星篇	1998	黎灏等著	少年儿童出版社
1159	发现小行星的故事	1998	冯占良编著	济南出版社

续表

编号	书名	出版时间	作译者	出版单位
1160	飞向太空	1998	温学诗著	明天出版社
1161	古代天文学	1998	孙玉明编著	蓝天出版社
1162	行星科学导论	1998	胡中为、王尔康编著	南京大学出版社
1163	恒星漫话	1998	朱晔华著	明天出版社
1164	恒星世界奇观	1998	朱晔华编著	新世纪出版社
1165	话说行星	1998	卞德培著	明天出版社
1166	彗星	1998	冯占良编著	济南出版社
1167	火星行动	1998	〔美〕罗伯特·朱伯伦、理查德·瓦格纳著，张玲译	内蒙古文化出版社
1168	火星行动：我的第二家园	1998	〔美〕巴里·F. 齐然尔曼、戴维·J. 齐然尔曼著，段娈然译	江苏人民出版社
1169	霍金陪你漫游宇宙	1998	〔英〕大卫·富兰克林著，陈泽涵译	新新闻文化事业股份有限公司
1170	九星会聚	1998	于今昌主编	北方妇女儿童出版社
1171	卡通小学生十万个为什么：天文地理卷	1998	本书编写组	未来出版社
1172	科学地平线：时间	1998	〔英〕罗伯特·斯奈登著，朱伟译	长春出版社
1173	科学地平线：宇宙	1998	〔英〕罗伯特·斯奈登著，郑俊译	长春出版社
1174	空间天文学	1998	张和祺、徐永煊主编	国防工业出版社
1175	旅居太空不是梦	1998	黄可心著	北方妇女儿童出版社
1176	奇妙的地球	1998	周有华、郁慧芳著	广西科学技术出版社
1177	奇妙的科学实验：地球篇	1998	〔美〕范克里芙著，林怡芳译	浙江科学技术出版社
1178	奇妙的科学实验：宇宙篇	1998	〔美〕范克里芙著，林怡芳译	浙江科学技术出版社
1179	奇妙的星空	1998	陈治平、许丽著	长春出版社
1180	少年天文学	1998	赵世英编著	科学普及出版社
1181	神秘的夜空	1998	〔英〕凯罗·斯托特著，戴丽红译	吉林摄影出版社
1182	谁去过月球	1998	李景保编著	湖南少年儿童出版社
1183	四季与节气	1998	王满厚编著	济南出版社
1184	太空与地面的对话——高科技来到我们身边	1998	卞毓麟著	学苑出版社
1185	太阳离地球有多远	1998	李少梅著	陕西人民教育出版社
1186	太阳系之谜	1998	王满厚编著	济南出版社
1187	探索火星与星际空间	1998	〔美〕文森特·V. 德索马著，徐艳梅、张羽译	世界知识出版社

续表

编号	书名	出版时间	作译者	出版单位
1188	探索外层空间	1998	〔美〕特兰斯·多兰著，于冰、张羽译	世界知识出版社
1189	探索自然的奥秘：恒星	1998	〔西班牙〕A. 利亚马斯著，武春莉译	天津科学技术出版社
1190	探索自然的奥秘：宇宙的起源	1998	〔西班牙〕A. 利亚马斯著，杨成虎译	天津科学技术出版社
1191	天祸	1998	王爱君编著	中国城市出版社
1192*	天体力学方法	1998	刘林编著	南京大学出版社
1193	星空漫步	1998	张金方、邓先明主编	中国建材工业出版社
1194	天文摄影与望远镜使用	1998	卢保罗、蓝松竹、张元东编著	科学出版社
1195	天文之谜	1998	李晓冰等编著	中国广播电视出版社
1196	未来科学家丛书：天文·气象篇	1998	李克菲、蔡鸣编著	北京科学技术出版社
1197	我们的家园——地球	1998	王魁颐、王秋玉著	长春出版社
1198	小行星	1998	〔美〕帕特利西亚·巴纳斯·斯万尼著，张玲译	内蒙古文化出版社
1199	太阳系里的流浪汉——彗星	1998	李芝萍编著	新世纪出版社
1200	新世纪小小百科：天文气象	1998	华彦著	浙江少年儿童出版社
1201	星空初探	1998	庄荣、谢世如编著	湖北教育出版社
1202	星空观测 ABC	1998	陈丹、卞德培著	明天出版社
1203	星星的秘密	1998	倪东宁编著	教育科学出版社
1204	绚丽多彩的宇宙——天文学与高新技术	1998	高布锡主编	湖北省科普作家协会组
1205	夜空	1998	〔英〕斯托特著，卞德培译	机械工业出版社
1206	宇宙	1998	〔美〕卡尔·萨根著，周秋麟译	吉林人民出版社
1207	宇宙：彩图本	1998	〔法〕C·诺丹著，潘之东、王胜宝译	浙江教育出版社
1208	宇宙大揭秘	1998	雷元星著	四川科学技术出版社
1209	宇宙大碰撞	1998	〔美〕达娜·狄索妮著，谈祥柏译	中国青年出版社
1210	宇宙的结构	1998	〔美〕保罗·哈尔彭著，许槑译	中国青年出版社
1211	宇宙的起源	1998	肖巍著	上海画报出版社
1212	宇宙索奇	1998	张明昌著	江苏少年儿童出版社
1213	宇宙探秘	1998	李芝萍著	明天出版社
1214	宇宙星球大碰撞	1998	王思潮、李泽平著	江苏少年儿童出版社

续表

编号	书名	出版时间	作译者	出版单位
1215	宇宙之灵——地球	1998	夏志芳主编	世界图书出版公司
1216	宇宙指南	1998	〔美〕艾萨克·阿西莫夫著，刘长海、刘明译	江苏人民出版社
1217	在月亮上跳高	1998	钟蕙著	少年儿童出版社
1218	巡天遥望大宇宙	1998	刘淑梅主编，李良、刘君、朱晔华编著	新世纪出版社
1219	神秘的太阳	1998	李良编著	新世纪出版社
1220	中国天文	1998	潘鼐、崔石竹著	上海三联书店
1221*	X 射线天体物理学	1999	周又元、王绶琯主编	科学出版社
1222	白天黑夜	1999	叶叔华著	少年儿童出版社
1223	百科知识问与答：天文卷	1999	天使等编著	未来出版社
1224	变幻的星空	1999	北京少年儿童出版社、中国科学技术协会青少年部主编	北京少年儿童出版社
1225	捕捉流星	1999	〔美〕西德尼·罗森著，傅湘雯译	河北教育出版社
1226	充满诱惑的宇宙	1999	鲁滨、李正阳编著	河北科学技术出版社
1227	穿越银河	1999	〔美〕西德尼·罗森，傅湘雯译	河北教育出版社
1228	春季观星手册	1999	陈培堃著	安徽科学技术出版社
1229	从行星到星系	1999	〔法〕卡特琳·德·贝格，让-皮埃尔·贝尔代著，韦德福译	浙江教育出版社
1230	带尾巴的星	1999	卞德培著	浙江少年儿童出版社
1231	登陆月球：彩图本	1999	〔美〕西德尼·罗森著，傅湘雯译	河北教育出版社
1232	地球与宇宙	1999	李春生	中国画报出版社
1233	冬季观星手册	1999	陈培堃著	安徽科学技术出版社
1234	多彩的太阳系	1999	赵世英著	广西教育出版社
1235	跟着星星游宇宙：从提出地球是圆的到发现天王星	1999	〔韩〕朴红莲译	河北科学技术出版社
1236	观测星座	1999	〔美〕西德尼·罗森著，傅湘雯译	河北教育出版社
1237	瑰丽宇宙	1999	李启斌、赵复垣著	河北少年儿童出版社
1238	行星：地球的邻居	1999	〔美〕乔纳德·诺顿·雷纳德著，朱牧仁译	中国少年儿童出版社
1239	行星之旅	1999	〔美〕西德尼·罗森著，傅湘雯译	河北教育出版社
1240	航空天文学	1999	任源博	宇航出版社
1241	浩瀚星空探索宇宙的起源	1999	吴岳添编	重庆出版社
1242	和谐的宇宙：爱因斯坦的启迪	1999	贾玉树、陈北宁著	山西科学技术出版社

续表

编号	书名	出版时间	作译者	出版单位
1243	恒星的一生	1999	赵复垣著	广西教育出版社
1244*	宏宇宙	1999	陈功富等编著	哈尔滨工业大学出版社
1245	彗星探秘	1999	〔美〕温特著，范文译	广西科学技术出版社
1246	记时词典	1999	王海棻著	安徽教育出版社
1247	科学需要特殊的勇敢：伽利略的启迪	1999	索晓霞著	山西科学技术出版社
1248	快速推历法 流星赶月	1999	杨贵喜、李东旭编著	远方出版社
1249	历法常识趣谈	1999	戴兴华编著	安徽科学技术出版社
1250	旅行者号——探测远方的星球	1999	〔美〕琼·玛丽·韦尔巴著，曾向红译	广西科学技术出版社
1251	梦天集	1999	卞毓麟著	湖南教育出版社
1252	漠河一日	1999	张永科、泛舟主编	黑龙江科学技术出版社
1253	前进星河	1999	陈培堃著	安徽科学技术出版社
1254	秋季观星手册	1999	陈培堃著	安徽科学技术出版社
1255	趣话中华科技五千年：天文气象篇	1999	刘玉瑛、张倪等著	中国矿业大学出版社
1256	让科学走出神学：哥白尼的启迪	1999	梁枫英著	山西科学技术出版社
1257*	人控宇宙论	1999	张宝盈著	中医古籍出版社
1258	认星星	1999	李景保、杨兰花编著	湖南少年儿童出版社
1259*	日全食与近地环境：1997年3月9日漠河日全食观测文集	1999	张洪起、汤克云等著	科学出版社
1260	三毛的奇妙世界：月亮为什么不会掉下来	1999	周舜培主编	少年儿童出版社
1261	少儿问答小百科：太空	1999	〔英〕怀特洛著，胡曙玲译	湖南科学技术出版社
1262	神秘的月球	1999	陈功富等编著	哈尔滨工业大学出版社
1263	神秘彗星	1999	〔美〕西德尼·罗森著，傅湘雯译	河北教育出版社
1264	时间	1999	〔美〕塞缪尔·A.古德斯密特、罗伯特·克莱波恩著，陈溢年、陈秀女译	中国少年儿童出版社
1265	世纪之交话天文	1999	王绶琯著	上海科技教育出版社
1266	世纪之交话宇宙	1999	北京市青少年科学技术馆编	中国少年儿童出版社
1267	世界天文台巡礼	1999	陈培堃著	安徽科学技术出版社
1268	太空浪子——彗星	1999	陈培堃著	安徽科学技术出版社
1269*	太阳射电辐射理论	1999	赵仁杨著	科学出版社

续表

编号	书名	出版时间	作译者	出版单位
1270	太阳家族	1999	李芝萍、司徒冬编著	河南教育出版社
1271	太阳为什么会升起来以及其他关于时间和季节的问题	1999	〔英〕沃尔浦尔著，姜德鹏译	浙江少年儿童出版社
1272	太阳系新探——小行星、彗星与地球会相撞吗	1999	刘学富、刘志安编著	地震出版社
1273	探索地外文明	1999	卞毓麟著	广西教育出版社
1274	探索行星世界	1999	李芝萍编著	中国气象出版社
1275	探索天空的奥秘——著名科学家谈天文学	1999	赵世英著	广西师范大学出版社
1276	探索宇宙	1999	于弘编著	世界知识出版社
1277	天体的演化	1999	戴文赛著	湖南教育出版社
1278	天文·地理	1999	肖士主编	花城出版社
1279	天文摄影入门	1999	陈培堃著	安徽科学技术出版社
1280	天文学的明天	1999	李竞著	广西教育出版社
1281	天文知识	1999	姚亚萍主编	苏州大学出版社
1282	天象的启示	1999	李启斌著	湖南教育出版社
1283	天学外史	1999	江晓原著	上海人民出版社
1284	挑战火星	1999	卞毓麟著	上海科学技术出版社
1285	挑战上帝：来自太空的讯息与出自圣经的故事	1999	〔美〕弗里德·希伦著，王建强、吴雯芳译	昆仑出版社
1286	问天絮语——从托勒密的行星跑道到哈勃的宇宙膨胀	1999	王绶琯著	湖南少年儿童出版社
1287	我爱天文观测——青少年天文观测活动指导	1999	刘学富、李志安编著	地震出版社
1288	我们的太阳	1999	王家龙著	广西教育出版社
1289	我想知道星星为什么会闪烁以及其他关于太空的问题	1999	〔英〕卡罗利·斯多特著，姜德鹏译	浙江少年儿童出版社
1290	夏季观星手册	1999	陈培堃著	安徽科学技术出版社
1291	小海豚科学丛书：天文辑	1999	卞德培主编	浙江少年儿童出版社
1292	新疆域	1999	〔美〕艾萨克·阿西莫夫著，毕立群译	上海科技教育出版社
1293	星官探秘	1999	马星垣编著	气象出版社
1294	星际探秘：高科技与宇宙	1999	雪童编著	科学普及出版社

续表

编号	书名	出版时间	作译者	出版单位
1295	星球探秘：金星	1999	〔美〕邓肯·布鲁尔著，立彦、阿冯译	湖南科学技术出版社
1296	星球探秘：水星与太阳	1999	〔美〕邓肯·布鲁尔著，易明译	湖南科学技术出版社
1297	星象预测万年历	1999	李芝萍、徐登里编著	气象出版社
1298	星星的传说：春	1999	〔日〕林完次著，陆开屏译	广西科学技术出版社
1299	星星的传说：夏	1999	〔日〕林完次著，杨艳阳译	广西科学技术出版社
1300	轻松使用望远镜	1999	陈培堃著	安徽科学技术出版社
1301	星星真相	1999	〔美〕西德尼·罗森著，傅湘雯译	河北教育出版社
1302	学习百科图鉴：宇宙	1999	〔日〕富田弘一郎著，史东阳译	吉林美术出版社
1303	夜空点灯看星星	1999	王满厚编著	陕西人民教育出版社
1304	一天一个为什么：天文地理篇	1999	卜天岩等著	岭南美术出版社
1305	银河系	1999	〔美〕肯·克罗斯韦尔著，黄磷译	三环出版社
1306	银河系之外	1999	何香涛、李冰著	广西教育出版社
1307	有趣的星空	1999	朱晔华编著	气象出版社
1308	宇宙·海洋	1999	肖士主编	花城出版社
1309	宇宙博物馆	1999	卞德培、李元主编	天津教育出版社
1310*	宇宙的"？"——宇宙起源及若干秘密探索	1999	翟宏国著	山东人民出版社
1311	宇宙的信息	1999	谈志坚编著	昆仑出版社
1312	宇宙和航天趣谈	1999	黄敏行、董洪全编	湖南科学技术出版社
1313	宇宙探秘	1999	陈功富等著	哈尔滨工业大学出版社
1314*	宇宙探秘物质感觉论	1999	张春津著	天津科学技术出版社
1315	宇宙探秘：从中国的"杞人忧天"到西方的现代宇宙论	1999	吴国盛著	湖南少年儿童出版社
1316	宇宙探索	1999	李竞主编	科学技术文献出版社
1317	宇宙知识图库：太阳系	1999	张淑莉主编	中国气象出版社
1318	月面观测指南	1999	陈培堃著	安徽科学技术出版社
1319	月球之旅	1999	胡尔忠、杨世杰、王四辈编著	黄河出版社
1320	在太阳里打瞌睡	1999	〔法〕J. H. 法布尔著，关东生译	作家出版社
1321	中国天文学文摘（1975～1985）	1999	20 世纪中国天文学文献研究整理编委会主编	上海科技教育出版社
1322	钟表和时间	1999	〔日〕栗岩英雄主编，胡宝山译	辽宁画报出版社
1323	追溯宇宙之源	1999	张沁源著	海南出版社

续表

编号	书名	出版时间	作译者	出版单位
1324	走近火星——从战神"马尔斯"到"索杰纳"的外星生命探测	1999	卞毓麟著	湖南少年儿童出版社
1325	暗淡蓝点——展望人类的太空家园	2000	〔美〕卡尔·萨根著，叶式辉、黄一勤译	上海科技教育出版社
1326	保卫地球	2000	王直华著	中国青年出版社
1327	哺育生命之星	2000	牛玉石、贾贵山、蔡大川编著	华夏出版社
1328	灿烂的星空	2000	〔英〕波斯·吉特著，朱荣兰译	吉林摄影出版社
1329	穿越时空的回访	2000	刘继安著	四川少年儿童出版社
1330	春夏的星座	2000	〔韩〕韩国学园出版社编著，金英兰译	河北少年儿童出版社
1331	从哈勃看宇宙：解读天体的奥秘	2000	〔美〕卡洛琳·皮特森、约翰·布兰特著，魏毓莹、林诗怡、吴昌任译	猫头鹰出版社
1332	从宇宙到生命	2000	位梦华著	光明日报出版社
1333	大爆炸探秘——量子物理与宇宙学	2000	〔英〕约翰·格里宾著，卢炬甫译	上海科技教育出版社
1334	大宇宙历险记	2000	薛大桥著	武汉大学出版社
1335	大宇宙探奇	2000	刘继安著	四川少年儿童出版社
1336	地球和它的近邻	2000	〔美〕艾萨克·阿西莫夫著，蒋窈窕、付燕宁、林春梅译	江苏科学技术出版社
1337	地球和宇宙	2000	〔美〕邓肯·布鲁尔著，庞滢译	湖南科学技术出版社
1338	飞向太空	2000	陶冶主编	远方出版社、内蒙古大学出版社
1339	飞向天空宇宙	2000	陈洪编著	农村读物出版社
1340	飞越太阳系	2000	刘继安著	四川少年儿童出版社
1341	高科技十万个为什么——宇宙	2000	肖叶、若山、金恩梅编	昆仑出版社
1342	观察星空	2000	〔法〕阿兰·西鲁著，彭文娟译	浙江科学技术出版社
1343	观星指南	2000	〔美〕艾萨克·阿西莫夫编著，徐振韬、鲁春林、王欣东译	江苏科学技术出版社
1344	管窥宇宙环境	2000	班武奇、晓蔚著	海洋出版社
1345	广袤无垠的星空——恒星、银河系、河外星系	2000	李营华编著	河北科学技术出版社
1346	行星世界的巨人	2000	〔美〕艾萨克·阿西莫夫编著，秦晔、段明谦、刘炎译	江苏科学技术出版社
1347	黑洞与时间弯曲——爱因斯坦的幽灵	2000	〔美〕基普·S. 索恩著，李泳译	湖南科学技术出版社

编号	书名	出版时间	作译者	出版单位
1348	黑洞与弯曲的时空	2000	赵峥著	山西科学技术出版社
1349	黑洞和宇宙	2000	〔俄〕诺维科夫著，黄天衣、陶金河译	江苏人民出版社
1350	恒星大千世界	2000	贾贵山、牛玉石、蔡大川编著	华夏出版社
1351	恒星和行星	2000	〔法〕马松著，徐启应译	湖北少年儿童出版社
1352	彗星、小行星和陨星	2000	〔美〕邓肯·布鲁尔著，吴萌译	湖南科学技术出版社
1353	彗星和小行星	2000	〔美〕艾萨克·阿西莫夫编著，李广宇等译	江苏科学技术出版社
1354	慧眼观宇宙：天文学发展的三个里程碑	2000	李芝萍编著	福建教育出版社
1355	火星	2000	〔美〕邓肯·布鲁尔著，曹筠译	湖南科学技术出版社
1356	卡尔·萨根的宇宙：从行星探索到科学教育	2000	〔美〕耶范特·特奇安、伊丽莎白·比尔森著，周惠民、周玖译	上海科技教育出版社
1357	科学在你身边：时间	2000	〔英〕布莱恩·奈普著，崴波译	吉林文史出版社
1358	科学在你身边：宇宙中的地球	2000	〔英〕布莱恩·奈普著，陈正邦译	吉林文史出版社
1359	窥究天地之秘	2000	王敬东等编著	大象出版社
1360	历算求索	2000	刘操南著	浙江大学出版社
1361	刘朝阳中国天文学史论文选	2000	刘朝阳著	大象出版社
1362	美丽神奇的星空	2000	李津著	北方妇女儿童出版社
1363	迷人的星空	2000	邵国庆、张敬国著	江苏少年儿童出版社
1364	木星	2000	〔美〕邓肯·布鲁尔著，周丹译	湖南科学技术出版社
1365	扑朔迷离·天地之间	2000	陈丹、张玉光编	中国少年儿童出版社
1366	千万万个太阳	2000	〔美〕艾萨克·阿西莫夫编著，朱锦岚等译	江苏科学技术出版社
1367	秋冬的星座	2000	〔韩〕韩国学园出版社著，金英兰译	河北少年儿童出版社
1368*	全息宇宙	2000	陈功富	长春出版社
1369	人人可以读懂的故事——宇宙、生命及万物	2000	〔美〕约翰·格里宾著，张菁蕾译	昆仑出版社
1370	人与太空	2000	肖佐、秦瑜、李良主编	辽宁人民出版社
1371	认识天文与地理	2000	李碧华、杨燕编著	朝华出版社
1372	日冕物理	2000	章振大著	科学出版社
1373	日月星辰	2000	陈功富主编	长春出版社
1374	神秘的星空	2000	叶诠之、陈凯编著	杭州出版社

编号	书名	出版时间	作译者	出版单位
1375	神秘的宇宙	2000	汪敬东著	中国民族摄影艺术出版社
1376	神奇的太阳系	2000	陈功富主编	黑龙江人民出版社
1377	神奇宇宙不神秘——现代科技中的天文学	2000	张明昌著	山西教育出版社
1378	时间和空间的王国——宇宙	2000	李营华编著	河北科学技术出版社
1379	时间科学	2000	漆贯荣、郭际、王双侠著	陕西科学技术出版社
1380	世纪之交的地球科学——重大地学领域进展	2000	陈毓川等编著	地质出版社
1381	水星和火星	2000	〔美〕艾萨克·阿西莫夫编著，李广宇、黄雪凌、杨潜译	江苏科学技术出版社
1382	霍金的宇宙	2000	〔美〕戴维·费尔津著，赵复垣译	海南出版社
1383	踏入宇宙的一小步：黑洞、虫洞、时光机	2000	〔美〕金·卡利里著，陈雅云译	究竟出版社股份有限公司
1384	太空"绿岛"	2000	刘继安著	四川少年儿童出版社
1385	太空探秘	2000	陈功富主编	黑龙江人民出版社
1386	太空探险家	2000	〔美〕艾特克·阿西莫夫著，孙汉云译	江苏科学技术出版社
1387	太空知识百科全书	2000	〔英〕海德·库珀、尼格·汉柏思著，朱晓星等译	希望出版社
1388	太阳·地球·月亮	2000	王建华著	冶金工业出版社
1389*	太阳物理导论	2000	林元章著	科学出版社
1390*	太阳系自组织进化论	2000	黄金钟著	中国科学技术出版社
1391	探测行星彗星	2000	牛玉石、贾贵山、蔡大川编著	华夏出版社
1392	探索宇宙奥秘	2000	孙寿甡编著	山东文艺出版社
1393	探索宇宙的奥秘	2000	丁蔚著	广东人民出版社
1394	天体物理学	2000	李宗伟、肖兴华著	高等教育出版社
1395	天体演化	2000	罗先汉编著	山西科学技术出版社
1396	天外之谜	2000	梅庆吉、刘川浩、关力编著	黑龙江少年儿童出版社
1397	天学会通　天经或问前集　钦定天文正义　天文步天歌	2000	故宫博物院	海南出版社
1398	天文考古通论	2000	陆思贤、李迪著	紫禁城出版社
1399	天文学的第二次新生	2000	王家骥著	上海教育出版社
1400	天文学史话	2000	冯时著	中国大百科全书出版社
1401	天文学新概论	2000	苏宜编著	华中理工大学出版社

续表

编号	书名	出版时间	作译者	出版单位
1402	天文知识	2000	吴晓宁主编	希望出版社
1403	天象瞭望台	2000	石雨等编著	中国少年儿童出版社
1404	通向太空之路	2000	邹惠成编著	上海科学技术文献出版社
1405	土星	2000	〔美〕邓肯·布鲁尔著，晓影译	湖南科学技术出版社
1406	外层行星：天王星、海王星和冥王星	2000	〔美〕邓肯·布鲁尔著，若若译	湖南科学技术出版社
1407	我们的宇宙	2000	卞德培主编	科学普及出版社
1408	我们的宇宙有多大	2000	赵复垣著	内蒙古大学出版社
1409	相对论　天体和宇宙	2000	王永久著	湖南师范大学出版社
1410	相约大行星	2000	思途编著	冶金工业出版社
1411	小天体追踪	2000	姜薇编著	冶金工业出版社
1412	小学生十万个怎么办：天文·地理	2000	梅苞、谢延新、李凤祥主编	科学普及出版社
1413	星光探秘	2000	贾贵山、牛玉石、蔡大川编著	华夏出版社
1414	星空，你好!	2000	李芝萍编著	冶金工业出版社
1415	星空大检索	2000	王家骥编著	上海教育出版社
1416	星系和大宇宙	2000	湛穗丰编著	冶金工业出版社
1417	星星的传说：秋	2000	〔日〕林完次著，曾小华译	广西科学技术出版社
1418	星星的故事	2000	傅学海等	新新闻文化事业股份有限公司
1419	星星的探访	2000	马思主编	上海科学普及出版社
1420	星星河的蓝宝石	2000	刘继安著	四川少年儿童出版社
1421	星星宇宙谁的年龄大——时间诞生的传奇故事	2000	〔美〕约翰·格里宾著，陈振声译	昆仑出版社
1422	星之尘埃	2000	〔法〕休伯特·里夫斯著，潘捷译	北京大学出版社
1423*	星座秘语	2000	杨尚英、张艳编	广西人民出版社
1424	旋转的地球	2000	李仁惠著	湖北少年儿童出版社
1425	寻找外星人	2000	〔美〕艾萨克·阿西莫夫著，汤崇源、王思潮、翁德宝译	江苏科学技术出版社
1426	阳光的奥秘	2000	〔英〕伯顿·泰勒著，赵千川译	外语教学与研究出版社
1427	遥远的行星世界	2000	〔美〕艾萨克·阿西莫夫著，周爱华、刘炎译	江苏科学技术出版社
1428	夜空	2000	〔美〕Discovery 著，丁蔚等译	辽宁教育出版社
1429	人人可以读懂的故事——宇宙、生命及万物	2000	〔美〕约翰·格里宾著，张菁蕾译	昆仑出版社
1430	宇宙遨游	2000	《我的第一本科学书》编写组编	未来出版社

续表

编号	书名	出版时间	作译者	出版单位
1431	宇宙奥秘	2000	陈功富主编	黑龙江人民出版社
1432	宇宙百谜	2000	王金秋编著	北方文艺出版社
1433	宇航畅想	2000	中国宇航学会组织编写	大象出版社
1434	宇宙大爆炸	2000	〔美〕艾萨克·阿西莫夫著，韦大明、黄光力、李歌译	江苏科学技术出版社
1435	宇宙的命运	2000	何玉森、何一平编著	少年儿童出版社
1436	宇宙的新探访	2000	马思主编	上海科学普及出版社
1437	宇宙漫游	2000	张元东、石连记编著	福建科学技术出版社
1438	宇宙搜秘大王	2000	张秋生主编	上海远东出版社
1439	宇宙星球趣览	2000	李方正、孙文举、刘长垠编著	新时代出版社
1440	宇宙演化	2000	〔法〕休伯特·里夫斯著，苏文平、刘岺译	北京大学出版社
1441	宇宙之谜	2000	金波编著	晨光出版社
1442	宇宙之谜新探	2000	陈功富编著	吉林人民出版社
1443	宇宙最初三分钟——关于宇宙起源的现代观点	2000	〔美〕史蒂文·温伯格著，张承泉、高鼎新、李靖译	中国对外翻译出版公司
1444	追寻逝去的时间	2000	〔英〕德里克·约克著，冯桢、冯凯伦译	中国对外翻译出版公司

注：（1）编号带*的，为专著、教材、星占、未解之谜、一家之言等。

（2）吉安斯、琼司、琴斯、J.H.Jeans、James Jeans 均指英国天体物理学家詹姆斯·金斯爵士（Sir James Jeans）。

（3）李杭为李元曾用名。1956 年的《认识宇宙》一书，封面印刷错误，将李杭印为李杭，本表格中写为李杭。

（4）个别译著的原作者国别写法有误，本表格中按正确国别填写。例如 1991 年的《时间史之谜：从大爆炸到黑洞》，误将斯蒂芬·霍金的国别写为"美"，本表格修正为"英"。